Choix De Sermons, Volume 1...

Charles Haddon Spurgeon

Nabu Public Domain Reprints:

You are holding a reproduction of an original work published before 1923 that is in the public domain in the United States of America, and possibly other countries. You may freely copy and distribute this work as no entity (individual or corporate) has a copyright on the body of the work. This book may contain prior copyright references, and library stamps (as most of these works were scanned from library copies). These have been scanned and retained as part of the historical artifact.

This book may have occasional imperfections such as missing or blurred pages, poor pictures, errant marks, etc. that were either part of the original artifact, or were introduced by the scanning process. We believe this work is culturally important, and despite the imperfections, have elected to bring it back into print as part of our continuing commitment to the preservation of printed works worldwide. We appreciate your understanding of the imperfections in the preservation process, and hope you enjoy this valuable book.

CHOIX

DE

SERMONS.

PUBLIÉ PAR LA SOCIÉTÉ DES LIVRES RELIGIEUX
DE TOULOUSE.

TOULOUSE, IMPRIMERIE DE A. CHAUVIN, RUE MIREPOIX, 3.

CHOIX

DE

SERMONS

DU

RÉV. C.-H. SPURGEON.

TRADUIT DE L'ANGLAIS.

—

TOME PREMIER.

—

TOULOUSE,
SOCIÉTÉ DES LIVRES RELIGIEUX.
Dépôt : rue des Balances, 35, hôtel Sans.

—

1860.

SOLENNEL AVERTISSEMENT

A

CEUX QUI FONT PROFESSION DE PIÉTÉ.

Car il y en a plusieurs qui ont une telle conduite, que je vous ai dit souvent et que je vous le dis maintenant encore en pleurant, qu'ils sont ennemis de la croix de Christ ; dont la fin sera la perdition ; qui ont leur ventre pour Dieu, qui mettent leur gloire dans ce qui est leur confusion, et qui attachent leurs affections aux choses de la terre.
(Philip., III, 18, 19.)

Mes chers auditeurs,

Saint Paul nous offre le modèle accompli d'un ministre chrétien. Pasteur *vigilant*, il se préoccupait sans cesse du troupeau confié à ses soins. Il ne se bornait pas à prêcher l'Evangile et ne croyait pas avoir rempli tout son devoir en annonçant le salut ; mais ses yeux étaient toujours ouverts sur les Eglises qu'il avait fondées, suivant avec un intérêt jaloux ou leurs progrès ou leur déclin dans la foi. Lorsqu'il dut aller proclamer ailleurs l'Evangile éternel, il ne cessa pas de veiller au bien-être spirituel de ces brillantes colonies chrétiennes de la Grèce et de l'Asie-Mineure, qu'il avait semées au milieu des ténèbres du paganisme, et tandis qu'il allumait de nouvelles lampes au flambeau de la vérité, il n'avait garde de négliger celles qui brûlaient déjà. C'est ainsi que dans notre texte il donne à la petite Eglise de Philippes une preuve de sa sollicitude, en lui adressant des conseils et des avertissements.

Et l'Apôtre n'était pas moins *fidèle* que vigilant. Lorsqu'il voyait du péché dans les Eglises, il n'hésitait pas à le leur signaler. Il ne ressemblait point au plus grand nombre de nos modernes prédicateurs, qui se vantent de n'avoir jamais été personnels ou blessants, et *qui mettent ainsi leur gloire dans ce qui est leur confusion ;* car eussent-ils été fidèles, eussent-ils exposé sans ménagements tout le conseil de Dieu, ils auraient infailliblement, une fois ou l'autre, blessé la conscience de leurs auditeurs. Paul agissait tout différemment : il ne craignait pas d'attaquer de front les pécheurs, et non-seulement il avait le courage de déclarer la vérité, mais il savait même au besoin insister sur cette vérité : « Je vous l'ai dit *souvent* et je vous le dis *maintenant encore*, que plusieurs parmi vous sont ennemis de la croix de Christ. »

Mais si, d'une part, l'Apôtre était fidèle, de l'autre, il était *plein de tendresse*. Il aimait véritablement, comme tout ministre de Christ devrait le faire, il aimait véritablement les âmes dont il avait charge. S'il ne pouvait souffrir qu'aucun membre des Églises placées sous sa direction, s'écartât de la vérité, il ne pouvait non plus les reprendre sans verser des larmes. Il ne savait pas brandir la foudre d'un œil sec, ni dénoncer les jugements de Dieu d'un ton froid et indifférent. Des pleurs jaillissaient de ses yeux, tandis que sa bouche prononçait les plus terribles menaces, et quand il censurait, son cœur battait si fort de compassion et d'amour, que ceux-là même auxquels il s'adressait ne pouvaient douter de l'affection qui lui dictait ses censures : « Je vous l'ai dit souvent et je vous le dis maintenant encore *en pleurant.* »

Mes bien-aimés, l'avertissement solennel que Paul adressait autrefois aux Philippiens dans les paroles de mon texte, je viens vous le faire entendre aujourd'hui à vous-mêmes. Et cet avertissement, je le crains, est non moins nécessaire de nos jours que du temps de l'Apôtre, car de nos jours comme alors, *il y en a plusieurs* dans les Eglises dont la conduite témoigne hautement *qu'ils sont ennemis de la croix de Christ.* Que dis-je? Le mal, bien loin de diminuer, me semble gagner chaque jour du terrain. Il y a dans notre siècle un plus grand nombre de personnes qui font profession de piété que dans celui de saint Paul, mais il y a aussi plus d'hypocrites. Nos Eglises, je le dis à leur honte, tolèrent dans leur sein des membres qui n'ont aucun droit à ce titre, des membres qui seraient fort bien placés dans une salle de festin ou dans tout autre lieu de dissipation et de folie, mais qui jamais ne devraient tremper leurs lèvres dans la coupe sacramentelle ou manger le pain mystique, emblèmes des souffrances de notre Seigneur. Oui, en vain chercherait-on à se le dissimuler, *il en est plusieurs parmi nous* — (et si tu revenais à la vie, ô Paul! combien ne te sentirais-tu pas pressé de nous le dire, et quelles larmes amères ne verserais-tu pas en nous le disant !...) — *il en est plusieurs parmi nous qui sont ennemis de la croix de Christ,* et cela, parce qu'*ils ont leur ventre pour Dieu,* qu'ils *attachent leurs affections aux choses de la terre,* et que leur conduite est en complet désaccord avec la sainte loi de Dieu.

Je me propose, mes frères, de rechercher avec vous la cause de la douleur extraordinaire de l'Apôtre. Je dis : *douleur extraordinaire*, car l'homme que mon texte nous représente comme versant des larmes, n'était pas, vous le savez, un de ces esprits faibles, d'une sensibilité maladive et toujours prêts à s'émouvoir. Je ne lis nulle part dans l'Ecriture que l'Apôtre pleura sous le coup de la persécution. Lorsque, selon l'expression du Psalmiste, *l'on traçait des sillons sur son dos*, lorsque les soldats romains le lacéraient de leurs verges, je ne sache pas qu'une seule larme se soit échappée de ses yeux. Etait-il jeté en prison? Il chantait et ne gémissait pas. Mais si jamais Paul ne pleura par suite des souffrances auxquelles il s'exposait pour l'amour de Christ, il pleura, nous le voyons, en écrivant aux Philippiens. La cause de ses larmes était triple : il pleurait d'abord à cause DU PÉCHÉ de certains membres de l'Eglise; en second lieu, à cause DES FACHEUX EFFETS DE LEUR CONDUITE, et enfin, à cause DU SORT qui les attendait.

I.

D'abord, avons-nous dit, Paul pleurait à cause du PÉCHÉ de ces formalistes qui, bien que faisant extérieurement partie d'une Eglise chrétienne, ne marchaient pas de droit pied devant Dieu et devant les hommes. Et remarquez l'accusation qu'il porte contre eux : *Ils ont leur ventre pour Dieu*, écrit-il. Leur sensualité : tel est donc le premier péché que leur reproche l'Apôtre. Il y avait, en effet, dans l'Eglise primitive, des gens qui après s'être assis à la table du Seigneur, allaient participer aux banquets des païens, et là se livraient sans contrainte aux excès du manger et du boire. D'autres, s'abandonnant aux abominables convoitises de la chair, se plongeaient dans ces *plaisirs* (faussement ainsi nommés), qui non-seulement perdent l'âme, mais qui infligent au corps lui-même son juste châtiment. D'autres encore, sans tomber dans d'aussi honteux débordements, se préoccupaient beaucoup plus de la parure du dehors que de celle du dedans, de la nourriture de l'homme extérieur que de la vie de l'homme intérieur ; en sorte que tout autant que les précédents, quoique d'une autre manière, ils se faisaient un Dieu de leur ventre. — Eh bien ! mes chers auditeurs, je vous le demande, ce grave reproche de l'Apôtre nous est-il moins applicable qu'à l'Eglise de Philippes ? Nous serait-il impossible de trouver parmi les membres de nos troupeaux des personnes qui déifient en quelque sorte leur propre chair, qui se rendent à elles-mêmes un culte idolâtre, qui s'inclinent devant la partie la plus grossière, la plus matérielle de leur être? N'est-il pas notoire, n'est-il pas incontestable, au contraire, qu'il est des hommes faisant profession de piété qui caressent leur chair, qui flattent leurs appétits sensuels tout autant que des mondains déclarés pourraient le faire? N'y en a-t-il pas qui sont amateurs des plaisirs de la table, qui se délectent dans le bien-être, dans le luxe, dans les voluptés de la vie présente? N'y en a-t-il pas qui dépensent sans scrupule toute une fortune pour l'ornement de leur corps périssable, sans songer qu'en se parant ainsi eux-mêmes, ils déparent la cause du Sauveur qu'ils prétendent servir? N'y en a-t-il pas dont l'affaire de tous les instants consiste à rechercher leurs aises, et dont la chair et le sang n'ont jamais eu lieu de se plaindre, car non-seulement ils en sont les esclaves, mais encore ils en font leur Dieu?.... Ah! mes frères, il y a de grandes taches dans l'Eglise, il y a de grands scandales. Des brebis tarées se sont introduites dans le troupeau. De faux frères se glissent parmi nous, comme des serpents sous l'herbe, et le plus souvent on ne les découvre que lorsqu'ils ont infligé une douloureuse blessure à la religion et occasionné un sérieux dommage à la glorieuse cause de notre Maître. Je le répète avec une profonde tristesse, mais avec une pleine conviction, *il y en a plusieurs* dans nos Eglises — (et je parle également des Eglises dissidentes et de l'Eglise établie) (1) — auxquels ne s'appliquent que trop bien ces sévères paroles de l'Apôtre : *Ils ont leur ventre pour Dieu.*

Un second reproche que Paul adressait aux prétendus chrétiens de Philippes était qu'ils *attachaient leurs affections aux choses de la terre.* Mes bien-aimés, il se peut que l'accusation précédente n'ait pas atteint vos consciences ; mais, en présence de celle-ci, il me semble bien difficile que vous puissiez trouver un échappatoire. Il y a plus : j'affirme que le mal signalé ici par l'Apôtre, a envahi de nos jours la majeure partie de l'Eglise de Christ. Pour s'en convaincre, il suffit d'ouvrir les yeux à l'évidence. Ainsi, par exemple, c'est une anomalie, mais c'est un fait qu'il existe aujourd'hui des chrétiens ambitieux. Le Sauveur a déclaré, il est vrai, que celui qui veut être élevé doit s'abaisser lui-même ; aussi, pensait-on autrefois que le chrétien était un homme simple, modeste, *s'accommodant aux choses basses ;* mais dans notre siècle il n'en est plus ainsi. Parmi les prétendus disciples de l'humble Galiléen, il est, au contraire, des gens qui aspirent à parvenir au premier échelon des

---

(1) M. Spurgeon lui-même appartient à une Eglise dissidente.

grandeurs humaines, et dont l'unique pensée est, non de glorifier Christ, mais de se glorifier eux-mêmes à tout prix. — C'est ainsi encore — (honte à vous, ô Eglises!) — que nous comptons dans nos rangs des personnes qui, tout en ayant certaines apparences de piété, ne sont pas moins mondaines que les plus mondains, et qui ne savent pas plus ce qu'est l'Esprit de Christ que les plus charnels des gens du dehors. — C'est ainsi également qu'il y a des chrétiens avares. Sans doute, c'est encore un paradoxe : autant vaudrait parler, ce semble, de la souillure des séraphins ou de l'imperfection de la perfection que de l'avarice d'un disciple de Jésus; et pourtant — (j'en appelle à chacun de ceux qui m'entendent) — ne rencontre-t-on pas tous les jours des soi-disant chrétiens dont les cordons de bourse ne se délient que difficilement au cri du pauvre, qui décorent leur amour de l'argent du nom de *prudence,* et qui, au lieu de faire servir leurs biens à l'avancement du règne de Christ, ne pensent qu'à thésauriser? — Je vais plus loin, et je dis que si l'on veut trouver des hommes inflexibles en affaires, avides de s'enrichir, durs envers leurs créanciers, des hommes rapaces, sordides, déloyaux, qui, à l'exemple des Pharisiens d'autrefois, ne se font pas scrupule *de dévorer les maisons des veuves*, je dis que si l'on veut trouver de tels hommes, c'est souvent au sein de nos Eglises qu'il faut aller les chercher ! Mes frères, cet aveu, je rougis de le faire, mais je le dois, car c'est la vérité. Oui, parmi les membres les plus considérés de nos troupeaux, parmi ceux-là même qui occupent des charges ecclésiastiques au milieu de nous, vous en trouverez *qui attachent leurs affections aux choses de la terre*, et qui ne possèdent absolument rien de cette *vie cachée avec Christ en Dieu*, sans laquelle il n'existe point de vraie piété. — Ai-je besoin de l'ajouter ? ces grands maux ne sont pas les fruits d'une saine religion, mais bien ceux d'un vain formalisme. Dieu en soit béni, *le résidu des élus* est préservé de ces funestes tendances, mais la masse des chrétiens de nom qui envahit nos Eglises, en est atteinte d'une manière déplorable.

Un dernier trait par lequel l'Apôtre caractérise les faux frères de Philippes est celui-ci : *Ils mettent leur gloire dans ce qui est leur confusion.* C'est bien là, en effet, une disposition naturelle au formaliste. Il tire vanité de ses péchés mêmes; bien plus : il les appelle des vertus. Son hypocrisie est de la droiture; son faux zèle, de la ferveur. Les subtils poisons de Satan, il les revêt de l'étiquette des salutaires remèdes de Christ. Ce qu'il nommerait vice chez les autres, il le nomme qualité chez lui-même. S'il voyait son prochain commettre la même action qu'il vient d'accomplir tout-à-l'heure, si la vie de celui-ci offrait l'image parfaite de la sienne propre, oh ! comme il tonnerait contre lui ! Son empressement à s'acquitter des devoirs extérieurs de la religion est exemplaire ; il est le plus strict des sabbatistes, le plus scrupuleux des Pharisiens, le plus austère des dévots. S'agit-il de relever la moindre faiblesse dans la conduite d'autrui, nul ne le dépasse en habileté ; et tandis qu'il caresse tout à son aise son péché favori, il ne regarde les fautes de ses frères qu'à travers un verre grossissant. Quant à sa conduite *à lui*, elle n'est du ressort de personne. Il peut pécher avec impunité ; et si son pasteur se hasardait à lui adresser quelques observations, il s'indignerait et crierait à la calomnie. Les remontrances pas plus que les avertissements ne l'atteignent. N'est-il pas un membre de l'Eglise ? N'en accomplit-il pas exactement les rites et les ordonnances ? Qui oserait mettre en doute sa piété ? — Oh ! mes frères, mes frères, ne vous faites point illusion ! Beaucoup de prétendus membres de l'Eglise seront un jour membres de l'enfer. Beaucoup d'hommes admis dans l'une ou l'autre de nos communions chrétiennes, qui ont reçu les eaux du baptême, qui s'approchent de nos tables sacrées, qui peut-être même ont la réputation d'être vivants, n'en sont pas moins, sous le rapport spirituel, aussi morts que des cadavres dans leurs sépulcres. Il est si facile aujourd'hui de se faire passer pour un enfant de Dieu ! En fait de renoncement, d'amour pour Christ, de mortification de la chair, on est peu exigeant ; apprenez seulement quelques cantiques, débitez quelques banalités pieuses, quelques phrases de convention, et vous en imposerez aux élus mêmes. Attachez-vous à une Eglise quelconque ; conduisez-vous extérieurement de telle sorte qu'on puisse vous dire respectable, et si vous ne parvenez pas à tromper les plus clairvoyants, du moins vous aurez une réputation de piété assez bien établie, pour vous permettre de marcher, le cœur léger et la conscience à l'aise, dans le chemin de la perdition..... Je le sais, mes bien-aimés, je dis des choses dures, mais ce sont des choses vraies, c'est pourquoi je ne puis les taire. Mon sang bouillonne quelquefois dans mes veines, lorsque je rencontre des hommes dont la conduite me fait honte, à côté desquels j'oserais à peine m'asseoir, et qui pourtant me traitent avec assurance de « *Frère.* » Quoi ? ils vivent dans le péché, et ils nomment un chrétien leur frère ! Je prie Dieu de leur pardonner leur égarement ; mais je le déclare, je ne puis en aucune façon fraterniser avec eux ; je ne le veux même pas, jusqu'à ce qu'ils se conduisent d'une manière digne de leur vocation.

Assurément, tout homme qui se fait *un Dieu de son ventre* et qui *met sa gloire dans ce qui est sa confusion,* est bien coupable ; mais lorsque cet homme se drape du manteau de la religion, lorsqu'il connaît la vérité, qu'il l'enseigne même au besoin, qu'il fait ouvertement profession d'être un serviteur de Christ, combien n'est-il pas plus coupable encore ! Concevez-vous, mes frères, un crime plus épouvantable que celui de l'audacieux hypocrite qui, mentant à Dieu et à sa conscience, déclare solennellement qu'il appartient au Seigneur, et que le Seigneur lui appartient, puis qui s'en va vivre comme vit le monde, marche suivant le train du présent siècle, commet les mêmes injustices, poursuit les mêmes buts, use des mêmes moyens que ceux qui ne se sont jamais réclamés du nom de Christ ?.... Ah ! s'il y avait dans cette assemblée quelqu'un qui dût s'avouer que ce péché est le sien, qu'il pleure, oui, qu'il pleure des larmes de sang, car l'énormité de son forfait est plus grande qu'on ne saurait dire !

II.

Mais si l'Apôtre pleurait, comme nous venons de le voir, à cause du péché de ces hommes qui n'avaient de chrétien que le nom, il pleurait plus encore peut-être à cause DES FACHEUX EFFETS DE LEUR CONDUITE, car il ajoute ce mot si énergique dans sa brièveté : *Ils sont ennemis de la croix de Christ.* Oui, tu dis vrai, ô Paul! Sans doute, le sceptique, l'incrédule sont des ennemis de la croix de ton Maître; le blasphémateur, le profane, le sanguinaire Hérode le sont aussi; mais les ennemis par excellence de cette croix sacrée, les soldats d'élite de l'armée de Satan, ce sont ces chrétiens pharisaïques, blanchis au-dehors d'une couche de piété, mais remplis au-dedans de toute sorte de pourriture. Oh! il me semble qu'à l'exemple de l'Apôtre, tout enfant de Dieu devrait verser des larmes brûlantes, à la pensée que les plus rudes coups portés à l'Evangile lui viennent de ceux-là même qui s'en disent les disciples. Il me semble qu'il devrait éprouver une douleur à nulle autre pareille en voyant Jésus blessé chaque jour par ceux qui prétendent être à lui. — Regardez! Voici mon Sauveur qui s'avance, les pieds et les mains ensanglantés..... Oh!

mon Jésus, mon Jésus! Qui a fait couler de nouveau ton sang? *Que signifient ces blessures?* Pourquoi as-tu l'air si triste? — « *J'ai été blessé*, répond-il, et où penses-tu que j'aie reçu le coup? » — Sûrement, Seigneur, tu as été blessé dans la maison d'intempérance ou de débauche, tu as été blessé au banc des moqueurs ou dans l'assemblée des impies. — « Non, dit Jésus; *j'ai été blessé dans la maison de mes amis* (1); ces plaies m'ont été faites par des hommes qui portent mon nom, s'asseoient à ma table et parlent mon langage. Ce sont eux qui m'ont percé, qui m'ont crucifié de nouveau, qui m'ont livré à l'ignominie.... »

Percer Christ, le livrer à l'ignominie tout en faisant profession d'être à lui! ne semble-t-il pas, mes chers auditeurs, qu'un péché si odieux ne devrait pas exister? toutefois, hélas, il est plus commun qu'on ne pense. L'histoire rapporte que César expirant sous les coups de ses meurtriers ne perdit son empire sur lui-même, que lorsqu'il vit son ami Brutus s'avancer pour le frapper à son tour. « Et toi, Brutus! » s'écria-t-il alors, et se couvrant la tête de son manteau, il pleura. De même, mes frères, si Christ apparaissait au milieu de cette assemblée, ne

---

(1) Zach., XIII, 6.

pourrait-il pas dire à plusieurs d'entre vous, en se voilant la face de tristesse, ou plutôt en faisant éclater sa juste indignation : « Et toi, qui t'es introduit dans mon Eglise, et toi qui te dis mon disciple, me frappes-tu aussi?... »

Si je dois être vaincu dans la bataille, que ce soient mes opposants qui me vainquent, mais que du moins mes alliés ne me trahissent pas. Si la citadelle que je suis prêt à défendre jusqu'à mon dernier soupir doit être prise, que l'ennemi y entre en marchant sur mon cadavre, mais encore une fois, que mes amis ne me trahissent pas. Ah! si le soldat qui combat à mon côté me vendait à mes adversaires, mon cœur serait deux fois brisé ; il le serait d'abord par la défaite, et ensuite par la trahison.

Lors des guerres religieuses que nos frères d'Helvétie eurent à soutenir pour le maintien de leurs libertés, une poignée de protestants défendaient vaillamment un défilé contre un corps d'armée considérable. Quoiqu'ils eussent vu leurs frères, leurs amis, tomber à leurs côtés, quoique eux-mêmes fussent épuisés de fatigue et prêts à défaillir, ils n'en continuaient pas moins à combattre avec une intrépidité héroïque. Mais soudain, un cri se fait entendre, — un cri perçant, un cri terrible ! L'ennemi gravit une éminence, et va envelopper la petite bande des réformés. A cette vue, leur chef frémit d'indignation; il grince des dents, il frappe du pied, car il a compris qu'un traître, qu'un lâche protestant a dû vendre ses frères à leurs implacables ennemis. Se tournant alors vers ses gens : « En avant ! » s'écrie-t-il, du ton d'un homme qui n'espère plus. Et comme des lions qui fondent sur leur proie, ces braves s'élancent au-devant de leurs ennemis, prêts maintenant à mourir, puisqu'un des leurs les a trahis. Mes frères, c'est un sentiment de cette nature qui s'empare du courageux soldat de la croix quand il voit un de ses compagnons de service déshonorer le drapeau de son divin Chef et trahir sa sainte cause. Pour ma part, je n'hésite pas à le dire, ce que je crains, ce ne sont pas les ennemis déclarés, ce sont les faux amis. Qu'il y ait mille démons hors de l'Eglise, plutôt qu'un seul dans son sein ! Ne nous inquiétons pas des attaques de ceux du dehors; mais prenons garde, oh ! prenons garde à *ces loups ravissants qui viennent à nous en habits de brebis.* C'est contre eux que les ministres de la Parole doivent dénoncer avec une sainte colère les terribles jugements de Dieu; c'est sur eux qu'ils doivent verser les plus amères de leurs larmes, car ils sont les plus dangereux *ennemis de la croix de Christ.*

Mais précisons davantage et indiquons sommairement quelques-uns des fâcheux effets qui résultent de la présence des formalistes dans l'Eglise.

En premier lieu, *ils contristent et affligent singulièrement le corps de Christ*, c'est-à-dire l'ensemble des fidèles. Ils sont la cause, sans contredit, des gémissements les plus douloureux qui se soient jamais échappés du cœur des enfants de Dieu. Qu'un incrédule m'insulte et me couvre de boue dans la rue, je crois que je le remercierai de l'honneur qu'il me fait, si je sais qu'il m'injurie pour le nom de Christ; mais si un soi-disant chrétien faisait rejaillir sur la cause de mon Maître la souillure d'une vie déréglée, mon cœur serait navré au-dedans de moi, car je sais que de tels scandales sont plus préjudiciables à l'Evangile que les bûchers et les tortures. Que tout homme qui hait le Seigneur Jésus m'accable de malédictions, je ne verserai pas une seule larme; mais quand je vois un de ses prétendus disciples le renier et le trahir, comment pourrais-je ne pas affliger mon âme et quel est le chrétien qui ne s'affligerait pas avec moi ?

En second lieu, les faux frères amènent infailliblement à leur suite *des divisions dans l'Eglise*. Je dis ceci avec la plus entière persuasion :

si l'on remontait à la source de nos discordes ecclésiastiques, l'on trouverait que toutes ou presque toutes doivent être mises sur le compte des formalistes, qui, par leur conduite inconséquente, ont obligé les chrétiens vivants à se séparer d'eux. Il y aurait plus d'unité parmi nous si des hypocrites ne se glissaient pas dans nos rangs; il y aurait plus de cordialité, plus d'abandon, plus d'amour fraternel, si ces habiles séducteurs ne nous avaient appris à nos dépens à nous montrer réservés et soupçonneux. De plus, ils sont toujours les premiers à parler mal des véritables croyants, et à semer entre eux des querelles. Et de tout temps il en a été ainsi. Ah! ce qui a fait essuyer à l'Eglise de Dieu les plus graves dommages dont elle ait jamais eu à souffrir, ce ne sont pas les traits meurtriers de ses ennemis avoués; non, ce sont des incendies secrètement allumés dans son propre camp par des hommes, parés, il est vrai, du masque de la piété, mais qui n'en étaient pas moins des espions et des traîtres.

Remarquons, en outre, que de telles gens font *un mal incalculable aux inconvertis.* Que de pauvres pécheurs qui commençaient à se tourner vers Christ, sont retenus loin de lui par le scandaleux désaccord existant entre la conduite et les principes de certains chrétiens ! Que de piétés naissantes qui vont se briser chaque jour contre cette pierre d'achoppement ! — Et ici, permettez-moi, mes frères, de vous raconter un fait qui confirme, d'une manière saisissante, la vérité de ce que j'avance. J'espère sentir moi-même tout ce qu'il a de sérieux et je prie Dieu de vous le faire sentir également. Un jeune ministre, de passage dans une église de village, y donna une prédication qui parut faire une profonde impression sur l'auditoire. Un jeune homme en particulier fut tellement remué par les paroles solennelles du prédicateur, qu'il résolut d'avoir un entretien avec lui. A cet effet, il l'attendit à la sortie de l'église, et offrit de l'accompagner à la maison où il logeait. Chemin faisant, le ministre parla de tout, excepté de l'Evangile. Grande était l'angoisse du jeune homme. Il se hasarda bien à poser à son compagnon une ou deux questions concernant le salut de son âme, mais celui-ci y répondit froidement et d'une manière évasive, comme si le sujet était de peu d'importance. Enfin, on arrive à la maison; plusieurs personnes s'y trouvaient réunies, et aussitôt notre prédicateur entame une conversation des plus légères, qu'il assaisonne de force bons mots et de force bouffonneries. Bientôt même, encouragé sans doute par les rires approbateurs qui ont accueilli ses premières facéties, il s'oublie au point de prononcer des paroles qu'on pourrait presque appeler licencieuses. Indigné, hors de lui, le jeune homme se lève brusquement; il quitte sur-le-champ la maison, et lui, qui une heure auparavant pleurait en entendant parler du Seigneur, s'écrie maintenant avec rage : « La religion est un mensonge ! Dès ce moment, je ne crois plus ni en Christ ni en Dieu. Si je suis damné, que mon âme soit redemandée à cet homme, car c'est lui qui l'aura perdue ! Se conduirait-il comme il le fait, s'il était convaincu lui-même des choses qu'il enseigne aux autres ? Non ! il est un vil hypocrite, et désormais je ne veux plus écouter ni lui ni son Evangile. » Le malheureux tint parole; toutefois, lorsque, quelque temps après, il se vit couché sur son lit de mort, il demanda à voir le jeune ministre. Par une coïncidence remarquable, ce dernier, qui habitait d'ordinaire une paroisse éloignée, se trouvait actuellement dans le village, où Dieu l'avait reconduit, n'en doutons pas, afin qu'il y reçût la peine de son péché. Sa Bible à la main, il entre dans la chambre du moribond, et s'apprêtait à lire et à prier lorsque celui-ci l'arrête : « Je vous ai entendu prêcher une fois, monsieur, » lui dit-il en le regardant fixement. « Dieu soit béni ! » répond le ministre, croyant sans doute avoir affaire à une âme convertie par son moyen. « Il n'y a pas lieu de bénir Dieu, que je sache, continue froidement le malade ; vous souvenez-vous d'avoir prêché ici, tel jour, sur tel texte ? — Oui, je m'en souviens parfaitement. — Eh bien, monsieur, je tremblais en vous écoutant; je frémissais, j'étais éperdu. Je quittai l'église avec l'intention ferme de fléchir le genou devant Dieu et de chercher son pardon en Christ. Mais vous rappelez-vous certains propos que vous tîntes, ce même soir, dans telle maison ? — Non, dit le ministre. — Il faut donc que j'aide votre mémoire, monsieur, reprend le moribond; mais avant tout, notez bien ceci : à votre conduite de ce soir-là, mon âme doit d'être damnée, et aussi vrai que j'ai encore un souffle de vie, aussi vrai, je vous accuserai devant le tribunal de Dieu d'être la cause de ma condamnation ! » Ayant dit cela, le malheureux ferma les yeux et mourut. — Je crois, mes frères, qu'il vous serait difficile de concevoir ce qui se passait dans le cœur du ministre en s'éloignant de ce lit funèbre.... Toute sa vie, il devra traîner après lui cet horrible, cet épouvantable remords : « Il y a une âme en enfer qui m'accuse de sa perte !... »

Et un remords semblable, je le crains, pèsera un jour sur la conscience de bien des membres de nos Églises. Combien de jeunes gens, en effet, ont été détournés de la sérieuse recherche de la vérité par les censures âpres et amères de nos modernes Pharisiens! Combien d'âmes droites et sincères ont été prévenues contre la saine doctrine par la conduite peu édifiante de ceux qui faisaient hautement profession d'y adhérer! Ah! *malheur à vous, Scribes et Pharisiens hypocrites!* Car, non-seulement vous n'entrez point vous-mêmes au royaume des cieux, mais vous empêchez d'y entrer ceux qui voudraient le faire; vous vous emparez de *la clef de la connaissance;* vous fermez à double tour par vos infidélités la porte du salut, et vous chassez, par votre flagrante hypocrisie, les âmes qui étaient disposées à s'en approcher!

Un autre déplorable effet de la conduite des chrétiens formalistes, c'est qu'*elle cause une grande joie au démon et à son parti.* Peu m'importe ce que disent les incrédules dans leurs livres ou leurs discours : quelque habiles qu'ils soient — (et certes ils ont bien besoin de l'être pour prouver l'absurde et donner à l'erreur un semblant de vérité), quelque habiles qu'ils soient, je le répète, peu m'importent leurs attaques, aussi longtemps qu'elles ne s'appuient que sur des mensonges. Mais quand ils peuvent nous adresser des reproches mérités;

quand les accusations qu'ils intentent à l'Eglise de Dieu sont fondées, oh! c'est alors qu'ils sont à craindre, et c'est alors aussi que Satan triomphe. Qu'un homme se conduise en chrétien droit et intègre, il désarmera bientôt la critique; qu'il mène une vie sainte et irrépréhensible, et on se lassera bientôt de rire à ses dépens; mais s'il *cloche des deux côtés*, s'il agit tantôt en chrétien, tantôt en mondain, qu'il ne l'oublie pas, il fournit des armes aux adversaires et leur donne occasion de blasphémer contre l'Evangile. Ah! qui pourrait dire les immenses avantages que le démon a remportés sur l'Eglise à cause des infidélités de ceux qui prétendaient en être membres ? « Vous dites et ne faites point, votre vie n'est pas en accord avec vos principes : » telle est la plus redoutable machine de guerre avec laquelle Satan bat en brèche la muraille de l'Eglise. Soyez donc sur vos gardes, mes chers auditeurs; veillez constamment sur vous-mêmes, afin de ne pas déshonorer la cause que vous faites profession d'aimer. Et ici, je me sens pressé de m'adresser en particulier à ceux d'entre vous, qui, comme moi, ont des vues très-arrêtées sur l'élection de grâce. Vous le savez, parce que nous croyons à un salut purement gratuit, parce que nous disons avec saint Paul : *Cela ne vient pas de celui qui veut ni de celui qui court, mais de Dieu qui fait miséricorde* (1) ; en d'autres termes, parce que nous exaltons la grâce souveraine de notre Dieu, on nous traite d'ultra-calvinistes, d'antinomiens, on nous regarde comme le rebut de toute la terre, on accuse nos doctrines d'encourager le vice et l'immoralité. Voulons-nous donc, mes bien-aimés, réfuter victorieusement la calomnie ? Efforçons-nous de vivre d'une manière de plus en plus digne de notre vocation ; craignons, par nos chutes et par nos faiblesses, de donner prise aux attaques de nos adversaires ; en un mot, prenons garde de ne pas jeter de la défaveur sur ces saintes vérités qui nous sont aussi chères que la vie, et auxquelles nous espérons rester fidèles jusqu'à la mort.

III.

Mais il est temps que nous passions à la troisième cause de la profonde douleur que Paul éprouvait en écrivant notre texte. Cette cause, nous vous l'avons déjà dit, était LE SORT réservé aux faux frères de Philippes ; c'est ce que nous apprennent ces mots : *Leur fin est la perdition.*

---

(1) Rom., IX, 16.

Entendez-vous, mes frères ? *La fin* des forma-listes, sera *la perdition*, — et j'ose ajouter, la *pire* des perditions. Oui, s'il y a en enfer des chaînes plus lourdes que les autres; s'il y a des prisons plus sombres, des flammes plus brûlantes, des angoisses plus cruelles, des tourments plus intolérables, assurément ils seront le partage de ceux dont la profession de piété n'a été qu'un indigne mensonge ! En vérité, pour ma part, je préfèrerais mourir pécheur scandaleux, que chrétien hypocrite. Oh ! quel réveil que celui d'une âme qui, après avoir eu *le bruit de vivre* dans ce monde, est jetée avec les menteurs dans l'autre, qui, après s'être élevée jusqu'aux cieux ici-bas, se voit abaissée jusqu'en enfer dans l'éternité !.... Et plus le formaliste a réussi à se séduire lui-même, plus terrible sera son désillusionnement. Il avait pensé porter à ses lèvres la coupe pleine de délices du paradis, et au lieu de cela, il se voit condamné à boire jusqu'à la lie l'amer breuvage de l'enfer ! Il comptait entrer sans difficulté par les portes de la nouvelle Jérusalem, et voilà qu'il les trouve fermées ! Il s'imaginait que pour être admis dans la salle des noces, il lui suffirait de crier : *Seigneur, Seigneur*, et voilà qu'il entend prononcer contre lui, non pas simplement la malédiction générale adressée à la masse des pécheurs, mais cette sentence mille fois plus terrible et plus amère, parce qu'elle est plus directe et plus personnelle : « *Retirez-vous de moi, je ne vous ai jamais connu !* Quoique vous ayez *mangé et bu en ma présence*, quoique vous soyez entré dans mon sanctuaire, vous êtes un étranger pour moi et je le suis pour vous ! » — Mes frères, un tel sort, plus lugubre que le sépulcre, plus horrible que l'enfer, plus désespérant que le désespoir, un tel sort deviendra inévitablement le partage de ces prétendus chrétiens *qui ont leur ventre pour Dieu, qui mettent leur gloire dans ce qui est leur confusion, et qui placent leurs affections dans les choses de la terre.*

Et maintenant, mes chers amis, permettez-moi, avant de finir, de répondre à diverses pensées que peut vous avoir suggérées ce que vous venez d'entendre. Si je ne me trompe, quelques-uns d'entre vous se disent en ce moment même : « Voilà, certes, un prédicateur qui n'épargne pas les Eglises, et il a raison. Il leur a fait entendre de dures vérités. Quant à moi, je partage complètement son avis : ces gens qui font profession de piété, qui se donnent des airs de saints, sont tous des hypocrites et des imposteurs. Je l'ai toujours cru, il n'y en a pas un de sincère. » Arrêtez, mon ami. A Dieu ne plaise que j'aie dit rien de semblable à ce que vous avancez là ! je serais bien coupable si je l'avais fait. Il y a plus : je soutiens que le fait seul qu'il existe des hypocrites est une preuve irrécusable qu'il existe aussi des chrétiens sincères. « Comment cela ? » me répondez-vous. Eh ! c'est bien simple, mon cher auditeur. Croyez-vous qu'il y eût de faux billets de banque dans le monde s'il n'y en avait pas de bons ? Croyez-vous qu'on cherchât à mettre de la fausse monnaie en circulation, s'il n'y en avait de bon aloi ? Evidemment non. La contrefaçon présuppose nécessairement l'existence de la chose contrefaite. Si donc il n'existait pas de vraie piété, il n'y en aurait pas non plus de fausse. Et de même que c'est la valeur du billet de banque qui engage le faussaire à le reproduire, de même c'est l'excellence du caractère chrétien qui donne l'idée à certaines gens de l'imiter. N'ayant pas la réalité, ils veulent du moins avoir l'apparence ; n'étant pas de l'or pur, ils se plaquent de façon à en avoir l'air. Je le répète, et le plus simple bon sens suffit à nous le faire comprendre : puisqu'il y a de faux chrétiens il doit nécessairement y en avoir de véritables.

« Bien dit ! » pense peut-être un autre de mes

auditeurs ; « oui, grâces à Dieu, il existe de sincères, de véritables chrétiens, et j'ai le bonheur d'être du nombre. Jamais je n'ai eu ni doute ni crainte à cet égard; je sais que je suis un élu de Dieu, et quoique, il est vrai, je ne me conduise pas toujours comme je pourrais le désirer, j'ose dire que si je ne vais pas au ciel, peu de personnes iront. Ainsi, prédicateur de l'Evangile, à d'autres tes avertissements ! Depuis plus de vingt ans je suis membre de l'Eglise, depuis plus de dix j'ai l'honneur de siéger au conseil des anciens, je jouis de la considération de mes frères, rien ne saurait ébranler ma confiance. Quant à mon voisin que voilà, c'est autre chose. Je crois qu'il fera bien de s'assurer de la réalité de sa conversion; mais, encore une fois, pour ce qui me concerne, tout est bien; je suis parfaitement tranquille. »

Ah ! mon cher auditeur, me pardonnerez-vous si je vous dis que votre excès d'assurance m'inspire les plus graves inquiétudes? Si vous n'avez jamais eu de craintes sur la valeur de votre piété, je commence à en avoir; si vous ne doutez pas quelquefois de vous-même, je ne puis que trembler; car, vous le dirai-je? j'ai observé que tous les enfants de Dieu sont d'une extrême méfiance à leur propre égard, et qu'ils craignent plus que qui que ce soit de se faire illusion. Jamais encore je n'ai rencontré un vrai croyant qui fût content de son état spirituel : puis donc que vous vous déclarez si particulièrement satisfait du vôtre, excusez-moi, mais je ne puis en vérité apposer ma signature au certificat de piété que vous vous délivrez à vous-même. Il se peut que vous soyez très-bon ; toutefois, souffrez que je vous conseille de *vous examiner pour voir si vous êtes dans la foi*, de peur qu'*étant enflé dans votre sens charnel*, vous ne tombiez dans les piéges du malin. JAMAIS TROP SUR, est une devise qui convient parfaitement au chrétien. *Etudiez-vous*, tant qu'il vous plaira, *à affermir votre vocation et votre élection ;* mais, de grâce, n'ayez jamais une trop haute opinion de vous-même. Gardez-vous de la présomption. Combien d'hommes excellents à leurs propres yeux, qui sont des démons aux yeux de Dieu ! Combien d'âmes très-pieuses dans l'opinion de l'Eglise, qui ne sont que souillure devant le Saint des saints ! Que chacun de nous s'éprouve donc soi-même, et disons avec le Psalmiste : *O Dieu fort ! sonde-moi et considère mon cœur ; regarde s'il y a en moi aucun mauvais dessein et conduis-moi par la voie du monde* (1). Mes bien-aimés, si les avertissements que vous

---

(1) Ps. CXXXIX, 34.

venez d'entendre avaient pour résultat de faire naître en vous de telles pensées, de vous inspirer une semblable prière, je bénirais Dieu du fond de mon âme de m'avoir permis de vous les adresser.

Enfin, y a sûrement ici quelques-uns de ces esprits légers et insouciants auxquels il importe peu, disent-ils, d'appartenir ou non à Christ. Ils comptent vivre comme par le passé dans l'oubli de Dieu, méprisant ses menaces et se moquant de son nom. Insensés et aveugles! un jour viendra, sachez-le, où votre ris sera changé en pleurs, où vous sentirez le besoin de cette religion que vous dédaignez aujourd'hui! A bord du vaisseau de la vie, naviguant sur une mer paisible, vous vous moquez à présent de la chaloupe de sauvetage; mais attendez que la tempête gronde, et vous voudrez vous y précipiter à tout prix. Maintenant vous ne faites aucun cas du Sauveur, parce qu'il vous semble que vous n'avez nul besoin de lui; mais lorsque la mort se saisira de vous, lorsque viendra l'orage de la colère divine, — (retenez bien ceci, ô pécheurs!) — vous qui maintenant ne voulez pas prier Christ, vous hurlerez après lui! vous qui maintenant refusez de l'appeler, vous le poursuivrez alors par vos cris de désespoir! votre cœur qui maintenant n'éprouve aucun désir de le posséder, se pâmera après lui, dans une inexprimable angoisse !..... *Retournez, retournez ! convertissez-vous; et pourquoi mourriez-vous, ô maison d'Israël ?*

O veuille le Seigneur vous amener à lui, et faire de vous ses sincères, ses véritables enfants, en sorte que votre *fin* ne soit pas *la perdition*, mais que vous soyez sauvés dès à présent, et sauvés pour l'éternité !

LA PREMIÈRE PRIÈRE

DE

SAINT PAUL.

Car voilà, il prie (Actes, IX, 11).

Le Seigneur a bien des manières d'éteindre la persécution. Jamais il ne souffrira que son Eglise soit vaincue par ses ennemis ou anéantie par ses adversaires; et les moyens ne lui manquent pas pour détourner les coups des méchants, ou même, au besoin, pour renverser leurs desseins de fond en comble. Parmi ces moyens, il en est deux qu'il emploie d'ordinaire : il confond le persécuteur, ou bien, dans sa miséricorde, il le convertit. Tantôt le Dieu fort sème le trouble et la confusion dans le camp de ses ennemis; il frappe de vertige les enchanteurs et d'impuissance les magiciens; à celui qui ose lui faire la guerre, il permet de courir à sa perte; puis il jette un regard de triomphante dérision sur le misérable insensé qui avait espéré de dire *Aha!* (1) à l'Eglise de Dieu. Mais parfois aussi il convertit le persécuteur; d'un antagoniste déclaré, il se fait un ami; d'un fougueux adversaire de l'Evangile, il fait un ardent soldat de la croix. Du sein des ténèbres, il tire la lumière; *de celui qui dévorait, il fait sortir le miel;* des cœurs les plus durs, il suscite des enfants à Abraham. Tel fut le cas de Saul, de Tarse. Un fanatique plus exalté ne saurait se concevoir. Le sang du fidèle Etienne avait rejailli sur lui; car si complaisante, si officieuse était sa cruauté, que tandis qu'on lapidait le premier martyr, il gardait les vêtements de ses bourreaux. Vivant à Jérusalem, élève dans la savante école de Gamaliel, Saul se trouvait journellement en contact avec les disciples de l'Homme de Nazareth. En rencontrait-il dans les rues, il les insultait et les couvrait d'injures; bien plus : il obtint contre eux des mandats d'arrêt et les fit mettre à mort. Et maintenant, pareil à une bête féroce qui a goûté le sang, le jeune Pharisien ne respire plus que carnage; sa fureur est à son comble; et, pour couronner dignement son œuvre homicide,

---

(1) Ps. XXXV, 21.

il part pour Damas, afin de se saisir de tous les chrétiens, soit hommes, soit femmes, qu'il trouvera dans cette ville; il les amènera liés à Jérusalem, et assouvira la soif sanguinaire qui le dévore, en leur faisant subir la peine due, suivant lui, à leur abominable hérésie. Mais, ô merveille de la puissance de Dieu! Jésus arrête ce forcené dans sa course insensée. Juste au moment où, la lance en arrêt, il va fondre sur Christ, Christ le rencontre, le terrasse, le renverse, puis lui adresse cette question : « Saul, Saul, pourquoi me persécutes-tu? » Ensuite, ce charitable Sauveur daigne lui ôter son cœur rebelle; il lui donne un nouveau cœur et un esprit droit, — change complètement ses vues et ses projets, — le conduit à Damas, — le tient prosterné à ses pieds pendant trois nuits et trois jours, — parle à son âme, — lui fait entendre des sons mystiques, des paroles ineffables, — embrase son cœur tout entier de la sainte flamme de l'amour; et lorsque enfin le futur Apôtre des Gentils, sortant de sa longue extase, commence à prier, Jésus descend aussitôt du ciel, apparaît en vision à Ananias, et lui dit : « Lève-toi, et t'en va dans la rue appelée la Droite, et cherche dans la maison de Judas, un nommé Saul de Tarse; CAR VOILA, IL PRIE. »

Ces dernières paroles, mes frères, sont d'abord L'ANNONCE D'UN FAIT DE HAUTE IMPORTANCE : « Voilà, il prie! » et, en second lieu, UN ARGUMENT présenté par le Seigneur à Ananias : « *Car voilà, il prie.* » — Je me propose de considérer tour-à-tour mon texte sous ces deux aspects ; ensuite j'essaierai d'en faire L'APPLICATION à vos cœurs : il est vrai, qu'à bien parler, Dieu seul peut accomplir cette dernière tâche ; toutefois, j'ose espérer qu'il voudra bien se servir de la prédication de ce jour, pour vous disposer à recevoir les instructions que sa Parole va vous donner.

I.

Je le répète, ces mots du Seigneur à Ananias : « Va et cherche un nommé Saul, de Tarse, car *voilà, il prie;* » étaient L'ANNONCE D'UN FAIT DE HAUTE IMPORTANCE. Et remarquez, en premier lieu, que ce fait était *connu de Dieu lui-même.* Saul fut conduit par l'influence de l'Esprit saint à désirer la grâce divine ; et du moment qu'il commença à prier, Dieu commença à écouter sa voix. N'avez-vous point été frappés, mes chers amis, en lisant les paroles du Seigneur à Ananias, des détails si minutieux dans lesquels il entre relativement à Saul ? Evidemment celui-ci était l'objet de son intérêt tout particulier. Jésus connaît la rue où il loge : « Va dans la rue appelée *la Droite.* » Il connaît la maison où il habite : « Cherche dans la maison *de Judas.* » Il sait son nom, il sait même de quel pays il est originaire : « Cherche un nommé *Saul*, *de Tarse.* » Enfin, il sait qu'il est présentement en prière : « Voilà, *il prie.* » — Oh! qu'elle est réjouissante la pensée que Dieu s'occupe ainsi avec la plus tendre sollicitude de toute âme qui s'approche de lui! Voici un pauvre pécheur, contrit et humilié; il se retire dans la solitude de sa chambre, il fléchit le genou devant Dieu; l'angoisse de son cœur brisé ne se traduit peut-être que par des larmes et des soupirs....... Mais, ô prodige! ces soupirs de contrition ont fait vibrer toutes les harpes du paradis! ces larmes de repentir ont été recueillies par le Seigneur et seront conservées à toujours dans l'urne lacrymatoire du ciel! Le plus humble suppliant, celui-là même qui n'ose formuler une requête, est compris par le Très-Haut. Il peut n'offrir à Dieu qu'une larme furtive, qu'une larme timide, mais qu'importe? une larme n'est-elle pas souvent la plus éloquente des prières? Les larmes d'une sincère pénitence sont les diamants du ciel. Les gémissements de cœurs humiliés viennent se joindre, comme autant de notes mélodieuses, à la sublime harmonie qui retentit nuit et jour devant le trône de Jéhovah. — Oh! mes bien-aimés, ne comprenez-vous pas tout ce qu'il y a de doux et d'encourageant dans la pensée que Dieu prend garde aux prières des fils des hommes? Peut-être quelques-uns de vous se sont-ils dit plus d'une fois : « Sûrement, je suis un être trop insignifiant, trop coupable et trop vil pour que Dieu daignât faire attention à moi, alors même que j'essaierais de chercher sa face. » Mes amis, chassez loin de vous des idées aussi impies, — aussi païennes, dirai-je. Notre Dieu n'est pas un Dieu qui vit plongé dans un songe perpétuel, ou qui s'enveloppe d'épaisses ténèbres, en sorte qu'il ne puisse voir. Il n'est pas comme Bahal, qui n'entend point. Il se peut, il est vrai, que les batailles, le tumulte de ce monde le laissent indifférent; il ne se soucie ni de la pompe ni du fastueux étalage des rois; il ne prête point l'oreille aux bruyantes fanfares de la musique guerrière, et détourne ses yeux des scènes de triomphe et de gloire humaine. Mais partout où un cœur souffre et gémit; partout où un œil s'élève au ciel, voilé de pleurs; partout où des lèvres tremblantes murmurent une prière; partout où retentit un amer soupir ou un sanglot de componction, — là Jéhovah prend plaisir à regarder. Il s'approche; il prête l'oreille; il inscrit les prières de l'âme pénitente dans son registre; il les dépose, comme des fleurs sèches, dans son livre de mémoire, et quand, au dernier jour, le livre sera ouvert, il s'en exhalera un suave parfum. — Aie donc bon courage, pauvre pécheur qui te repens! Fusses-tu même le plus indigne, le plus vil des criminels, le Seigneur entend ta requête, et il dit de toi ce qu'autrefois il disait de Saul, de Tarse : « Voilà, il prie! » Où as-tu prié ce matin, mon frère? Est-ce dans une grange? ou dans ton cabinet? ou à côté de ton lit? ou bien peut-être dans ce lieu de culte? Je ne sais, mais Dieu le sait! — Et à présent encore ton œil humide ne s'élève-t-il pas vers le ciel? Dis, pauvre cœur troublé, n'entends-je pas sortir de tes lèvres, en cet instant même, ce cri d'angoisse : « O Dieu, sois apaisé envers moi qui suis pécheur? » S'il en est ainsi, mon frère, sois en certain, Dieu a déjà ouï ta voix. — Qui n'admirerait la merveilleuse célérité avec laquelle le fluide électrique transmet les messages que l'homme lui confie? Et pourtant la Parole de mon Dieu me fait connaître un moyen de communication qui dépasse infiniment en vitesse l'électricité même : c'est la prière. « AVANT qu'ils crient, je les exaucerai, a dit l'Eternel, et LORSQU'ILS PARLE-

RONT ENCORE, je les aurai déjà entendus (1). »
Paul éprouva la vérité de cette glorieuse promesse ; et toi de même, n'en doute pas, ô pécheur, tu es entendu par Celui qui est assis sur le trône.

Mais le fait annoncé dans mon texte n'était pas seulement connu de Dieu ; il était encore, sans nul doute, *le sujet d'une grande joie dans le ciel.*
« *Voilà!* dit Jésus, il prie ! » Ne sent-on pas que cette parole du Sauveur était un cri d'allégresse? Une seule fois nous lisons dans l'Evangile que Jésus *tressaillit de joie dans son esprit;* ce fut lorsque, élevant les yeux, il dit : « *Je te loue, ô Père, Seigneur du ciel et de la terre, de ce que tu as caché ces choses aux sages et aux intelligents, et que tu les as révélées aux enfants! Oui, mon Père, cela est ainsi parce que tu l'as trouvé bon.* » Et à présent encore rien ne réjouit le Pasteur de nos âmes comme de voir ses brebis entrer dans son paisible bercail ; il triomphe en esprit lorsqu'une pauvre âme égarée en franchit le seuil. Oh ! sûrement un sourire, tel qu'il n'en existe qu'en paradis, dut illuminer le visage de Jésus, quand il put dire à Ananias : « *Voilà,* — j'ai gagné le cœur de mon ennemi ; j'ai sauvé mon persécuteur ; dans ce

---

(1) Esaïe, LXV, 24.

moment même, il fléchit le genou devant mon marchepied : *voilà, il prie!* » Jésus avait plus de joie pour cette brebis perdue et retrouvée, que pour quatre-vingt-dix-neuf autres qui ne s'étaient point égarées. — Mais il n'était pas le seul à se réjouir; les anges partageaient son allégresse. Si la voix de Jésus dirigeait le chant, tous les esprits célestes s'y joignaient d'un même cœur. Lorsqu'un élu de Dieu naît sur la terre, incontinent les anges entourent son berceau. Il grandit, il se développe, et le péché se développe avec lui. Il s'engage dans les sentiers de l'iniquité; son ange l'y suit; il s'attache à ses pas; il contemple avec tristesse ses égarements; une larme brille dans son regard quand celui qu'il aime offense Dieu. Mais finalement cette âme est conduite à écouter l'Evangile. L'ange l'observe avec bonheur; il veille, il attend. Bientôt la Parole de Dieu pénètre dans la conscience du pécheur; le voilà qui pleure et qui enfin murmure : « Seigneur, prends pitié de moi ! » Et soudain, l'ange déploie ses ailes; il remonte en hâte vers les cieux. « Anges frères, écoutez tous! s'écrie-t-il avec transport; je vous apporte une bonne nouvelle : *Voilà, il prie, il prie!* » Alors l'armée céleste éclate en chants de louange; il y a fête dans le séjour de la gloire; les voûtes du ciel retentissent de cris de triomphe, car en vérité, *je vous dis qu'il y a de la joie parmi les anges de Dieu pour un seul pécheur qui s'amende* (1).

Mais outre les anges, mes chers amis, il se peut qu'il y ait dans le ciel d'autres esprits qui se réjouissent de la conversion des pécheurs. Je veux parler des esprits des justes arrivés à la perfection, de ceux qui nous ont aimés ici-bas et qui nous ont devancés dans l'éternel repos. Pour ma part, je ne compte que peu de parents dans le ciel, mais j'y ai une vénérable aïeule que je chéris tendrement et qui m'entoura de soins et d'affection pendant une partie de mon enfance. Quand elle était sur la terre elle priait pour moi; et il me semble que des demeures éternelles où elle fut soudainement introduite, elle a dû suivre du regard son petit-fils bien-aimé à mesure qu'il avançait dans la vie. Lorsqu'elle l'a vu cheminant dans les voies du péché et de la folie, assurément elle n'a pu éprouver de la douleur — car il n'y a point de larmes dans les yeux des saints glorifiés; — ni même du regret — car un tel sentiment est inconnu devant le trône de Dieu : toutefois, quand vint l'heure bénie, où, par un effet de la grâce souveraine, je fus contraint à

---

(1) Luc, XV, 10.

prier; où, seul en face de Dieu, je me prosternai et luttai avec lui, alors, oh! alors, ne passa-t-il pas sur son visage béatifié comme un éclair d'une joie nouvelle, et ne dut-elle pas, elle aussi, s'écrier avec ravissement : « *Voilà, il prie, il prie?* » Il lui sembla en cet instant, j'imagine, qu'elle jouissait d'une double portion de félicité; elle crut posséder deux ciels, — un en moi et un en elle-même. — Et toi, mon jeune auditeur, n'as-tu pas aussi un être aimé dans la gloire? Ta mère peut-être parcourt à cette heure les rues pavées d'or du paradis; peut-être te regarde-t-elle à l'instant où je te parle. Enfant, elle t'a nourri de son lait, elle t'a porté sur son sein, elle t'a consacré à Jésus-Christ. Du ciel où elle est maintenant, elle te contemple avec ce degré d'intense anxiété qui est compatible avec le bonheur. Parle, jeune homme, que se passe-t-il dans ton âme? Entends-tu la voix de Christ, qui te dit au moyen de son Esprit : « Venez à moi? » Verses-tu des larmes d'une vraie repentance? Oh! s'il en est ainsi, je me représente ta mère répétant, à son tour, le cœur débordant de béatitude : « Il prie, il prie! » Je la vois qui s'incline une fois de plus devant le trône de Dieu, en lui disant, avec l'accent d'une indicible reconnaissance : « Je te rends grâces, ô toi, Etre tout bon, de ce que l'enfant que tu m'avais donné sur la terre, est devenu *ton* enfant pour l'éternité ! »

Mais s'il est dans le ciel des saints glorifiés qui plus que tous les autres saluent avec joie la conversion des pécheurs, sans contredit ce doit être ceux qui furent ici-bas de fidèles, de véritables ministres du Seigneur. Oh! mes chers amis, vous ne pouvez savoir combien un véritable ministre de Dieu aime vos âmes! Peut-être pensez-vous que c'est chose facile de monter en chaire et de prononcer un sermon. Si c'était là tout, Dieu sait qu'en effet notre tâche nous semblerait bien aisée; mais lorsque nous vous voyons devant nous et que nous songeons que de nos paroles dépendent en quelque mesure votre salut ou votre perdition éternelle; — lorsque nous réfléchissons que si nous sommes des sentinelles infidèles, Dieu redemandera votre sang de nos mains; — lorsque nous pensons aux centaines, aux milliers d'âmes qui nous ont déjà entendu et auxquelles peut-être nous avons souvent parlé comme nous n'aurions pas dû le faire; — quand, dis-je, nous nous souvenons de ces choses, oh! bon Dieu! notre âme est saisie de frayeur, nous frémissons et nous tremblons !...

Luther avait coutume de dire qu'il pouvait affronter sans crainte ses ennemis, mais que jamais il ne montait en chaire sans que ses genoux se heurtassent l'un contre l'autre. Ah! mes frères, sachez-le, la prédication de l'Evangile n'est pas un jeu d'enfant. Ce n'est point une chose qui se puisse accomplir sans préparation ou sans anxiété : c'est au contraire une tâche solennelle, une tâche terrible, lorsqu'on l'envisage dans ses rapports avec l'éternité. Si vous saviez comme le serviteur de Christ prie pour vous! Allez écouter le dimanche soir sous la fenêtre de son cabinet ; vous l'entendrez gémir amèrement, parce que sa parole n'a pas été plus fidèle; vous l'entendrez criant à Dieu, dans l'angoisse de son cœur : « *Qui a cru à notre prédication, et à qui le bras de l'Eternel a-t-il été révélé?...* » Mes bien-aimés, quand nous voyons une âme parvenir à la connaissance du Seigneur, nous éprouvons un sentiment que je ne saurais mieux comparer qu'à celui d'une personne qui aurait sauvé un de ses semblables sur le point de se noyer. Voyez ce malheureux qui se débat contre les flots; il enfonce, il disparaît, il va périr! Mais à ce moment, je m'élance à son secours, je le saisis d'une main ferme, je nage avec lui vers la terre, je le dépose sur le rivage. Le médecin arrive; il l'examine, le touche, mais il secoue la tête et dit : « Je crains qu'il n'ait cessé de vivre. » Oh! alors avec quelle anxiété je me penche sur cet homme que j'ai essayé d'arracher à la mort ! Comme mon cœur bat avec force tandis que je place mon oreille sur sa poitrine et devant sa bouche !... A la fin, je m'écrie : « Il respire ! il respire ! il est sauvé ! » Quelle douceur dans cette pensée ! Combien je me sens heureux ! Ainsi en est-il de tout fidèle ministre de Christ. Dès qu'il s'aperçoit qu'une âme de son troupeau commence à prier, il se dit avec une sainte émotion : « Elle respire, elle n'est pas morte, elle est vivante ! » Et il peut tenir ce langage en toute assurance, car une âme qui prie réellement, montre par là qu'elle n'est plus morte dans ses fautes et dans ses péchés, mais qu'elle a été vivifiée par la puissance de l'Esprit. Or, si le salut des pécheurs cause dès ici-bas au prédicateur de l'Evangile une joie à nulle autre pareille, que sera-ce, je le demande, si des tabernacles célestes il lui est donné de voir une âme qu'il a disputée à la mort éternelle, prosternée devant Dieu ? oh ! sûrement son cœur bondira au-dedans de lui ; il frappera des mains en signe de réjouissance quand il pourra s'écrier : « Voilà, le Seigneur me donne un fils ! *Voilà, il prie !* »

Observez encore, mes frères, que l'évènement dont parle mon texte, — sujet de joie auprès de Dieu, — était *un sujet d'étonnement sur la terre.*

Je me représente Ananias élevant ses mains jointes vers le ciel, au comble de la stupéfaction. « Oh! mon Seigneur, dut-il dire, est-ce bien possible? Saul, de Tarse, serait-il en prière? Il n'est pas un homme dans le monde que je me fusse moins attendu à voir invoquer ton nom. » Je ne sais ce qui en est de mes collègues dans le ministère, mais quant à moi, je l'avoue, j'éprouve fort souvent des impressions analogues à celles que ressentit Ananias dans cette circonstance. Ainsi, par exemple, il m'arrive quelquefois de regarder avec satisfaction tels ou tels de mes auditeurs et de me dire : « Voilà des personnes bien disposées; je crois que je les gagnerai; certainement une bonne œuvre se poursuit en elles, et bientôt je les entendrai raconter ce que le Seigneur a fait pour leurs âmes. » Toutefois, au bout de quelque temps, je ne vois plus ces personnes; elles disparaissent de nos saintes assemblées, elles retournent vers le monde. Que fait alors mon bon Maître? Au lieu de ces âmes sur lesquelles je comptais, il m'en envoie dont je n'espérais rien; il convertit un homme perdu de mœurs, un pécheur scandaleux peut-être, *à la louange de la gloire de sa grâce.* Alors c'est à mon tour de lever mes mains en haut, disant comme Ananias : « Seigneur, est-il bien possible?... »

Je me rappelle un fait de cette nature qui s'est accompli il y a peu de temps. Un marin d'une soixantaine d'années entra un dimanche dans une chapelle. C'était un homme qui avait vieilli dans le vice ; il était adonné à la boisson et semblait trouver une jouissance particulière à prononcer des imprécations et des blasphèmes. Le prédicateur avait choisi pour texte de son discours cette portion de l'Evangile qui nous montre Jésus pleurant sur Jérusalem. Le marin écoute, et bientôt il se demande : « Quoi ! se pourrait-il que Jésus-Christ eût pleuré sur un misérable tel que moi ? » Il se sentait si indigne qu'il n'osait croire à tant d'amour. Cependant, à l'issue du service, il va trouver le ministre :
« — Monsieur, lui dit-il, voilà soixante ans que je navigue sous le pavillon du diable : il est temps que je change de patron. Je voudrais couler bas le vieux navire et m'embarquer à bord d'un nouveau, où j'arborerai pour toujours les couleurs du Prince Emmanuel. » Et à partir de ce moment, cet homme devint un homme de prières, marchant en toute intégrité devant Dieu ! — C'est ainsi, mes frères, que Dieu choisit souvent les derniers des pécheurs pour en faire des monuments de sa grâce. Il semble se plaire à déjouer nos prévisions. Parfois, il passe à côté d'un

diamant sans y prendre garde, et il ramasse le caillou du chemin. De pierres de nulle valeur, il fait naître des enfants à Abraham. Le Seigneur est plus habile que le plus habile chimiste; car non-seulement il sait raffiner l'or, mais il transforme en or fin un vil métal. Il prend les êtres les plus souillés, les plus méprisables, et les façonne en héritiers du ciel. Ils sont pécheurs et il les nettoie; ils sont impurs et il les sanctifié.

Oui, étonnante, merveilleuse, était la conversion de Saul, de Tarse; mais, à tout prendre, mes bien-aimés, votre conversion ou la mienne sont-elles donc moins étonnantes? Si on vous eût dit, il y a quelques années, que vous vous joindriez à une Eglise et que vous seriez comptés au nombre des enfants de Dieu, qu'auriez-vous répondu, je vous le demande? « Impossible! absurde! vous seriez-vous écriés; nous devenir méthodistes? non, jamais! Qu'avons-nous à faire de la religion? Nous voulons continuer à penser et à agir comme bon nous semble. » N'est-ce pas là, mes amis, le langage que vous et moi aurions tenu? Comment donc se fait-il que nous soyons aujourd'hui ce que nous sommes? Lorsque nous réfléchissons à la transformation complète qui s'est opérée en nous, ne nous paraît-il pas que nous rêvons? Dieu a laissé bien des membres de nos familles qui valaient mieux que nous, et pourquoi nous a-t-il choisis? Oh! n'est-ce pas une chose étrange, une chose inouïe? Et ne pourrions-nous pas, comme Ananias, nous écrier, avec un geste d'étonnement: « Voilà, c'est un miracle sur la terre! c'est un prodige dans le ciel! »

Enfin remarquez, mes chers auditeurs, que le fait exprimé par ces simples mots : « *Voilà, il prie,* » était *sans précédent dans la vie de saint Paul.* Il est vrai que le jeune Pharisien avait eu coutume de monter régulièrement au temple deux fois le jour, à l'heure de la prière. L'y eussiez-vous accompagné, vous l'auriez entendu très-certainement prononcer d'éloquentes oraisons, dans le genre de celles-ci : « O Dieu, je te rends grâces de ce que je ne suis pas comme le reste des hommes; je ne suis ni un ravisseur ni un péager; je jeûne deux fois la semaine, je donne la dîme de tout ce que je possède (1). » Oh! oui, sans nul doute, vous l'auriez entendu haranguer le Seigneur en termes pompeux et magnifiques. Néanmoins, il est dit expressément dans mon texte : « Voilà, il prie. » Eh quoi! Saul n'avait-il donc jamais prié auparavant? Non, mes frères, jamais. Le culte qu'il

---

(1) Luc, XVIII, 11, 12.

avait offert à Dieu pendant toute sa vie ne comptait pour rien : par le fait, ce n'était pas un culte. J'ai ouï raconter qu'un vieillard auquel on avait enseigné dans son enfance à dire à Dieu : « Seigneur, je te prie de bénir mon père et ma mère, » continua à répéter machinalement ces mêmes paroles pendant soixante-dix années de sa vie, c'est-à-dire bien longtemps après que ses parents furent morts. Au bout de ce temps, il plut à Dieu, dans son infinie miséricorde, de toucher le cœur de ce vieillard ; il reconnut son inconcevable aveuglement ; il comprit que malgré son attachement routinier à certaines formes, il ne s'était jamais sérieusement approché de Dieu : il avait récité prières sur prières, mais jamais il n'avait *prié*. — Il en était de même de Saul. Le culte qu'il avait rendu à Dieu n'avait été qu'une dérision ; ses longues prières, que vaines redites. Mais enfin, de son cœur humilié s'échappe une sincère invocation, et c'est alors que Jésus lui rend ce témoignage : « *Voilà, il prie!* »

Voyez-vous cet homme qui essaie d'obtenir une audience de son Créateur ? Il dépose une pétition en vers latins au pied du trône du Tout-Puissant ; mais Dieu reste impassible ; il s'enveloppe dans une calme indifférence. Alors le suppliant s'y prend d'une autre manière ; il se procure un livre, et, s'agenouillant de nouveau, il lit la plus belle, la plus vénérable, la meilleure des prières qui ait jamais été composée ; mais le Très-Haut ne prend point garde à ce froid et creux formalisme. A la fin, le pauvre pécheur jette le livre de côté, oublie son latin, et s'écrie avec larmes : « O Seigneur, écoute-moi pour l'amour de Christ ! » Aussitôt Dieu répond : « Je t'écoute, pauvre âme angoissée ; j'ai entendu ta voix ; voilà la grâce que tu cherchais. » — Ah ! mes frères, croyez-le, mieux vaut une seule prière sentie que dix mille prières formalistes ; mieux vaut un simple élan de l'âme que les plus sublimes formules des livres. Toute prière qui ne part que des lèvres ou de l'intelligence est en abomination devant Dieu ; celles-là seules qui jaillissent du plus profond du cœur lui sont agréables. Hélas ! mes chers auditeurs, vous le dirai-je, au risque de vous scandaliser ? Je crains qu'il n'y ait parmi vous des centaines d'âmes qui n'ont pas réellement prié une seule fois dans leur vie..... Et que comptez-vous faire, je vous le demande, quand il vous faudra mourir ? Pensez-vous entrer au ciel sans prière ? Funeste illusion ! On l'a dit : « La prière est le mot d'ordre du chrétien mourant ; » si donc, ce mot d'ordre, vous ne le possédez pas, vous serez bannis pour toujours de la présence de Dieu.

II.

Mais, comme je l'ai dit en commençant, si mon texte est l'annonce d'une grande nouvelle, il est aussi UN ARGUMENT présenté par le Seigneur à Ananias. — Et d'abord c'était un argument *bien propre à rassurer Ananias*. Naturellement, la mission qui lui était confiée inspirait à celui-ci des inquiétudes pour sa sûreté personnelle ; il lui semblait qu'en allant vers Saul, il se jetait, pour ainsi dire, dans la caverne d'un lion. « Certainement, pensait-il, puisque je suis un disciple de Christ, Saul, de Tarse, se saisira de moi et m'amènera à Jérusalem. » Mais voici, le Seigneur lui dit : « *Il prie !* » et à l'instant toute appréhension s'évanouit de son cœur. « Cela suffit, Seigneur, répond-il avec joie ; si Saul prie, je n'ai rien à craindre. » — Et vous de même, mes chers auditeurs, soyez assurés que vous n'avez rien à craindre d'un homme de prières. Je ne sais comment expliquer ce fait, mais il est positif que les incrédules mêmes entourent le fidèle chrétien d'une certaine vénération. Un maître impie aime pourtant à avoir à son service un domestique pieux ; tout en méprisant la religion pour lui-même, il l'estime dans son serviteur, et, s'il prie, il lui accordera une confiance particulière. Il est vrai que de nos jours, hélas! il est des gens qui se font passer pour des hommes de prière et dont la conduite prouve que leurs prétentions ne sont que feinte et mensonge. Il va sans dire que je ne parle point de ceux-là : mais quant aux âmes qui prient dans le vrai sens du mot, ne craignez pas, je le répète, de placer en elles une confiance sans bornes. Qui s'entretient avec Dieu en secret, se conduit droitement en public. Qui s'approche souvent du trône de la grâce, offre toute garantie. Il me souvient d'avoir entendu raconter un fait qui confirme ce que j'avance d'une manière bien remarquable. Deux touristes parcouraient ensemble les montagnes de la Suisse. A la nuit tombante, ils se trouvèrent au milieu d'une forêt, où ils ne tardèrent pas à apercevoir une petite hôtellerie, d'assez triste apparence. L'un des voyageurs, incrédule déclaré, dit à son compagnon qui était chrétien : — « L'aspect de cette maison ne me plaît pas ; je crois qu'il serait imprudent de nous y arrêter. — Entrons toujours, répliqua l'autre ; nous verrons mieux ce qui en est. » Ils y entrèrent en effet ; mais l'intérieur de la maison leur sembla non moins suspect que l'extérieur. Leur malaise allait croissant, quand tout-à-coup le maître du logis leur dit : « Messieurs, j'ai l'habitude de lire la Bible et de prier chaque soir avec ma famille ; me permettez-vous d'accomplir aujourd'hui cet acte de dévotion en votre présence ? — Certainement, avec le plus grand plaisir ! » s'écrièrent les voyageurs. Après le culte, chacun gagna sa chambre. « Je suis complètement rassuré, » dit tout bas l'incrédule à son compagnon. — « Pourquoi cela ? demanda celui-ci. — Parce que notre hôte a prié. — Ah ! il paraît, repartit le chrétien, qu'après tout vous faites quelque cas de la religion : parce qu'un homme prie, vous pouvez dormir tranquille chez lui. » — Et bien doux fut cette nuit-là le sommeil des deux voyageurs ; car ils sentaient que dans une maison qui avait pour toit la prière et pour murailles la piété, aucun être humain ne pouvait songer à leur nuire. — Vous le voyez, mes frères, il n'était pas d'argument plus propre à apaiser les craintes d'Ananias que celui exprimé par ces simples mots : *Voilà, il prie.*

Mais il y a plus. Ces paroles étaient encore un argument tout puissant en faveur de *la sincérité de Paul.* La prière particulière est, sans contredit, la meilleure pierre de touche d'une sincère piété. Si Jésus avait dit à Ananias :

« Voilà, Saul prêche, » Ananias aurait été en droit de répondre : « Seigneur, il peut prêcher, tout en n'étant qu'un hypocrite. » Si Jésus avait dit : « Voilà, il assiste à une assemblée de l'Eglise, » Ananias aurait pu répliquer : « Seigneur, il peut s'y être glissé comme un loup en habits de brebis. » Mais au lieu de cela, que lui dit son Maître ? « Voilà, Saul *prie*. » Dèslors, Ananias est convaincu de la sincérité du nouveau converti. — Et aujourd'hui comme alors, mes chers amis, la prière secrète, la prière individuelle est la plus sûre garantie de la sincérité d'une âme. Pour ma part, lorsqu'un jeune chrétien vient me consulter au sujet de son état spirituel, et qu'il m'entretient de ce qu'il sent et de ce qu'il fait, le plus souvent je coupe court à la conversation en lui disant : « Agenouillez-vous et priez. » D'ordinaire il s'excuse, mais j'insiste. Enfin, il se prosterne, il gémit, il pleure ; les paroles lui manquent, et ce n'est qu'au bout d'un certain temps qu'il parvient à balbutier d'une voix tremblante : « Seigneur, aie pitié de moi, qui suis le plus grand des pécheurs ! » Les impressions religieuses de mon jeune frère m'inspirent déjà plus de confiance ; mais si je pouvais l'accompagner chez lui, s'il m'était donné de le voir prosterné dans la solitude et répandant son âme devant Dieu, oh! c'est alors que je me sentirais sûr qu'une bonne œuvre est commencée en lui, — car celui-là est un vrai chrétien qui prie en particulier. Le fait seul que vous lisez chaque jour dans un livre de dévotion ne prouve pas le moins du monde que vous soyez un enfant de Dieu ; mais je le répète, si dans le secret de votre cabinet, vous priez de tout votre cœur, on peut dire, sans crainte, de se tromper, que votre piété est sincère. Un peu de sincère piété vaut mieux que des montagnes de formalisme. La piété du chez soi est la meilleure piété ; la prière secrète est la meilleure prière. De deux choses l'une : ou la prière vous fera renoncer au péché, ou le péché vous fera renoncer à la prière. — Mais l'on peut se tromper soi-même, tout en étant sincère ; Paul ne se trompait pas, et la preuve, c'est que le Seigneur pouvait dire de lui : « Voilà, il prie. » La prière du cœur, en effet, témoigne de la *réalité* de notre conversion, aussi bien que de notre sincérité. S'il me fallait résumer toute la religion chrétienne en un seul mot, je n'en choisirais pas d'autre que celui-ci : *La prière*. Si l'on me demandait ce qui constitue, à mon avis, l'essence même de la vie chrétienne, je répondrais encore : *La prière*. Il faut nécessairement que l'âme ait été convaincue de son péché, avant d'avoir pu prier ; il faut qu'elle ait eu quelque espérance de pardon avant d'avoir osé s'approcher de Dieu. Par le fait, dans la prière sont renfermées toutes les expériences, toutes les vertus du chrétien. Dites-moi seulement, mon cher auditeur, que vous êtes un homme de prière, et je vous répondrai aussitôt : « Dans ce cas, je n'ai aucun doute ni sur la réalité ni sur la sincérité de votre religion. »

Une dernière remarque avant de quitter cette partie de notre sujet. Les paroles que nous méditons étaient encore un argument qui établissait de la manière la plus concluante *l'élection de Paul.* C'est ce que nous montrent clairement les paroles qui suivent celles de mon texte : « Cet homme est un instrument que j'ai *choisi* (1). » — Je connais beaucoup de personnes pour qui la doctrine de l'élection est un sujet de perpétuel tourment ; souvent même il m'arrive de recevoir des lettres où l'on me prend à partie, parce que je prêche cette doctrine. Voici la seule réponse que j'aie à faire à cet égard. L'élection est une vérité enseignée dans la Bible ; si elle vous déplaît, allez demander à mon Maître pourquoi il l'y a mise : quant à moi, je n'y puis rien. Je ne suis qu'un serviteur, et je

---

(1) Ou, selon d'autres versions, *un vaisseau d'élite.*

ne fais que vous rapporter ce que j'ai reçu d'en haut. Si j'étais au service d'un maître de la terre, je n'oserais altérer le message qu'il m'aurait confié : il se trouve que je suis un ambassadeur du ciel, et malheur à moi si je ne vous transmettais pas fidèlement le message du Seigneur! Que si vous trouvez à redire à ce message, encore une fois, je n'y puis rien : adressez-vous à qui de droit.

« Mais, dira quelqu'un, comment puis-je savoir si j'ai été choisi de Dieu? Je crains de ne pas être au nombre des élus. » — Pour te répondre, mon cher auditeur, permets-moi de te poser à mon tour quelques questions. Pries-tu? Si l'on peut dire de toi : « Voilà, il prie, » certainement on peut aussi ajouter : « Voilà un instrument choisi de Dieu. » — As-tu la foi? Si tu l'as, tu es un élu. Tels sont les signes de l'élection. Si tu ne possèdes ni foi ni esprit de prière, tu n'as aucune raison de penser que tu fais partie du peuple particulier de Dieu. Mais gémis-tu de ne pas croire encore? Souhaites-tu d'aimer Christ? Y a-t-il dans ton cœur — je ne dis pas *un* désir — mais la millième partie d'un désir de t'approcher de Jésus? Et ce désir, tout faible qu'il est, te porte-t-il à crier à Dieu avec ferveur et avec larmes? S'il en est ainsi, ô mon frère, rassure-toi; ne crains pas de ne pas être un élu; car de même que la prière de Paul était une marque certaine de son élection, de même quiconque s'adresse à Dieu avec sincérité, prouve par là qu'il a été *élu avant la création du monde, afin qu'il fût saint et irrépréhensible devant Christ, par la charité* (1).

III.

Venons-en maintenant à l'APPLICATION. Je regrette, mes chers amis, de ne pouvoir traiter convenablement un sujet aussi sérieux; toutefois je me console dans la pensée que mon glorieux Maître demande à chacun selon ce qu'il a et non selon ce qu'il n'a pas. Je suis profondément pénétré du sentiment de mon impuissance; je sais que je ne pourrai parler à vos consciences d'une manière aussi solennelle que je devrais le faire; quoi qu'il en soit, *mon droit est auprès de l'Eternel, et mon œuvre est auprès de mon Dieu,* et au dernier jour, il sera manifesté que si je n'ai pas mieux rempli les devoirs de mon ministère, j'ai failli par faiblesse ou par erreur, mais non par un manque de cordiale affection pour vos âmes.

(1) Ephés., I, 4.

Et d'abord je m'adresserai à mes frères dans la foi.

Ne voyez-vous pas, mes bien-aimés, leur dirai-je, qu'un esprit de véritable et fervente dévotion est le plus sûr indice que nous sommes des fils de Dieu? Cela étant, ne s'ensuit-il pas tout naturellement que plus nous persévérerons dans la prière, plus nous jouirons de l'assurance de notre salut? Peut-être quelques-uns de vous ont-ils perdu dernièrement cette glorieuse assurance et la paix qui en découle ; ils ne savent plus s'ils sont, oui ou non, des enfants de Dieu ; leurs âmes sont remplies de ténèbres. Mes frères, voulez-vous savoir où vous avez perdu le témoignage de votre adoption ? je vais vous le dire : C'est dans votre cabinet. Toutes les fois qu'il y a affaiblissement de vie spirituelle chez un chrétien, soyez sûrs que le mal a commencé là, et pas ailleurs. Je vous parle, hélas ! d'après mon expérience. Souvent je me suis éloigné de Dieu ; j'ai perdu pour un temps cette douce saveur de son amour que j'avais goûtée autrefois ; j'ai eu à m'écrier dans la tristesse de mon âme : « *Le Seigneur m'a-t-il rejeté pour toujours et ne continuera-t-il plus à m'avoir pour agréable?* » Je suis monté dans la chaire de vérité, mais j'ai prêché sans feu et sans énergie. J'ai ouvert la Bible, mais n'y ai point trouvé de lumière. J'ai voulu entrer en communion avec Dieu, mais tous mes efforts ont été vains. Et savez-vous quelle était la cause de ce déplorable état spirituel? J'avais prié avec mollesse et langueur. Oui, mes frères, me voici devant vous, confessant mon péché; je reconnais que lorsque mon âme a été en souffrance, j'avais à quelque degré négligé la prière. O chrétiens! voulez-vous être heureux? Priez beaucoup. Voulez-vous être victorieux du monde? Priez toujours davantage. Qui cesse de prier, cesse de combattre. C'est la prière qui préserve de la rouille les armes de l'enfant de Dieu. — « Si les douze apôtres eux-mêmes revenaient à la vie, disait un chrétien éminent, et que pour jouir de leurs entretiens, vous négligeassiez vos dévotions particulières, ils auraient porté le plus grave préjudice à vos âmes. » La prière est le navire qui revient au port chargé du plus riche fret; c'est le terrain qui rapporte à celui qui le cultive la plus abondante moisson. — Mon frère, tu te plains de ne pas jouir d'une communion plus intime avec Dieu; mais à qui la faute, je te le demande, si ce n'est à toi, — à toi, qui le matin prends à peine le temps, avant de courir à tes affaires temporelles, de prononcer, à la hâte, deux ou trois mots de prière, et qui, rentrant le soir fatigué de corps et d'esprit, n'as, pour ainsi dire, à consacrer à Dieu que les instants de rebut de ta journée? — Et ce que je dis aux individus, je le dis également aux Eglises. Si aujourd'hui il y a si peu de vie dans nos troupeaux, c'est parce qu'il n'y a pas plus de prières. Pour mon compte, j'ai la plus triste opinion des Eglises qui ne prient pas. Si je vais le dimanche de lieu de culte en lieu de culte, je vois partout des auditoires considérables, mais si je vais dans la semaine aux réunions de prières, je n'y trouve qu'une douzaine de personnes. Dieu peut-il nous bénir, Dieu peut-il répandre son Esprit sur nous, tant que les choses sont en cet état? Sans doute, il *pourrait* le faire, mais ce ne serait pas selon l'ordre de ses dispensations, car il dit expressément à Sion qu'elle enfantera des fils *quand elle sera en travail d'enfant* (1).

Mes frères, emportez dans vos cœurs cette pensée, qu'il nous faut plus de prières. Allez et dites à votre pasteur que son troupeau ne prie pas assez. Engagez vos amis à prier avec vous. Dussiez-vous même être seul, établissez une assemblée de prière; et si on vous demande combien de personnes y assistaient, répondez sans hésiter : « Nous étions quatre; car avec moi il y

---

(1) Esaïe, LXVI, 8.

avait Dieu le Père, Dieu le Fils et Dieu le Saint-Esprit, et nous avons joui ensemble d'une riche et intime communion. » — Si nos Eglises ne répandent devant Dieu comme des flots de supplications, je ne sais en vérité ce qui adviendra d'elles. Oh! puisse Dieu nous réveiller tous, et nous exciter à crier vers lui, car alors la victoire sera à nous. Plût à Dieu, mes bien-aimés, que je pusse en cet instant même ranimer dans vos cœurs, par ma parole, la flamme vacillante de la prière, en sorte, qu'en quittant ce lieu de culte, vous allassiez, chacun de votre côté, incendier pour ainsi dire vos familles, vos Eglises, vos alentours, jusqu'à ce qu'enfin l'Eglise de Christ tout entière gagnée de proche en proche par ce saint embrasement, et s'offrant à Dieu en sacrifice vivant et saint, fît monter vers son trône comme une fumée d'adorations et de louanges!

En résumé, mes frères, voici ce que je vous dis : Si vous priez, vous avez dans ce fait même une preuve que vous êtes chrétiens; moins vous priez, plus vous avez de raison de suspecter votre christianisme; et si vous aviez eu le malheur de renoncer complètement à la prière, ce serait un signe que votre âme a cessé de respirer, ou plutôt qu'elle n'a jamais eu le souffle de la vie.

Mes dernières paroles sont pour les inconvertis.

Oh! pécheurs, que ne donnerais-je pas en cet instant, pour me trouver ailleurs que dans cette chaire ; car si c'est déjà une chose solennelle, pour un prédicateur de l'Evangile, que de s'adresser aux croyants, qu'est-ce donc que d'avoir à faire avec vous?... D'un côté nous craignons de vous encourager par nos paroles à compter sur vos propres forces, et de l'autre, nous tremblons à l'idée de vous laisser dormir du fatal sommeil de l'indolence et d'une fausse sécurité. Je crois qu'il n'est pas de fidèle ministre du Seigneur qui ne se sente parfois embarrassé quant à la manière dont il convient de vous faire entendre la vérité ; — non pas que la nécessité de vous annoncer l'Evangile soit pour nous un sujet de doute, mais nous voudrions pouvoir vous l'annoncer de telle sorte que vos âmes fussent gagnées à Christ. Pour ce qui me regarde personnellement, je puis me comparer avec vérité à une sentinelle, qui, debout à son poste, est accablée de lassitude. Avec quelle énergie sa volonté se débat contre l'infirmité physique qui menace de la vaincre! Le souvenir de sa responsabilité l'excite à de nouveaux efforts. Ce n'est pas le vouloir qui lui manque, c'est le pouvoir. Et moi de même, sentinelle du Seigneur, je souhaite ardemment d'être fidèle, mais en même temps le sentiment de mon incapacité pèse lourdement sur moi. Oh! veuille le Saint-Esprit me venir en aide, et non-seulement à moi, mais à tous mes collègues dans le ministère, afin que les uns et les autres nous nous appliquions à exalter, non point la liberté humaine ou la justice propre, mais uniquement la grâce qui est en Jésus !

Maintenant donc, ô pécheurs qui m'écoutez, je vous déclare hautement, solennellement, qu'une âme qui ne prie point est une âme qui n'a point Christ. Oui, j'en atteste le Dieu vivant, vous qui ne connaissez rien de la prière du cœur, êtes encore *sans Dieu, sans espérance, étrangers à la république d'Israël !* Vous qui ne savez pas ce que c'est que de gémir sur vos péchés, êtes complètement dépourvus de la piété qui sauve ! Et souffrez que je vous demande si vous avez jamais sérieusement réfléchi à l'épouvantable état dans lequel vous vous trouvez. Vous êtes éloignés du Seigneur; par conséquent le Seigneur est irrité contre vous, car sa Parole nous déclare que *le Dieu fort s'irrite tous les jours contre le méchant.* Oh! pécheur, lève tes yeux en haut. Ne vois-tu pas le regard courroucé de l'Eternel qui te suit en tous lieux ? Oh! je t'en supplie, pour l'amour de toi-même, songe au sort qui t'attend, si tu vis et meurs sans prière ! Et ne te persuade point que la misérable prière que tu comptes peut-être prononcer à ton lit de mort te sauvera. De telles prières, je ne crains pas de le dire, sont, pour la plupart, de lugubres comédies, et rien de plus ! c'est une monnaie qui n'a pas cours dans le ciel, car elle est marquée au coin de l'hypocrisie et faite de vil métal. — Mondains qui m'écoutez, prenez donc garde ! Que ferez-vous quand la fin viendra ? Il serait à désirer pour vous que la mort fût un éternel sommeil, — mais elle ne l'est point. L'enfer est une réalité, — réalité plus terrible qu'on ne saurait dire ! Je ne veux pas chercher à émouvoir vos imaginations en vous décrivant les tourments des damnés : Dieu veuille que vous ne les connaissiez jamais par expérience !..... Oh ! qui pourrait concevoir les souffrances de cet infortuné, qui, du milieu de flammes dévorantes, s'écrie avec angoisse : « Que n'ai-je une goutte d'eau pour rafraîchir ma langue ! » Voyez ses lèvres brûlantes, son visage contracté par l'excès de sa douleur..... Mais encore une fois, je ne veux point vous décrire cet horrible tableau. Qu'il me suffise de te dire, pauvre pécheur, que l'enfer des enfers sera pour toi la pensée de l'éternelle durée de ton supplice. Lorsque les damnés élèvent leurs regards vers le trône de Dieu, ils voient inscrite sur ce trône, cette irrévocable sentence : Pour toujours ! Lorsqu'ils secouent les chaînes brûlantes de leurs tourments, ces chaînes mêmes leur crient : Pour toujours ! Lorsqu'ils poussent des hurlements de désespoir, les échos infernaux leur répondent : Pour toujours ! O lamentable pensée ! Etre en enfer, et y être pour l'éternité !.....

Mes frères, voulez-vous échapper aux peines éternelles, voulez-vous être au nombre des bienheureux ? sachez que la route du ciel ne se trouve que par la prière. Invoquez le Seigneur Jésus, demandez le Saint-Esprit, approchez-vous du trône de la grâce. *Retournez, retournez, et pourquoi mourriez-vous, ô maison d'Israël ? Je suis vivant, dit le Seigneur, l'Eternel, que je ne prends point plaisir à la mort du pécheur, mais plutôt qu'il se détourne de son mauvais train et qu'il vive.* Le Seigneur est miséricordieux et plein de compassion. Allons donc à lui en disant : « *Il guérira nos rébellions, il nous aimera de bon cœur*, il nous pardonnera abondamment, pour l'amour de son Fils. »

Oh ! si je pouvais en ce jour gagner une seule âme, je serais satisfait. Si j'en gagnais vingt, quelle ne serait pas ma joie ! Plus j'attirerai d'âmes à Christ, plus nombreuses seront les couronnes qui ceindront mon front..... Mais qu'ai-je dit ? Non, Seigneur Jésus, elles ne ceindront point mon front, car je les jetterai toutes à tes pieds, en te disant : « *Non point à moi, ô Eternel, non point à moi, mais qu'à ton nom soit la gloire,* aux siècles des siècles ! »

LE CIEL ET L'ENFER.

―――

Je vous dis que plusieurs viendront d'Orient et d'Occident et seront assis à table, au royaume des cieux, avec Abraham, Isaac et Jacob ; et les enfants du royaume seront jetés dans les ténèbres de dehors : il y aura là des pleurs et des grincements de dents.
(Matth., VIII, 11, 12.)

Ce soir, mes chers auditeurs, j'espère vous encourager à chercher le chemin du ciel. Ce soir aussi j'aurai à exprimer devant vous de très-rudes vérités concernant le sort de ceux qui seront jetés dans l'abîme de la perdition.

Ces deux sujets, je vais tâcher de les traiter avec l'assistance de Dieu. Mais auparavant, laissez-moi vous supplier, pour l'amour de vos âmes, de peser avec soin ce que vous allez entendre. Voyez si mes paroles sont, oui ou non, selon la vérité de Dieu : si elles ne le sont pas, rejetez-les entièrement ; mais si elles le sont, *prenez garde de quelle manière vous les écoutez ;* — car aussi vrai que vous comparaîtrez un jour devant Dieu, le grand Juge du ciel et de la terre, aussi vrai vous ne sauriez mépriser impunément la voix de son serviteur, la voix de son Evangile !

Les versets que je vous ai lus renferment deux idées. La première est d'une douceur infinie, et je me plais à y arrêter mon esprit ; la seconde est terrible au plus haut degré ; mais l'une et l'autre étant également vraies, l'une et l'autre doivent être prêchées. La première idée de mon texte est contenue dans ces mots : *Je vous dis que plusieurs viendront d'Orient et d'Occident et seront assis à table, au royaume des cieux, avec Abraham, Isaac et Jacob.* L'autre, sombre, menaçante, effroyable, est ainsi formulée : *Les enfants du royaume seront jetés dans les ténèbres de dehors : il y aura là des pleurs et des grincements de dents.*

I.

Reprenons la première de ces idées. — Voici une glorieuse promesse : *Plusieurs viendront d'Orient et d'Occident et seront assis à table, au royaume des cieux, avec Abraham, Isaac et Jacob.* J'aime ces paroles, parce qu'elles me disent ce qu'est le ciel, parce qu'elles m'en laissent entrevoir les charmes. Elles m'apprennent, tout d'abord, que c'est un lieu où je serai *assis*, c'est-à-dire où je me reposerai. Quelle douce pensée ! Qu'elle est douce surtout pour le travailleur, pour celui qui mange son pain à la sueur de son visage ! Souvent, en essuyant son front humide, il se demande avec tristesse s'il n'aura jamais ni trêve ni relâche. Ou bien, le soir, en se jetant brisé sur sa couche, son cœur laisse échapper ce cri d'angoisse : « N'y a-t-il donc point un lieu où je pourrai me reposer, où mes membres fatigués ne seront plus contraints d'agir, où je trouverai enfin la paix après laquelle je soupire ? » Oui, enfant du travail et de la peine, oui, il est un heureux séjour où peine et travail sont inconnus. Au-delà de la voûte azurée, il est une cité belle et radieuse : ses murs sont de jaspe, sa lumière est plus éclatante que le soleil. Là, *les méchants ne tourmentent plus personne, et ceux qui ont perdu leur force se reposent.* Là habitent des esprits immortels qui sont pour jamais à l'abri de la fatigue. Ils ne sèment ni ne moissonnent ; ils n'ont plus ni rude labeur, ni tâche excessive à accomplir. Que l'homme de loisir se plaise à envisager le ciel comme un lieu où son activité trouvera un constant aliment, je le conçois, et je suis persuadé qu'il ne sera pas déçu dans son attente. Mais pour le travailleur, — et par ce mot j'entends tout homme qui travaille, soit de son intelligence, soit de ses mains, — quelle délicieuse, quelle consolante perspective, que celle d'un éternel repos ! O bonheur ! bientôt cette voix, si souvent épuisée par de longs efforts, pourra se taire ; bientôt ces poumons fatigués ne s'exerceront plus au-delà de leur pouvoir ; bientôt ce cerveau excité ne sera plus harcelé par des pensées sans nombre ; bientôt, paisiblement assis au banquet de Dieu, je me reposerai de mes travaux !... Oh ! fils et filles d'Adam qui fléchissez sous le poids de la vie, prenez courage ! Au ciel, vous n'aurez plus à tracer de pénibles sillons dans un sol infertile ; vous n'aurez plus *à vous lever matin, à vous coucher tard et à manger le pain de douleur ;* vous n'aurez plus ni fardeau, ni souci, ni agitation ; tous vous serez paisibles, riches, heureux. Les mots de labeur, de fatigue, de souffrance n'existent même pas dans la langue du ciel.

Et remarquez dans quelle illustre société les élus se trouveront. *Ils seront assis*, nous est-il dit, *avec Abraham, Isaac et Jacob*. Ces paroles me semblent réfuter de la manière la plus positive l'opinion de certains chrétiens qui pensent que dans l'autre vie on n'aura pas la faculté de se connaître. En effet, puisqu'il nous est déclaré ici en toutes lettres que nous serons assis avec Abraham, Isaac et Jacob, ne devons-nous pas nécessairement en conclure que nous connaîtrons ces patriarches et par conséquent aussi les autres habitants du ciel ? — On raconte qu'une digne chrétienne, avancée en âge, demanda à son mari, au moment de mourir : « Mon ami, penses-tu que tu me reconnaisses quand tu viendras dans la gloire? — Si je te reconnaîtrai? répondit celui-ci ; ne t'ai-je pas toujours connue ici-bas ? et crois-tu donc qu'au ciel je serai moins clairvoyant ? » Ce raisonnement me paraît sans réplique. De même que nous avons connu ici-bas, de même nous connaîtrons là-haut. Pour ma part, j'ai la douce assurance que lorsque, par la grâce de Dieu, je poserai mon pied sur le seuil du ciel, les bienheureux amis qui m'y ont précédé viendront me prendre par la main et me diront : « Salut, bien-aimé ! te voici enfin. » Les proches retrouveront leurs proches ; les amis leurs amis. Tu retrouveras ta pieuse mère, toi, mon cher auditeur, qui pleures encore sur elle, si toutefois tu marches sur les traces de Jésus : il me semble la voir venant à ta rencontre à la porte du paradis, et quoique sans doute les liens de la nature auront perdu beaucoup de leur force, je ne puis me défendre de la pensée que son visage brillera d'une joie nouvelle lorsque, s'avançant vers le Seigneur, elle lui dira : *Me voici, moi et les enfants que tu m'as donnés.* — Mari, tu reconnaîtras ta femme. Mère, tu reconnaîtras ces chers petits êtres dont tu suivis avec angoisse la longue agonie et sur lesquels tu entendis tomber, avec les froides mottes de terre, ces terribles paroles : « *L'argile à l'argile, la cendre à la cendre, la poudre à la poudre.* » Oui, tu les retrouveras ; tu entendras encore leurs voix chéries ; tu sauras que ceux que tu as tant aimés, Dieu les a aimés mieux encore que toi. — Ah ! qu'il me semblerait triste et glaçant le monde à venir, si je ne devais ni connaître ni être connu ! En vérité, il n'aurait pour moi que bien peu d'attraits ! Mais quelle douceur, au contraire, dans la pensée que le ciel est la réalisation parfaite de la communion des saints, et qu'entre les croyants de tous les temps et de tous les pays, il s'établira pour l'éternité des relations étroites et personnelles ! Souvent, je me plais à anticiper sur le bonheur que j'éprouverai à connaître Esaïe ; il me semble qu'à peine arrivé à la cité céleste, je demanderai à le voir, parce qu'il a parlé de Jésus plus qu'aucun autre prophète. Il me semble aussi que je m'empresserai de chercher au milieu de la foule George Whitefield, ce grand serviteur de Dieu, qui avec un zèle digne d'un esprit angélique, dépensa toute sa vie en prêchant le salut. Oh! oui, nous aurons une société choisie dans le ciel. Et cependant toute distinction humaine sera abolie : riches et pauvres, savants et ignorants, ministres et laïques, nous fraterniserons tous ensemble. J'ai ouï raconter qu'une dame, visitée sur son lit de mort par un ministre de l'Evangile, lui posa cette étrange question : « Ne pensez-vous pas qu'il existe dans le ciel deux lieux bien distincts pour les différentes classes de la société ? J'avoue que je ne puis endurer l'idée de vivre éternellement en compagnie de ma servante. » A cela, le ministre répondit : « Ne vous mettez pas en peine à ce sujet, madame ; car aussi longtemps que ce diabolique orgueil existera dans votre cœur, vous n'avez point à craindre d'aller au ciel. » Il disait vrai. Non, l'orgueil n'entrera pas dans le ciel. Il faut que nous nous abaissions nous-mêmes, que nous voyions dans tout homme un frère, que nous sentions qu'aux yeux de Dieu nous sommes tous égaux, avant de pouvoir espérer d'être admis dans la gloire. Quant à moi, je bénis mon Dieu de ce qu'au banquet céleste il n'y aura qu'une seule table. Le Juif et le Gentil s'assoieront côte à côte ; le grand et le petit paîtront dans le même pâturage : tous, nous serons assis avec Abraham, Isaac et Jacob.

Mais les paroles que nous méditons ont une signification plus douce et plus profonde encore. A en croire certains esprits étroits, le ciel serait un lieu de dimensions fort restreintes, auquel ne trouveraient accès que les seuls chrétiens qui fréquentent leur lieu de culte. J'avoue qu'un ciel aussi mesquin m'est antipathique, et j'aime au contraire à lire dans les Ecritures qu'*il y a plusieurs demeures dans la maison de mon Père*. De ce qu'il est écrit dans l'Evangile : *La porte est étroite et le chemin est étroit qui mène à la vie, et il y en a peu qui le trouvent*, on a souvent conclu que le ciel sera moins peuplé que l'enfer. Cette opinion me semble inadmissible. Comment ! la part de Christ serait moins grande que celle du diable ? Satan l'emporterait sur Christ ? Non, cela ne peut pas être ! D'ailleurs, Dieu nous déclare expressément *qu'une grande multitude*, QUE PERSONNE NE POURRA COMPTER, *sera sauvée*. Combien cette pensée est réjouissante, mes chers amis ! Quelle bonne nouvelle pour vous et pour moi ! Si le salut n'était le privilége que de quelques-uns, nous pourrions craindre, et non sans raison, de ne pas y avoir part ; mais puisque le Seigneur affirme qu'une multitude innombrable sera sauvée, pourquoi vous et moi, pourquoi tous, tant que nous sommes ici, ne le serions-nous pas ? Courage donc, pauvre pécheur, qui que tu sois ; courage, âme craintive et timorée, ouvre ton cœur à l'espérance ! Il n'y a point sur la terre d'âme vivante dont on puisse dire qu'elle soit en dehors de la grâce de Dieu. Il est, il est vrai, quelques infortunés qui, ayant commis le péché irrémissible, sont abandonnés de Dieu ; mais à part cette exception, je me plais à le proclamer, la souveraine miséricorde embrasse l'humanité tout entière. *Plusieurs viendront et seront assis à table, au royaume des cieux, avec Abraham, Isaac et Jacob.*

Et d'où viendront-ils, ces heureux convives qui prendront place à la table du Père de famille ? Mon texte nous l'apprend : ils viendront *d'Orient et d'Occident.* Les Juifs prétendaient que tous viendraient de la Palestine, en d'autres termes, qu'il n'y aurait au ciel personne qui ne fût Juif. Renchérissant encore sur cette étroitesse de vues, les Pharisiens soutenaient que, hors de leur secte, le salut était impossible. Mais voici Jésus-Christ qui tient un tout autre langage : il affirme que de l'Orient et de l'Occident, il viendra des âmes au royaume de Dieu. C'est ainsi qu'il en viendra, n'en doutons pas, de ces lointaines contrées de la Chine, où le Seigneur semble actuellement ouvrir une si large porte à l'Evangile. Il en viendra de notre vieille Europe comme de la jeune Amérique ; des régions tropicales de l'Australie comme des froides zônes du Canada, de la Sibérie, de la Russie. De toutes les extrémités de la terre, il en viendra qui seront assis au banquet de Dieu. Mais outre ce sens naturel et que j'appellerai géographique, les paroles qui nous occupent me semblent avoir un sens figuré et spirituel. Selon moi, cette expression, *l'Orient et l'Occident*, désigne moins les points les plus reculés du globe, que cette classe d'âmes qui, en apparence, est, pour ainsi dire, aux antipodes du royaume de Dieu. Il y a tels pécheurs dans le monde, du salut desquels chacun désespère. On se dit : « A quoi bon raisonner avec eux? Quel bien pourrait-on leur faire ? Tout est inutile ; ils sont trop dépravés, trop avilis, trop endurcis pour qu'ils puissent jamais être ramenés à Dieu. » O vous qui passez ainsi condamnation sur quelques-uns de vos semblables, sans vous douter qu'aux yeux de Celui qui juge justement, vous êtes peut-être plus coupables que le plus coupable d'entre eux, écoutez ce que dit Jésus-Christ dans les paroles de mon texte : *Plusieurs viendront d'Orient et d'Occident et seront assis à table dans le royaume des cieux.* Oui, sachez-le : des dernières limites du royaume de Satan, des derniers degrés de l'échelle du vice, *plusieurs viendront* qui feront partie de la multitude des rachetés, acquise au prix du sang de l'Agneau. Il y aura dans le ciel plus d'un pécheur, qui, à une époque de sa vie, s'est plongé dans la fange des passions ; il y aura des intempérants ; il y aura des femmes de mauvaise vie, qui, par la puissance de la grâce divine, renoncèrent, ceux-ci à leur intempérance, celles-là à leurs débordements, et vécurent pendant le reste de leurs jours sobrement, justement et religieusement.

Vous souvient-il d'un remarquable incident du ministère du grand Whitefield ? Un jour, prêchant devant un nombreux auditoire, il dit que « Jésus-Christ était prêt à sauver même *les rebuts du diable,* c'est-à-dire les âmes que Satan lui-même trouvait à peine assez bonnes pour lui. » Le service fini, son amie, lady Huntingdon, fit comprendre à l'éminent prédicateur que cette hardiesse de langage ne lui avait point semblé tout-à-fait convenable. A peine venait-elle de hasarder cette remarque, lorsqu'on vint dire à Whitefield que quelqu'un désirait lui parler. Il y va, et remonte un instant après. — « Madame, dit-il à lady Huntingdon, devinez qui m'attendait en bas ? C'était une pauvre femme, tombée au dernier degré de l'abjection. — Oh ! M. Whitefield, m'a-t-elle dit, vous nous avez assuré que Jésus recevrait les âmes même qui sont comme *les rebuts du diable*, et moi je suis une de ces âmes !... » — Cette parole fut le moyen de sa conversion.

Que personne ne trouve donc mauvais si les serviteurs de Christ s'adressent *aux péagers et aux gens de mauvaise vie*. J'ai été accusé, je le sais, d'attirer autour de moi « la vile multitude. » A cela, je réponds : Que Dieu la bénisse, cette « vile multitude ! » Que Dieu la sauve par mon moyen, et je serai trop honoré ! D'ailleurs, si elle est « vile, » comme on le dit, qui a plus besoin de l'Evangile qu'elle ? Qui a plus besoin que Christ lui soit annoncé ? Certes, ce qui manque dans notre siècle dégénéré, ce ne sont pas des prédicateurs du grand monde, ce sont des hommes qui portent la bonne nouvelle du salut à ceux que l'on appelle *la lie du peuple*. Pour ma part, je trouve dans cette déclaration de mon texte : *Plusieurs viendront d'Orient et d'Occident*, un puissant encouragement à annoncer l'Evangile aux plus grands des pécheurs. Je crois, ainsi que je l'ai déjà dit, qu'à l'exception de ceux qui ont commis le péché contre le Saint-Esprit, il n'est pas d'homme sur la terre assez éloigné de Dieu pour que la grâce ne puisse l'atteindre. Je crois qu'il n'est pas jusqu'à l'un de ces malheureux, opprobre de l'espèce humaine, flétris, dégradés, abrutis presque par le vice, qui, par un effet de la souveraine miséricorde, ne puisse briller un jour dans la gloire, *comme la splendeur de l'étendue.* Trouvez-moi donc le dernier, le plus vil des pécheurs, je ne dédaignerai point de lui prêcher l'Evangile, car je sais que son âme immortelle est susceptible de salut, et de plus, je me souviens de cet ordre de mon Maître : *Va dans les chemins et le long des haies, et presse d'entrer ceux que tu trouveras, afin que ma maison soit remplie. — Plusieurs viendront d'Orient et d'Occident, et seront assis à table au royaume des cieux, avec Abraham, Isaac et Jacob.*

Il y a un mot encore dans ce beau passage sur lequel je désire attirer votre attention, avant de passer outre. Observez qu'il n'est pas dit : *Ils pourront* venir, ou : Ils viendront *peut-être*, mais : ILS VIENDRONT. Oh ! que j'aime ces affirmations si pleines, si positives de mon Dieu ! De la part d'un homme, affirmer, c'est presque une dérision. Il promet, et le plus souvent il ne peut tenir sa promesse ; il jure, et le plus souvent il viole son serment. Mais avec Dieu, quelle différence ! S'il dit : « Je ferai, » il fera ; s'il affirme une chose, elle a lieu. Or, il déclare ici que *plusieurs viendront* dans son royaume; et quand même Satan s'écrierait avec rage : « Ils n'iront pas! » — quand même leurs propres péchés leur diraient : « Vous ne pouvez y aller ! » — bien plus, quand ils diraient résolûment en leur cœur : « Nous ne voulons pas y aller ! » ILS IRONT, car Dieu l'a dit. — Oui; parmi ceux-là même qui aujourd'hui se moquent du salut et insultent à l'Evangile, il en est, je ne crains pas de le dire, qui, tôt ou tard, seront amenés captifs à l'obéissance de Jésus-Christ. « Mais quoi? s'écrient peut-être quelques-uns de mes auditeurs, Dieu peut-il faire de nous des chrétiens? » Oui, vous dis-je, et c'est précisément là qu'éclate l'admirable puissance de l'Evangile. La grâce divine ne sollicite pas le consentement de l'homme, mais elle l'obtient; elle ne lui demande pas s'il la veut, mais elle lui donne de la vouloir; elle ne s'impose pas à lui, mais elle transforme tellement sa volonté que, reconnaissant sa valeur, il se prend à soupirer après elle, et la poursuit jusqu'à ce qu'il l'ait atteinte. Et comment expliquer autrement la conversion de tant d'incrédules, qui avaient dit à une époque de leur vie : « Jamais nous n'aurons rien à faire avec la religion? » On raconte qu'un jour un impie déclaré entra dans un lieu de culte pour entendre les chants sacrés, et qu'aussitôt que le ministre prit la parole, il mit les doigts dans ses oreilles, déterminé à ne pas écouter. Mais au bout de quelques instants, voici qu'un petit insecte vient se poser sur son visage, ce qui l'oblige, pour le chasser, à déplacer une de ses mains. A ce même moment, le ministre prononçait ces paroles : *Que celui qui a des oreilles pour ouïr entende.* Surpris, remué dans sa conscience, l'incrédule écoute, et Dieu touche son cœur à salut. En sortant, il était un nouvel homme. L'impie se retira pour prier ; le railleur alla verser des larmes de contrition. Celui qui était entré dans la maison de Dieu par manière de passe-temps, retourna chez lui, pressé de rechercher la communion de son Créateur. Le sceptique devint croyant ; le pécheur devint un saint. — Et la transformation qui s'est produite chez cet homme, peut se produire également chez tous. La grâce divine, je le répète, n'a pas besoin de votre consentement préalable : elle saura vous donner la volonté et l'exécution selon son bon plaisir. Du cœur le plus rebelle qui s'écrie dédaigneusement : « Je n'ai que faire de l'Evangile, » elle peut, quand elle le veut, faire surgir cette humble supplication : « Seigneur, sauve-moi, ou je péris ! » Mais peut-être pensez-vous que vous pouvez vous convertir sans que votre âme subisse l'action prévenante de la grâce de Dieu. Erreur, erreur funeste, mes amis. Supposons qu'en cet instant même Jésus-Christ se présentât au milieu de nous, quel accueil pensez-vous que lui ferait le plus grand nombre? « Nous le couronnerions roi, » me répondez-vous. Hélas! je n'en crois rien; je suis persuadé, au contraire, que la plupart d'entre vous le crucifieraient de nouveau, s'ils en avaient l'occasion. Oui, se tînt-il là, devant vous, et vous dît-il : « Me voici, je vous aime, » pas un de vous, abandonné à sa propre volonté, ne répondrait à ses avances. Fixât-il sur vous un de ces puissants regards capables de dompter les lions mêmes; vous parlât-il avec cette voix d'où se sont échappés des flots d'une incomparable éloquence, pas un de vous, laissé à lui-même, ne deviendrait son disciple. Ce qu'il faut, pour fléchir les résistances de notre cœur, c'est la puissance de la grâce, c'est l'influence du Saint-Esprit. *Nul ne peut venir à moi*, a dit Jésus-Christ, *si le Père qui m'a envoyé ne l'attire*. Mais d'une fois que de pauvres pécheurs ont éprouvé ces attraits divins, oh! alors, *ils viennent*, ils accourent *de l'Orient et de l'Occident*. Que le monde s'agite, que le monde se moque, il n'empêchera pas le Fils de Dieu de recueillir le fruit de ses souffrances et de sa mort. Si, parmi vous, il est des âmes qui le rejettent, d'autres l'accepteront; s'il en est qui seront perdues, d'autres seront sauvées. Quoi qu'on dise et quoi qu'on fasse, Jésus-Christ *se verra de la postérité, il prolongera ses jours et le bon plaisir de l'Eternel prospèrera dans sa main.* Quand le ciel, la terre et l'enfer se ligueraient ensemble, ils ne sauraient retenir loin de Jésus une seule des âmes que le Père lui a données !

Et maintenant, toi, mon frère, qui te reconnais le premier des pécheurs, écoute-moi : je suis chargé d'un message pour toi de la part de Jésus. Il y a une âme dans cette assemblée qui se juge la plus indigne qui ait jamais existé. Il y a une âme qui se dit à elle-même : « Je ne suis pas digne que Christ m'appelle à lui... » Ame ! c'est toi que j'appelle ! Toi, vile, souillée, misérable, aujourd'hui, en vertu de l'autorité que j'ai reçue de Dieu, je te presse d'aller à mon Sauveur ! Il t'invite par ma voix, il te cherche, il veut te sauver. Hâte-toi donc. Jette-toi à ses pieds. Touche le sceptre de sa miséricorde, afin que tu vives. Va, essaie de mon Sauveur, essaie de mon Sauveur, te dis-je ! Que s'il te rejette après que tu l'as cherché, publie en enfer qu'il a failli à ses promesses ! Mais non, cela ne sera pas, cela ne peut pas être !

Jamais Dieu *ne mettra dehors celui qui vient à lui*, car ce serait déshonorer son alliance de grâce. Il ne repoussera pas un seul pécheur repentant, aussi longtemps qu'il sera écrit dans sa Parole : *Plusieurs viendront d'Orient et d'Occident et seront assis à table, au royaume des cieux, avec Abraham, Isaac et Jacob.*

II.

La seconde partie de mon texte est navrante. Autant il m'a été doux de parler sur la première, autant mon cœur se serre devant la pénible tâche qui se présente maintenant à moi. Mais, comme je vous l'ai dit en commençant, les vérités de la Bible doivent être annoncées, qu'elles soient sombres ou lumineuses. Dieu me garde d'imiter jamais ce lâche ministre de la Parole, qui disait un jour à son auditoire : « Ceux qui n'aiment pas le Seigneur Jésus-Christ, iront dans ce lieu que la politesse me défend de nommer. » Que penseriez-vous de moi, mes amis, si, voyant une maison en flammes, je disais avec affectation : « J'estime que l'opération de la combustion s'accomplit ici près ? » Ne devrais-je pas bien plutôt crier de toutes mes forces : « Au feu, au feu ! » de manière à être compris par tout le monde ? De même, lorsque la Bible parle des *ténèbres du dehors*, de la perdition éternelle, moi, prédicateur de l'Evangile, dois-je jeter un voile sur cette effrayante vérité, dois-je chercher à l'adoucir par des formes de langage? A Dieu ne plaise ! Serviteur de Christ, je dois vous exposer clairement tout le conseil de mon Maître. — Encore une fois, je le reconnais, la déclaration qui va nous occuper est terrible au plus haut point. *Les enfants du royaume seront jetés dans les ténèbres du dehors; il y aura là des pleurs et des grincements de dents.*

Et d'abord, qui sont ces *enfants du royaume?* Je vais vous le dire. Autrefois, c'étaient les Juifs; aujourd'hui, ce sont ces gens qui possèdent toutes les apparences de la piété, mais qui n'ont rien de ce qui constitue sa force; ces gens, que vous pouvez voir tous les dimanches, leurs Bibles et leurs Psaumes à la main, se rendant à leur lieu de culte, posément, gravement, dévotement; ces gens enfin qui se persuadent que leur salut est une chose hors de doute, ne considérant pas que leur piété n'est qu'un pur formalisme, où le cœur n'entre pour rien. Voilà quels sont *les enfants du royaume*. Ils ne possèdent ni grâce ni vie; Christ n'habite point en eux; aussi seront-ils *jetés dans les ténèbres du dehors*.

En second lieu, ces mots : *Enfants du royaume,* peuvent s'appliquer à ceux qui ont joui de grands privilèges spirituels, et plus particulièrement aux enfants de parents chrétiens. Vous êtes des *enfants du royaume,* vous, mes chers auditeurs, à qui Dieu accorda l'inestimable bienfait d'avoir une pieuse mère. Ne vous souvient-il pas du temps où, vous prenant sur ses genoux, elle vous enseignait à bégayer le saint nom de Dieu, où elle vous conjurait de marcher dans les voies de la piété? Et cependant, vous êtes encore, pour la plupart, sans grâce dans le cœur, sans espérance pour l'éternité ! Vous descendez, tête baissée, vers l'enfer ! Peut-être même tel d'entre vous a-t-il brisé le cœur de celle qui lui donna le jour. Oh ! qui pourrait dire ce qu'elle a souffert, cette tendre mère, pendant les nuits de débauche du fils de ses prières !.... Comprenez-vous, *enfants du royaume,* combien votre culpabilité sera aggravée, si vous périssez malgré les larmes et les supplications d'une mère chrétienne? Pour ma part, je crois que s'il y a un damné parmi les damnés, ce sera le fils rebelle qui descendra dans l'abîme, poursuivi par le souvenir des prières de son père et le front encore humide des larmes de sa mère. Jeunes gens et jeunes filles qui m'écoutez, il en est très-probablement parmi vous (ô désolante pensée!) dont le sort sera tel; il en est qui, des *ténèbres du dehors* où ils seront précipités, apercevront leurs parents dans la gloire et rencontreront leur regard de reproche qui semblera leur dire : « Après tout ce que nous avons fait pour vous, comment êtes-vous tombés si bas? » *Enfants du royaume!* vous que Dieu a véritablement traités comme des fils privilégiés, puisqu'il vous a entourés dès votre berceau de moyens de grâce et de salut, ne vous flattez pas d'être sauvés par cela seul que vous avez reçu une éducation chrétienne, contracté certaines habitudes religieuses, respiré dans votre famille une atmosphère de piété. Ne vous flattez pas que la ferveur d'une mère, que la sainteté d'un père vous soient imputées. Ne vous flattez pas même que les requêtes qu'ils ont adressées à Dieu en votre faveur, vous servent de *laissez-passer* à la porte du paradis. Non, le salut ne s'obtient que par des efforts personnels. Il ne vous sera pas demandé au dernier jour : « A-t-on prié pour toi? » mais bien : *As-tu prié pour toi-même?* Les supplications amoncelées de vos parents, jusqu'à la troisième et quatrième génération, atteignissent-elles les nues, qu'il ne vous serait pas possible d'en faire usage comme d'un marchepied pour escalader le ciel. Si vous ne possédez une piété vivante et expérimentale, vous serez perdus, tous vos amis fussent-ils mille fois sauvés. — Bien solennel est le songe qu'eut une fois une pieuse mère et qu'elle raconta à ses enfants. Elle rêva que le jour du jugement était venu. Les grands livres sont ouverts. Toute l'humanité est devant Dieu. Elle-même, entourée de ses enfants, se tient debout au milieu de la grande assemblée. Tout-à-coup, la voix du Seigneur Jésus se fait entendre : « Séparez la balle du froment, s'écrie-t-il. Placez les brebis à ma droite et les boucs à ma gauche ! » Aussitôt, un ange s'avance en disant : « La mère est une brebis : elle doit aller à la droite; les enfants sont des boucs : leur place est à la gauche. » — Alors il semble à cette mère que ses enfants cherchent à la retenir. « Mère, mère ! ne nous quitte pas ! » s'écrient-ils avec angoisse. Et elle, les enlaçant de ses bras, leur répond avec larmes : « Mes enfants, que ne puis-je vous prendre avec moi ?.... » Mais à cet instant, l'ange la touche; et soudain ses larmes se sèchent. Une force surnaturelle lui est donnée; les liens du sang perdent leur empire, et n'ayant plus d'autre volonté que celle de Dieu : « Mes enfants, dit-elle, je vous ai élevés chrétiennement; je vous ai pressés de marcher dans les sentiers du Seigneur; vous ne l'avez pas voulu : maintenant que puis-je faire, si ce n'est de dire Amen à votre condamnation?... » — Jeune homme, jeune fille, qui vivez loin de Dieu, qu'éprouverez-vous, je vous le demande, si ce songe devient jamais pour vous une affreuse réalité? Qu'éprouverez-vous si au dernier jour vous entendez des voix bien connues, la voix de votre père, la voix de votre mère, prononcer un solennel « Amen ! » à cette terrible sentence portée contre vous : *Allez, maudits, au feu éternel, préparé au diable et à ses anges ?...* En vérité, en vérité, je vous le dis, enfants du royaume, *les mangeurs et les buveurs, les péagers et les gens de mauvaise vie vous devancent au royaume de Dieu !* De grands criminels, qui auront pleuré sur leurs péchés au pied de la croix de Jésus, seront sauvés; des impies, des blasphémateurs, des pécheurs scandaleux, convertis par la grâce de Dieu, seront sauvés; tandis que plusieurs d'entre vous *seront jetés dehors*, simplement parce qu'ils n'auront pas voulu donner leur cœur au Seigneur Jésus-Christ, ni accepter franchement son Evangile. Et ne sera-ce pas pour vous la douleur des douleurs, le supplice des supplices, l'enfer de l'enfer, que de voir le premier des pécheurs couché dans le sein d'Abraham, tandis que vous, *enfants du royaume, fils aînés de la maison*, que Dieu avait fait naître, pour ainsi dire, au seuil même du ciel, serez au nombre des réprouvés?....

Mais prêtez-moi quelques instants encore votre attention, car je dois entreprendre la lamentable tâche de vous décrire le sort affreux réservé à ceux qui vivent et meurent loin de Dieu. Jésus-Christ nous dit qu'*ils seront jetés dans les ténèbres du dehors; là, il y aura des pleurs et des grincements de dents.*

Remarquez, en premier lieu, qu'il n'est pas dit : *Ils iront*, mais : *Ils seront jetés*. Je me représente *un enfant du royaume,* un hypocrite, un formaliste, arrivant à la porte du ciel. La souveraine justice, le reconnaissant à l'instant, ordonne à un ange de le saisir et de l'envoyer en son lieu. Aussitôt l'ange obéit, il le lie pieds et mains, et le tient suspendu au-dessus de l'abîme. Le malheureux frémit, son cœur défaille, ses os se fondent comme de la cire. Il cherche à mesurer du regard le gouffre béant, le gouffre sans fond qui va l'engloutir. Il entend des soupirs, des gémissements, des cris de désespoir qui s'échappent de ce gouffre... Où est maintenant ta force tant vantée, ô pécheur? Où est ton audace, ton orgueilleuse assurance? Tu trembles, — tu pleures, — tu demandes grâce, — mais il est trop tard ! L'ange ouvre sa main, et tu tombes, — tu tombes, — tu tomberas éternellement, de profondeur en profondeur, d'abîme en abîme, sans jamais trouver un lieu où tu puisses asseoir la plante de ton pied! Tu seras *jeté dans les ténèbres du dehors*....

Et que signifie cette expression : *les ténèbres du dehors?* Dans le langage scripturaire, le mot *lumière* doit se prendre, en général, dans le sens d'*espérance;* d'où il s'ensuit naturellement que par *ténèbres du dehors*, nous devons entendre un lieu d'où l'espoir est à jamais banni. — Y a-t-il un homme vivant qui ait cessé d'espérer? Je ne le pense pas. Peut-être l'un de vous a-t-il contracté des dettes; ses créanciers le menacent de saisir tous ses biens; mais n'importe! il dit : « Je suis dans un mauvais pas, c'est vrai ; cependant je puis en sortir, tout n'est pas perdu; *j'espère.* » — Un autre est à la veille de voir son commerce ruiné. « J'en suis profondément affligé, dit-il; mais après tout, j'ai de bons bras, je travaillerai, la fortune peut encore me sourire; *j'espère.* » — Un troisième dit à son tour : « De pénibles soucis m'assiégent en ce moment, mais *j'espère* que Dieu me viendra en aide. » — « Quant à moi, reprend un quatrième, j'ai un ami gravement malade; à vues humaines, son état est désespéré; toutefois, *j'espère* qu'une crise favorable se déclarera enfin. » C'est ainsi que dans ce monde, chacun espère. Mais en enfer, on n'espère plus. Les damnés n'ont pas même l'espérance de mourir, l'espérance d'être anéantis. Ils sont irrévocablement, éternellement perdus. Sur chaque chaîne de l'enfer sont gravés ces mots : Pour toujours! Le feu de l'enfer inscrit de toutes parts en caractères flamboyants, ces mêmes mots : Pour toujours! Les yeux des damnés sont comme brûlés par la vue de ce fatal arrêt qui renouvelle incessamment leur désespoir : Pour toujours! Oh! si je pouvais vous annoncer aujourd'hui que l'enfer serait un jour détruit, que ceux qui y sont détenus seraient finalement sauvés, il me semble que les régions infernales tout entières tressailleraient d'allégresse! Mais non! je ne le puis pas. Je dois vous dire, au contraire, que les enfants du royaume seront jetés *pour toujours* dans les ténèbres du dehors.

Mais j'ai hâte d'en finir, car quel est l'homme qui aurait le courage d'entretenir longtemps ses semblables sur de tels sujets?... Cependant, il faut que je poursuive ma tâche jusqu'au bout. — Que fait-on en enfer? Mon texte nous l'apprend. *Il y a des pleurs et des grincements de dents*. On ne grince les dents, vous le savez, que lorsqu'on est en proie à une vive souffrance, ou sous l'impression d'une grande colère. Eh bien! en enfer, il y a des grincements de dents perpétuels. Savez-vous pourquoi ? Un damné grince des dents contre un autre damné, et murmure : « C'est toi, misérable, qui m'as conduit ici ! C'est toi qui m'entraînas dans la voie du vice ! » Et l'autre lui répond, en grinçant des dents à son tour : « Qu'as-tu à me reprocher ? N'est-ce pas ton exemple qui par la suite m'incita à m'enfoncer toujours plus dans l'iniquité ? » Une fille grince des dents contre sa mère, en lui disant : « Tu m'as perdue corps et âme ! » et la mère, grinçant des dents contre sa fille, répond : « Je n'ai point de pitié pour toi, car tu m'as surpassée en débauche. » Des pères grincent des dents contre leurs fils, et des fils contre leurs pères. Et s'il y a des damnés qui grincent des dents avec plus d'amertume que tous les autres, il me semble que ce doit être les lâches séducteurs qui entendent la voix de celles qu'ils détournèrent jadis du sentier de la vertu, leur criant sans cesse avec une horrible ironie : « Ah ! combien nous sommes heureuses de vous voir souffrir autant que nous !... »

Mais en voilà assez. Détournons nos yeux de cet épouvantable spectacle. Qui voudrait le contempler plus longtemps ? Je vous ai avertis solennellement, mes chers auditeurs. Je vous ai parlé de la colère à venir. Les ombres du soir s'avancent, — la nuit approche, — le matin de l'éternité va paraître. — Il va paraître pour vous, vieillards, que j'aperçois au milieu de cette assemblée : dans quel état vous trouvera-t-il? Vos cheveux blancs sont-ils pour vous une couronne d'honneur, ou bien avez-vous attiré sur eux le mépris et la risée de tous? Etes-vous au seuil du ciel, ou bien votre pied chancelant tremble-t-il déjà au bord de l'abîme? Pauvres vieillards, au front ridé, à la démarche vacillante, voulez-vous donc franchir le dernier pas qui vous sépare de la perdition? Celui qui vous parle n'est, il est vrai, pour les années que comme un enfant auprès de vous; toutefois, souffrez qu'en cet instant il vous arrête et vous supplie de réfléchir. Déjà le bâton qui vous soutient ne rencontre plus de point d'appui; la terre cède sous vos pieds..... Oh! avant qu'il soit trop tard, rentrez en vous-mêmes et considérez vos voies! Que soixante-dix années passées dans le péché se dressent devant vous. Que les fantômes de vos transgressions sans nombre se rangent en bataille sous vos yeux. Que comptez-vous faire, je vous le demande, lorsque ces soixante-dix années perdues sans retour, ces soixante-dix années de rébellion contre Dieu, comparaîtront avec vous devant le tribunal suprême ? Oh ! vieillards, vieillards, que Dieu vous donne de vous repentir aujourd'hui même et de placer votre confiance en Jésus !

Et vous, hommes de l'âge mûr, vous n'êtes pas en sûreté non plus. Pour vous aussi, les ombres du soir approchent à grands pas. D'un instant à l'autre, la mort peut vous frapper. Il y a quelques jours à peine, je fus mandé de grand matin auprès du lit d'un mourant : c'était un homme dans la force de l'âge, naguère encore plein de vigueur et de santé. Je me rendis en toute hâte à sa demeure; mais lorsque j'entrai, je ne trouvai plus qu'un cadavre. Ce qui est arrivé à cet homme peut arriver à chacun de vous, mes amis. Vous n'avez aucune garantie, aucune donnée certaine touchant la durée de votre existence. Demain, vous pouvez mourir. Permettez-moi donc de vous parler au nom des compassions de Dieu. Permettez-moi de m'adresser à vous, comme un frère s'adresserait à ses frères. Je vous aime, vous le savez; c'est pourquoi je voudrais que mes paroles pénétrassent dans votre cœur. Oh ! quelle bénédiction, quelle joie ineffable que d'être du nombre de ces *plusieurs* qui, pour l'amour de Christ, seront admis au royaume des cieux ! Eh bien ! cette joie, cette bénédiction, vous pouvez les obtenir; car Dieu a déclaré que *quiconque l'invoquera sera sauvé*. Il ne mettra dehors aucune âme qui s'approchera de lui par Christ.

Un mot à vous aussi, jeunes gens et jeunes filles. Vous pensez, peut-être, que la piété ne vous concerne point. « Jouissons de la vie, dites-vous; soyons gais, soyons joyeux. » Et jusques à quand, jeune homme, jusques à quand comptes-tu marcher *comme ton cœur te mène?* « Jusqu'à vingt et un ans, » dira l'un; « jusqu'à trente, » dira l'autre. Mais que sais-tu, mon frère, si tu atteindras jamais cet âge? D'ailleurs, en admettant que tu y arrives, souviens-toi que si aujourd'hui tu ne veux pas ouvrir ton cœur à la grâce de Dieu, tu le voudras bien moins alors. Le cœur humain, laissé à lui-même, ne se bonifie pas; tout au contraire. Il est semblable à un jardin; si vous souffrez qu'il reste inculte et que vous permettiez aux mauvaises herbes de s'y multiplier, son état ira tous les jours en empirant. — A entendre les hommes, on dirait, en vérité, qu'ils peuvent se repentir quand il leur plaît. Ah! la véritable repentance n'est pas une œuvre si facile; c'est Dieu qui doit la produire en nous, et malheur à celui qui laisse passer le jour de sa visitation! Au lieu donc de répéter avec une présomptueuse confiance : « Je me convertirai à telle ou telle époque, » que le langage de votre cœur soit celui-ci : « Je veux aller à Dieu aujourd'hui même et lui demander de faire son œuvre en moi, de peur que je ne meure dans mon impénitence. »

Que vous dirai-je encore, mes chers auditeurs ? Je vous ai parlé du ciel et de l'enfer : désirez-vous sérieusement échapper à l'un et parvenir à l'autre ? Dans ce cas, écoutez cette simple parole qui vous indique ce que vous avez à faire pour atteindre ce double but : *Celui qui croira et qui sera baptisé sera sauvé*. Mais il me semble entendre quelques-uns de vous m'interpeller en ces termes : « Prédicateur de l'Evangile, tu en reviens toujours aux mêmes doctrines. N'as-tu donc rien de nouveau à nous annoncer? La foi, toujours la foi, c'est le refrain de tous tes discours. » — Non, mes amis, non, je n'ai absolument rien à vous annoncer que le vieil Evangile, — l'Evangile toujours le même, parce qu'il est toujours vrai, — l'Evangile qui se résume tout entier dans cette seule déclaration : *Celui qui croira sera sauvé*. Or, qu'est-ce que croire ? C'est se confier entièrement en Jésus. Pierre *croyait*, Pierre *se confiait* en son divin Maître lorsqu'il lui fut donné d'aller à sa rencontre en marchant sur les flots ; et si un moment il *commença à enfoncer ;* c'est parce qu'à ce même moment sa foi commença à défaillir. — Et de même que Jésus avait dit à Pierre : « Viens, marche sur la mer, n'aie point de peur ; » de même, il te dit, pauvre pécheur : « Viens à moi, marche sur tes péchés, ne crains rien. » Aie donc foi à la parole de Christ et tu seras rendu capable de fouler tes péchés aux pieds ; tu les subjugueras, tu triompheras sur eux. — Il me souvient du temps où, moi qui vous parle, je me rencontrai, pour la première fois, face à face avec mes iniquités. Je me crus le plus grand des pécheurs, le plus maudit des hommes. Je n'avais pas commis, il est vrai, ce que le monde appelle des fautes criantes ; mais je me souvenais qu'ayant plus reçu que les autres, il me serait aussi plus redemandé. Mon salut me semblait presque une impossibilité ; toutefois, je priais, je demandais grâce ; mais mois après mois s'écoulait sans que je reçusse de réponse à mes prières. Parfois, j'étais si las de ce monde que je souhaitais la mort ; mais ensuite, je songeais au monde à venir et je frémissais d'effroi. Tantôt mon méchant cœur me suggérait la pensée que Dieu devait être un tyran sans entrailles, puisqu'il ne répondait pas à mes cris ; et tantôt, humilié dans le sentiment de mes démérites, je reconnaissais que s'il m'envoyait en enfer, il ne serait que juste. J'étais dans cet état, lorsqu'un jour j'entrai dans un lieu de culte. Le prédicateur — (que je n'ai jamais revu depuis lors et que je ne reverrai probablement que dans le ciel) — ouvrit la Bible et lut ces paroles d'Esaïe : *Vous tous les bouts de la terre, regardez vers moi et soyez sauvés.* Puis, se tournant de mon côté, comme s'il m'eût distingué au milieu de la foule, il répéta par trois fois, d'une voix impressive, ce mot : *Regardez, regardez, regardez!* Et moi, qui jusqu'alors m'étais persuadé que pour me sauver j'avais tant à *faire*, je découvris enfin qu'il ne s'agissait que de *regarder!* Moi, qui avais cru que je devais me tisser laborieusement un vêtement pour cacher les souillures de mon âme, je compris que Christ, en échange d'un seul regard, me couvrirait d'un manteau royal! — Oui, regarder à Jésus, voilà, pécheur, ce qu'est le salut. Tu n'as, pour être sauvé, qu'à regarder à la croix, tout comme les Israélites dans le désert n'avaient qu'à élever leurs yeux vers le serpent d'airain pour être guéris de leurs blessures. Regarde donc à Jésus, mon frère. Jésus seul peut faire du bien aux pécheurs. Regarde à lui avec la simplicité d'un petit enfant. Ne crains point ; il ne trompera pas ton attente. Tu ne saurais jamais te confier avec trop d'abandon en mon charitable Maître.

Et maintenant, mes chers auditeurs, laissez-moi vous supplier en finissant, comme je l'ai déjà fait en commençant, de peser attentivement mes paroles. Demandez-vous quel est votre état spirituel, et puisse le Saint-Esprit vous révéler que vous êtes par nature morts, perdus, condamnés! Puisse-t-il vous faire sentir combien c'est une chose terrible que de tomber en enfer, et vous donner la sainte ambition de parvenir à la gloire du ciel! Et comme autrefois l'ange qui pressait Lot de s'enfuir de Sodome, puisse ce même Esprit vous presser, vous prendre par la main et vous dire de sa voix puissante : *Hâte-toi! sauve ta vie! ne regarde pas en arrière, de peur que tu ne périsses !*

Oui, hâtez-vous, hâtons-nous. Et Dieu veuille qu'au grand jour de l'éternité nous nous retrouvions tous dans la félicité des cieux !

LA RÉSURRECTION SPIRITUELLE.

(DISCOURS PRONONCÉ UN JOUR DE PAQUES.)

> Lorsque nous étions morts en nos fautes, Dieu nous a vivifiés ensemble avec Christ.
>
> (Ephés., II, 5.)

Vous vous attendez, sans doute, mes chers auditeurs, à ce que j'appelle votre attention, en ce jour, sur le glorieux évènement dont l'Eglise chrétienne célèbre la mémoire. Telle n'est pourtant pas mon intention. Mais si le sujet que j'ai à cœur de méditer avec vous, n'est point la résurrection de Christ, du moins peut-on dire qu'il s'y rapporte dans une certaine mesure. Ce sujet le voici : LA RÉSURRECTION SPIRITUELLE DE L'HOMME PÉCHEUR ET PERDU.

C'était aux chrétiens d'Ephèse, vous le savez, que l'Apôtre adressait les paroles de mon texte;

mais elles s'appliquent avec non moins de vérité à tous ceux qui, à une époque ou à une autre et dans quelque lieu que ce soit de la terre habitable, ont été élus en Jésus-Christ, rachetés par son sang, justifiés par sa grâce. D'eux aussi, il est vrai de dire que morts dans leurs fautes et dans leurs péchés, ils ont été vivifiés par l'Esprit de Dieu.

Mes frères, quel spectacle solennel que celui d'un cadavre ! Quand, hier soir, j'essayai de me placer, par l'imagination, en face des réalités de la mort, mon âme, je l'avoue, recula d'épouvante. Je fus comme anéanti ! « Quoi ? me disais-je, est-il donc vrai que ce corps où je sens palpiter la vie, sera bientôt un festin pour les vers ! qu'en dehors et en dedans de ces orbites où maintenant mes yeux étincellent, ramperont d'immondes créatures, progéniture de la corruption ! que ces membres, aujourd'hui pleins de vigueur, étendus dans la froide immobilité, dans l'abjecte impuissance de la mort, deviendront un objet d'invincible dégoût, pour ceux-là même qui me chérissent le plus, en sorte qu'ils s'écrieront avec Abraham : Otez mon mort de devant moi !.... » Peut-être, mes frères, ne parvenez-vous pas encore à réaliser, dans toute son horreur, ce lugubre tableau. Dites : ne semble-t-il pas étrange, ne semble-t-il pas incroyable, que vous qui, ce matin, êtes venus dans ce lieu de culte, serez un jour portés dans le sépulcre ; que ces regards qui en ce moment même sont fixés sur moi, seront voilés d'une obscurité éternelle ; que ces langues qui, tout-à-l'heure, faisaient entendre une sainte harmonie, bientôt ne seront plus qu'un peu de boue ; que vous, enfin, mon cher auditeur, que je vois en cet instant devant moi, dans toute la force de l'âge et de la santé, serez incapable de mouvoir un muscle, d'articuler un son, et deviendrez une masse inerte, fille de la fosse et sœur de la corruption?... Sans doute, nul n'ignore ces sombres vérités ; nul ne peut les révoquer en doute ; mais n'est-il pas vrai que lorsque, par la pensée, l'on essaie de se les appliquer à soi-même, on est presque tenté de les déclarer impossibles? Ah! c'est que la mort exerce sur notre enveloppe terrestre de si épouvantables ravages ; elle met en pièces, d'une façon si hideuse, cette admirable organisation, chef-d'œuvre du Créateur, que c'est à peine si notre intelligence étonnée peut la suivre dans son œuvre de vandalisme!

Toutefois, mes chers amis, efforcez-vous de vous faire une idée aussi exacte que possible de ce qu'est un cadavre, et lorsque vous y serez parvenus, dites-vous, je vous prie, chacun en particulier, que c'est là l'image employée dans mon texte pour représenter la condition de votre âme par nature. Et en vérité, l'Apôtre n'eût pu faire usage d'une métaphore plus juste; car de même qu'un cadavre est passif, inerte, insensible, prêt à se décomposer, ainsi est toute âme humaine si elle n'a été vivifiée par la grâce de Dieu : nous sommes *morts dans nos fautes et dans nos péchés;* la mort habite en nous, et ce germe de mort est susceptible de se développer graduellement, de telle sorte que, laissés à nous-mêmes, nous tous qui sommes ici, pourrions devenir avec le temps des objets véritablement hideux, — hideux par nos vices et notre corruption morale, tout comme le cadavre est rendu hideux par la corruption matérielle. Voilà, mes frères, ce que nous enseigne l'Ecriture, touchant l'état moral de l'homme. Dans toutes ses pages, elle nous dit que depuis la chute, l'enfant d'Adam par nature est mort; qu'être perdu et dégradé, il est dans un sens spirituel absolument privé de vie. Elle nous enseigne, en outre, que s'il obtient la vie, ce ne peut être que grâce à une véritable résurrection opérée dans son âme par l'Esprit de Dieu, et que cette résurrection, il la devra, non à aucun mérite qui pût être en lui, mais uniquement au bon plaisir du Père, à un effet tout gratuit de sa miséricorde infinie et souveraine.

Voilà, je le répète, la doctrine qui ressort de la Bible tout entière; et c'est sur cette doctrine, formulée avec une remarquable précision dans les paroles de mon texte, que je désire, mes chers auditeurs, appeler votre attention pendant quelques instants. Je ferai mon possible pour rendre mes développements intéressants en même temps que clairs. Dans l'espoir d'atteindre ce double but, *j'illustrerai*, en quelque sorte, mon sujet d'une manière qui, au premier abord, vous paraîtra, sans doute, un peu étrange. Vous vous souvenez que pendant son séjour sur la terre, le Seigneur Jésus accomplit trois résurrections : je ne sache pas qu'il en ait accompli d'autres. En premier lieu, il ressuscita une enfant de douze ans, *la fille de Jaïrus*, qui, étendue sans vie sur sa couche, se leva incontinent, dès que Jésus eut prononcé cette seule parole : « *Talitha cumi!* » En second lieu, le Seigneur ressuscita *le fils de la veuve de Naïn*, qui, couché sur sa bière, était transporté au tombeau, et qu'il réveilla de son sommeil de mort par ces mots : « *Jeune homme, je te le dis, lève-toi!* » Enfin, la troisième et la plus mémorable résurrection opérée par Jésus, fut celle de *Lazare,* lequel n'était plus ni sur son lit, ni en chemin vers la tombe, mais dont la corruption avait déjà fait sa proie, lorsque le Seigneur, par le verbe de sa toute-puissance, le rappela à la vie, en criant à haute voix : « *Lazare, sors dehors !* »

Ces trois faits, mes chers amis, je les transporterai, pour ainsi dire, dans le domaine spirituel, et je les emploierai comme des types ou des images pour représenter successivement : d'abord, LES DIFFÉRENCES EXTÉRIEURES QUI EXISTENT ENTRE LES AMES INCONVERTIES, QUOIQUE LEUR CONDITION SOIT AU FOND LA MÊME ; en second lieu, LES DIFFÉRENTS MOYENS DE GRACE EMPLOYÉS POUR VIVIFIER LES PÉCHEURS, QUOIQUE LA VIE NE PROCÈDE QUE D'UN SEUL ET MÊME AGENT ; enfin, LES DIFFÉRENTES MANIFESTATIONS DE CETTE VIE, QUI POURTANT EST UNE DANS UN SENS ABSOLU.

I.

J'ai dit qu'IL EXISTE CERTAINES DIFFÉRENCES EXTÉRIEURES ENTRE LES AMES INCONVERTIES, MAIS QUE LEUR CONDITION N'EN EST PAS MOINS LA MÊME ; j'ajoute que cette condition, commune à tous, c'est la mort. — Approchez-vous, mes frères, par la pensée de la fille de Jaïrus. Voyez-la étendue sur son lit : ne dirait-on pas que la vie est encore en elle ? Les lèvres de sa mère effleurent encore son front, la main de son père presse encore sa main, et c'est à peine si ce père, si cette mère peuvent se persuader que leur enfant est morte; mais, il n'est que trop vrai : elle est morte, aussi morte qu'elle peut jamais l'être. — Voyez maintenant ce jeune homme qu'on porte en terre. Il est plus que mort, passez-moi l'expression; il commence à se corrompre; déjà les teintes livides, précurseurs de la dissolution, sont répandues sur son visage. Et cependant, quoique la mort soit plus apparente chez lui que chez l'enfant, à proprement parler, il n'est pas plus mort qu'elle, car il n'y a point en réalité de degrés dans la mort. — Mais voici un troisième cas où la mort se révèle avec plus d'évidence encore; c'est celui de Lazare, — de Lazare, dont Marthe, faisant usage de mots non couverts, pouvait dire : « Seigneur, il sent déjà mauvais, car il est là depuis quatre jours. » Toutefois, remarquez-le, mes frères, la fille de Jaïrus n'était pas moins morte que Lazare. Il y avait différence quant à la manifestation extérieure de la mort, mais non point quant à la mort elle-même.

Ainsi en est-il des âmes qui n'ont point été vivifiées par la grâce de Dieu. J'ai, sans nul doute, en cet instant devant moi quelques-unes de ces créatures favorisées que l'œil se plaît à contempler. Elles sont belles à voir de toutes manières, belles par leurs qualités morales, aussi bien que par leurs charmes extérieurs. Il semble en vérité qu'elles réunissent en elles tout ce qui est bon et désirable ; et pourtant, si elles sont irrégénérées (notez bien ceci), elles sont mortes, complètement mortes ! A voir la fille de Jaïrus, qui eût dit qu'elle n'était plus qu'un cadavre ? Une main tendre et pieuse n'avait pas encore fermé ses yeux ; dans son regard brillait encore comme un dernier reflet de lumière. Pareille à un lis à peine détaché de sa tige, elle n'avait rien perdu de sa grâce. Le ver n'avait pas commencé à creuser sa joue ; les couleurs de la vie ne s'étaient pas flétries sur son front : elle paraissait encore appartenir au monde des vivants. Et vous de même, chères jeunes âmes dont je viens de parler, vous possédez tout ce que le cœur peut désirer, sauf *la seule chose nécessaire ;* il ne vous manque absolument rien, si ce n'est le souffle divin, l'amour du Sauveur ; vous n'êtes pas unies à Jésus par une foi vivante ; c'est pourquoi, — je vous le dis avec douleur, mais je dois vous le dire, — vous êtes mortes ! vous êtes mortes ! aussi mortes que les derniers des pécheurs, quoique votre mort ne soit pas aussi apparente ! — Mais à côté de ces filles de Jaïrus, il est certainement aussi, dans cet auditoire, des âmes qui ont fait un pas de plus, dirai-je, dans la mort spirituelle. Il y a encore en eux, je le reconnais, quelques restes de bons sentiments, mais ils ont commencé à céder à leurs inclinations mauvaises. Ils ne sont pas encore des intempérants sans pudeur, des blasphémateurs sans frein ; leur inconduite n'est pas encore assez scandaleuse pour que leurs semblables n'en puissent tolérer la vue. Comme chez le jeune homme de Naïn, la corruption qui couve au-dedans d'eux, n'a pas encore ouvertement éclaté au-dehors. Mais, qu'ils ne s'abusent point : quoiqu'ils ne soient pas descendus au dernier degré de la dépravation, quoique le monde ne les rejette pas de son sein, ils sont morts ! ils sont morts ! tout aussi morts que les derniers des pécheurs ! — Et n'y a-t-il point aussi parmi ceux qui m'écoutent, de ces derniers, de ces plus avilis des hommes, véritables Lazares spirituels, chez qui la mort revêt son plus hideux aspect? Semblables à des cadavres dans leur sépulcre, leur âme est en pleine putréfaction. Leurs mœurs sont abominables ; leur conduite tout entière inspire l'horreur la plus profonde ; ils sont mis à l'index de toute société qui se respecte : la pierre est en quelque sorte roulée sur leur tombeau. Ils ont si complètement perdu tout sens moral que ceux qui les connaissent ne veulent plus soutenir aucune relation avec eux, et semblent s'écrier à leur manière : « Otez ce mort de devant nous, car nous n'en saurions supporter la vue ! » Et cependant, mes frères, — j'insiste sur ce point, — ces âmes si corrompues, si perverties, ne sont pas en réalité plus mortes que les autres âmes irrégénérées, de même que Lazare n'était pas plus mort que la jeune fille à qui il ne manquait que le souffle. Les fruits de la mort sont plus visibles, il est vrai, chez les unes que chez les autres; mais toutes également sont privées de vie; toutes ont un égal besoin d'être vivifiées par Jésus-Christ.

Mais permettez-moi, mes amis, d'entrer dans quelques détails, et de vous indiquer les traits principaux qui constituent la différence existant entre les trois classes d'âmes dont je viens de parler. Pour cela, continuons notre rapprochement, et revenons d'abord à la fille de Jaïrus.

Voici donc cette jeune fille : regardez-la de nouveau. Loin de vous repousser, sa vue, n'est-il pas vrai ? vous attire. Elle est morte, et pourtant, *elle est encore belle.* Quoique privée de vie, elle est pleine de charmes et de grâces. Quel contraste avec le jeune homme ! toute beauté a disparu de sur ses traits; on devine que le ver est déjà à l'œuvre; toute sa gloire s'est évanouie. Quel contraste surtout avec Lazare ! Il n'est plus qu'un foyer de corruption !.... Mais chez la fille de Jaïrus il existe, je le répète, une beauté extérieure. Il en est de même de beaucoup de ceux qui m'écoutent en ce moment. N'est-elle pas, en effet, pleine de grâce, cette jeune âme dont le souffle impur du péché semble avoir respecté la candeur? Qui pourrait ne pas l'aimer? N'est-elle pas aimable, n'est-elle pas belle entre toutes ? N'est-elle pas digne d'être admirée, souvent même d'être imitée? Ah ! sans doute, elle est tout cela; elle est plus encore peut-être, je suis le premier à en convenir; mais, hélas ! hélas ! Dieu le Saint-Esprit n'a pas encore soufflé sur elle, elle n'a pas reconnu Jésus pour son Sauveur, ni imploré son pardon; elle possède tout, excepté la vraie religion; et dès-lors, elle est morte, — morte malgré toute sa beauté, malgré tous ses attraits! Oh ! ma sœur, ma chère sœur, pourquoi faut-il qu'il en soit ainsi ? pourquoi faut-il que toi si douce, si aimable, si tendre, si compatissante, je sois obligé de te compter au nombre de ceux qui sont morts dans leurs fautes et dans leurs péchés? Comme mon Maître pleura jadis sur le jeune riche, qui avait gardé tous les commandements, mais à qui il manquait une chose, ainsi je pleure aujourd'hui sur toi ! Oui, je pleure à la pensée que toi, ornée de qualités si précieuses, de tant de dons du cœur et de l'esprit, tu n'en es pas moins plongée dans la mort ! car, ne te fais point illusion, tu es morte aussi longtemps que tu n'as pas la foi en Christ. Ta bonté, ta vertu, ton excellence ne te serviront de rien : tu es morte, et tu ne saurais vivre si Jésus ne te donne la vie.

Remarquez, en outre, que la fille de Jaïrus est encore *entourée d'amis*. Elle vient d'exhaler le dernier soupir et sa mère la couvre de tendres baisers. Oh ! se peut-il bien qu'elle soit morte ? Les caresses qu'on lui prodigue ne parviendront-elles pas à la ranimer ? Et les larmes brûlantes qui pleuvent sur elle ne suffiront-elles pas à féconder cette terre froide, il est vrai, mais assez riche encore, semble-t-il, pour que la vie jaillisse de son sein ? Hélas ! non : ces caresses, ces larmes sont stériles ; la semence de la vie manque ; l'enfant ne respire plus ; néanmoins, c'est à qui se pressera autour d'elle, c'est à qui la comblera de témoignages d'amour. Quel contraste avec le jeune homme ! Il est étendu sur sa bière ; personne ne le touchera plus, et si quelqu'un le touchait, il serait souillé. Quel contraste surtout avec Lazare ! une pierre est scellée sur lui. — N'en est-il pas de même de vous, chères âmes auxquelles je me suis déjà adressé ? n'êtes-vous pas entourées de l'amour de tous ? Le peuple de Dieu lui-même vous chérit d'une affection cordiale ; il vous recherche, il vous estime, il vous approuve. Votre pasteur prie souvent pour vous. Admises dans les assemblées des enfants de Sion, vous vous asseyez avec eux comme si vous étiez des leurs, vous entendez ce qu'ils entendent, vous chantez ce qu'ils chantent. Et pourtant, pourtant hélas ! vous le dirai-je ? vous êtes encore dans la mort. Il ne vous manque absolument qu'une chose, mais c'est la seule qui puisse vous sauver ; il ne vous manque qu'une chose, mais cette chose c'est la vie. En vain les enfants de Dieu vous ouvrent-ils leur sein, en vain vous accueillent-ils dans leur compagnie : ils ne sauraient allumer en vous cette étincelle sacrée de la vie ; et si jamais vous l'obtenez, sachez-le, vous devrez vous joindre au plus grand des pécheurs pour répéter avec l'Apôtre : *Lorsque nous étions morts dans nos fautes et dans nos péchés, Dieu nous a vivifiés avec Christ.*

Mais considérons encore la jeune fille. Voyez : *elle n'est point revêtue des insignes de la mort.* Ni le suaire ni le linceul ne l'enveloppent. On ne l'a point dépouillée de ses habillements ordinaires. Elle est vêtue exactement comme elle l'était le jour où ressentant les premières atteintes de sa maladie, elle s'étendit sur sa couche. On ne l'a point livrée définitivement à la mort. Il n'en est pas de même du fils de la veuve : l'appareil de la sépulture l'environne ; ni de Lazare : il est lié pieds et mains. Mais, je le répète, la fille de Jaïrus est encore revêtue du costume des vivants. Ainsi en est-il de l'âme simple et ingénue dont je parle. Jusqu'à présent, elle semble n'avoir aucune habitude coupable, aucun mauvais penchant déclaré ; et, tandis que tel jeune homme est déjà emprisonné dans le linceul de son inconduite, et que tel pécheur vieilli dans le vice est lié pieds et mains par ses passions désordonnées, cette âme se pare de tous les ornements extérieurs de la piété. Elle agit comme les chrétiens, elle parle comme eux ; sa conduite semble pure, digne d'éloges, irrépréhensible : c'est à peine si l'on pourrait y discerner quelques taches... Hélas, hélas ! chère âme, pourquoi une si belle parure, des apparences si aimables ne recouvrent-elles que la mort? Vainement as-tu orné ton front du brillant joyau de la bienfaisance ; vainement as-tu ceint tes reins des chastes robes de la pureté extérieure, hélas ! ma sœur, il faut bien que je te le dise, — si tu n'es pas née de nouveau, tu es encore dans la mort ! Ton excellence s'évanouira comme la teigne ; tes prétendues bonnes œuvres s'en iront en fumée, et, au jour du jugement, tu seras pour jamais séparée des justes, à moins que Dieu ne te donne la vie. Oh ! je gémis, je gémis amèrement sur cette foule de jeunes âmes qui semblent avoir été préservées jusqu'ici de toute souillure du monde, mais qui n'en sont pas moins sans vie et sans salut ! Oh ! plût à Dieu, jeune homme, plût à Dieu, jeune fille, que dès vos premières années, vous fussiez vivifiés par l'Esprit !

Veuillez, mes frères, observer un détail encore. Dans le cas de la jeune fille, *la mort était*, pour ainsi dire, *une chose secrète*. C'était dans sa chambre que l'enfant avait rendu le dernier soupir ; c'était dans sa chambre que son corps inanimé reposait, et rien probablement ne laissait soupçonner au-dehors le douloureux mystère que recélait cette maison de deuil. Il n'en était pas ainsi du jeune homme, car on l'avait transporté jusqu'aux portes de la ville, et beaucoup de gens l'avaient vu ; ni de Lazare, car des Juifs étaient venus de Jérusalem pour pleurer sur sa tombe. Mais la mort de la fille de Jaïrus n'avait point ce caractère de publicité, et il en est de même des âmes dont je l'ai prise pour type. Jusqu'à présent, leur péché se cache dans l'ombre ; il est tout intérieur. La convoitise a bien conçu dans leur cœur, mais le péché n'est pas encore enfanté ; le germe des passions existe en elles, mais ce germe impur ne s'est point manifesté par des actes. Le jeune homme n'a point encore porté à ses lèvres la coupe enivrante, quoique souvent une voix séductrice lui en ait vanté les douceurs ; la jeune fille n'a point abandonné les sentiers de la vertu, quoique souvent elle ait prêté l'oreille aux suggestions de la vanité : en un mot, leurs mauvais penchants n'ont point franchi les limites du for intérieur ; personne peut-être n'en soupçonne l'existence. Hélas, mon frère ! hélas, ma sœur ! qu'elle est triste la pensée que vous dont la vie extérieure est si louable, vous cachez pourtant de secrètes souillures dans la chambre de votre cœur, et que dans les replis les plus intimes de votre être, vous portez la mort spirituelle, — mort aussi véritable, quoique moins évidente, que celle du pécheur le plus scandaleux. Oh ! Dieu veuille que vous puissiez vous écrier aujourd'hui même : « Malgré toutes nos justices, malgré toutes nos vertus, nous étions morts, comme les autres, dans nos fautes et dans nos péchés, mais Dieu nous a vivifiés. » Mes amis, mes chers amis, souffrez que j'insiste encore sur ce point. Il y a des âmes dans cet auditoire, au sujet desquelles j'éprouve les plus vives appréhensions. Je l'ai déjà dit, elles possèdent tout ce que le cœur peut souhaiter, mais il leur manque une chose : elles n'aiment pas mon Maître. O vous jeunes gens, qui fréquentez assidûment les parvis du Seigneur, et dont les mœurs sont irréprochables, pourquoi faut-il que votre piété soit comme une plante sans racine? O vous, vierges de Sion, qu'on voit toujours dans la maison de prières, pourquoi faut-il que vous n'ayez point la grâce de Dieu dans le cœur? Prenez garde, je vous en supplie, vous, âmes simples, naïves, aimables, innocentes aux yeux des hommes! Lorsque viendra le grand jour où le Seigneur séparera les vivants d'avec les morts, encore une fois, je vous le déclare avec douleur, si vous n'avez été converties, régénérées, vivifiées par l'Esprit de Dieu, malgré toute votre excellence, vous serez rangées parmi les morts!

Mais il est temps que nous quittions la jeune fille, pour passer au fils de la veuve de Naïn. Avant tout, observez, mes frères, qu'il n'est pas plus mort que l'enfant; seulement *il est parvenu, si je puis ainsi parler, à une phase plus avancée de la mort.* Venez, approchons-nous du funèbre cortége; arrêtons la bière; contemplons le corps qui y est couché. Vous frémissez, n'est-il pas vrai? vous détournez vos regards. Le visage de la petite fille était plein et coloré, mais ici, la joue est creuse, le teint livide. Et l'œil?...... oh! quelle noirceur l'environne!... Ne pressent-on pas que le ver va bientôt paraître, que la décomposition est au moment de se faire jour?... Ainsi en est-il d'une certaine classe de mes auditeurs. Ils ne sont plus ce qu'ils étaient dans leur première jeunesse, alors que leurs mœurs étaient à l'abri de tout reproche. Peut-être viennent-ils de tomber dans le filet de la femme étrangère ; ils commencent à se lancer dans la carrière du libertinage : leur corruption est en voie d'éclater. Ils ne sont plus, disent-ils, des enfants à la lisière; n'est-il pas temps qu'ils s'émancipent ? Que d'autres se soumettent, si bon leur semble, à l'absurde esclavage des lois de la morale; quant à eux, ils sont libres, ils veulent l'être, ils entendent mener joyeuse vie ; et ainsi, ils se précipitent dans un tourbillon de plaisirs bruyants et charnels, en sorte que les signes de la mort spirituelle se manifestent en eux avec toujours plus d'évidence. — De plus, remarquez, mes chers amis, que si la jeune fille était entourée de caresses, par contre, *personne ne touche le jeune homme :* il est étendu sur sa bière, et quoique des hommes le portent sur leurs épaules, il n'en est pas moins vrai qu'il inspire à tous les vivants une instinctive répulsion. Jeune homme! ne te reconnais-tu point à ce trait? Ne sais-tu pas que depuis quelque temps les gens pieux, que dis-je? tes amis eux-mêmes se tiennent à distance de toi? Hier encore, les larmes de ta mère n'ont-elles pas coulé en abondance, tandis qu'elle exhortait ton jeune frère à fuir ta société, à ne pas suivre ton exemple? Ta sœur, ta propre sœur, qui en t'embrassant ce matin, a peut-être instamment supplié le Seigneur de te faire recevoir du bien dans cette maison de prières, — ta sœur elle-même a honte de toi : ta conduite devient si légère, tes propos si déplacés qu'elle rougit en te voyant. Il y a aussi des maisons chrétiennes où tu étais naguère le bien venu ; tu fléchissais le genou avec la famille assemblée, ton nom était mentionné dans la prière commune ; mais à présent, tes visites dans ces maisons deviennent de plus en plus rares, car lorsque tu y vas, on t'accueille avec réserve. Le père de famille ne voudrait à aucun prix que son fils se liât avec toi, car il sait que tu pourrais le souiller. Il ne vient plus lui-même, comme autrefois, s'asseoir à ton côté pour s'entretenir de choses saintes ; s'il te reçoit encore chez lui, c'est simplement par politesse ; mais il ne peut plus te traiter avec son ancienne cordialité, car il sent qu'entre son âme et la tienne, il n'existe plus aucun lien sympathique. Le peuple de Dieu pareillement te témoigne de la froideur ; il ne te repousse pas encore d'une manière ouverte, mais il y a dans ses rapports avec toi une contrainte qui prouve clairement que ton état de mort lui est bien connu.

Un autre point de dissemblance entre le fils de la veuve et l'enfant de Jaïrus, c'est que tandis que celle-ci était encore revêtue du costume des vivants, *l'autre était déjà enveloppé dans les vêtements de la mort.* Et toi aussi, jeune homme, tu es comme enveloppé dans tes habitudes vicieuses ! Tu sais que le diable, de sa main de fer, étreint ton âme toujours plus fortement ; il y eut un temps où tu pouvais encore te dégager de cette étreinte ; tu étais maître de tes plaisirs, disais-tu : maintenant, tes plaisirs sont tes maîtres. Jeune homme ! j'en appelle à ta conscience, tes voies ne sont-elles pas des voies d'iniquité? Tu n'oserais le nier ! Sans doute, tu n'es point arrivé aux dernières limites de l'immoralité et de l'infamie; mais, en vérité, en vérité, je te le dis, mon frère : tu es mort! tu es mort! et si l'Esprit de Dieu ne te vivifie, tu seras jeté dans la vallée de la géhenne, pour être en pâture au ver qui ne meurt point, mais qui dévore les âmes pendant l'éternité. Ah! jeune homme, jeune homme, je pleure sur toi ! car si la pierre du sépulcre ne te recouvre pas encore, si ta corruption morale n'est pas tellement avancée que tu sois pour tes alentours un objet d'horreur et d'épouvante, cependant, tu as déjà fait plusieurs pas dans la carrière du vice, et qui peut dire où tu t'arrêteras? Prends garde ! le péché est une pente glissante, et ne s'arrête pas qui veut sur cette pente... Lorsque le ver du sépulcre a commencé ses ravages, peut-on placer son doigt dessus, et lui dire : « Arrête-toi ? » Non, il poursuit son œuvre de destruction jusqu'au bout... Oh ! jeune homme, Dieu veuille te vivifier avant que tu sois parvenu à cette consommation de la mort que l'enfer soupire de te voir atteindre, et à laquelle le ciel seul peut te faire échapper !

Une dernière observation au sujet du fils de la veuve de Naïn. La chambre de la jeune fille, avons-nous dit, était seule témoin de sa mort; mais dans le cas de celui-ci, *la mort*, au contraire, *se montrait au grand jour*, puisque Jésus rencontra le convoi aux portes de la ville. C'est ainsi que chez la première classe d'âmes que j'ai essayé de décrire, le péché est plus ou moins secret; mais chez toi, jeune homme, il est patent, il est manifeste. Tu ne crains pas de pécher à la face du soleil, à la face de Dieu même. Tes dérèglements ne sont un mystère pour personne; aussi bien, tu ne tiens plus à sauver les apparences. « Je ne suis point un hypocrite, » dis-tu d'un ton de bravade, « je n'ai aucune prétention à la sainteté; je ne rougis pas de quelques écarts de jeunesse. » Ah ! jeune homme, jeune homme ! tandis que tu tiens ce langage, qui sait si ton père ne s'écrie pas dans l'amertume de son cœur : « Plût à Dieu que je fusse mort avant d'avoir vu mon fils se conduire comme il le fait ! Plût à Dieu que lui-même eût été couché dans la tombe, avant de s'être ainsi engagé dans les sentiers du vice ! Plût à Dieu que le jour même où je le contemplai pour la première fois, où mes yeux furent réjouis par la vue de mon fils, il eût été soudainement frappé par la maladie et la mort! Oh! oui, plût à Dieu que son âme enfantine eût été retirée au ciel, et qu'il n'eût pas vécu pour faire descendre avec douleur mes cheveux blancs au sépulcre !... » Jeune homme, tu le sais : ton inconduite avouée, ton inconduite qui s'étale, pour ainsi dire, *aux portes de la ville*, jette le trouble dans la maison de ton père, abreuve de douleur le cœur de ta mère. Oh! je t'en conjure, arrête-toi !... Oh! Seigneur Jésus, touche la bière en cet instant même ! Arrête quelque pauvre âme qui chemine dans la voie de la perdition, et crie-lui : « Lève-toi ! » Alors cette âme, ressuscitée en nouveauté de vie, pourra s'écrier avec nous tous, qui par ta grâce jouissons déjà de la vie : « Lorsque nous étions morts dans nos fautes et dans nos péchés, Dieu nous a vivifiés ensemble avec Christ, par le moyen de son Esprit ! »

Et maintenant, nous arrivons à la troisième et dernière résurrection accomplie par notre Seigneur : celle de Lazare, — de Lazare *mort et enseveli*. — Oh! mes chers amis, je ne puis vous mener voir Lazare dans son sépulcre ! Retirez-vous, oh! retirez-vous loin de lui!... Où fuir pour échapper à l'odeur infecte de ce corps en putréfaction?... Non seulement tout vestige de beauté a disparu, mais c'est à peine si on reconnaît en lui une forme humaine. Oh ! hideux spectacle !... Je ne veux pas entreprendre de le décrire : les paroles me manqueraient ; d'ailleurs, vous ne pourriez m'écouter jusqu'au bout. — Et de même, mes frères, je ne trouverais point d'expressions si je voulais décrire l'état moral d'une certaine catégorie de pécheurs. Mon front rougirait de confusion s'il me fallait vous dévoiler les œuvres de ténèbres accomplies chaque jour par les impies de ce monde, accomplies peut-être par quelques-uns de ceux qui m'écoutent en ce moment. Ah ! qu'elle est hideuse la dernière phase de la mort physique, la dernière phase de la dissolution ; mais la dernière phase du péché, combien n'est-elle pas plus hideuse encore !... Plusieurs de nos écrivains modernes paraissent avoir une aptitude particulière pour fouiller cette boue, pour remuer cette fange impure ; mais je le confesse, cette aptitude n'est pas la mienne; aussi ne vous dépeindrai-je point, mes frères, les souillures et les turpitudes du pécheur consommé. Je passerai sous silence les abominables débauches, les convoitises dégradantes, les actions ignobles et diaboliques dans lesquelles se vautrent ceux chez qui la mort spirituelle a accompli tous ses ravages et chez qui le péché s'est manifesté dans toute son épouvantable laideur. Y a-t-il dans cet auditoire des êtres appartenant à cette classe de pécheurs ? Il se peut qu'ils ne soient pas nombreux, mais j'ose affirmer qu'il y en a. Inutile de dire qu'ils ne sont pas, comme la jeune fille, recherchés, caressés par les chrétiens, ou même comme le jeune homme, accompagnés de loin à leur dernière demeure; non, les honnêtes gens s'enfuient à leur approche, tant est grande l'horreur qu'ils leur inspirent. Leurs femmes elles-mêmes, lorsqu'ils rentrent chez eux le soir, courent se cacher pour éviter leur contact. Ils sont montrés au doigt, ils sont l'objet du mépris de tous. Telle est la prostituée, de laquelle nous détournons nos regards quand nous la rencontrons dans la rue; tel est le débauché scandaleux, à qui nous nous empressons de céder le pas, de peur qu'il ne nous touche en passant. Ces infortunés sont couchés dans le sépulcre de leurs vices; les stigmates de la mort spirituelle sont empreints sur leur visage ; l'opinion publique a roulé la pierre sur eux. Ils savent qu'ils sont devenus un objet de dégoût pour leurs semblables ; ici même, dans ce lieu de culte, ils se sentent mal à l'aise, car ils n'ignorent pas que si leur voisin se doutait de ce qu'ils sont, il reculerait épouvanté. — Et notez bien un détail, mes frères : tandis que dans le cas du jeune homme la mort était pour ainsi dire de notoriété publique, dans le cas de Lazare, comme dans celui de la fille de Jaïrus, elle est secrète, elle est resserrée dans d'étroites limites ; seulement, chez Lazare, ce n'est plus dans la chambre funèbre qu'elle se cache, c'est dans la nuit du tombeau. Image frappante de ce qui a lieu dans le monde moral ! En effet, lorsqu'un pécheur n'est qu'à demi-enfoncé dans l'iniquité, il la commet ouvertement ; mais lorsqu'il s'y est plongé tout entier, ses passions deviennent tellement dépravées qu'il est obligé de s'y livrer en secret. Il lui faut alors le silence et l'obscurité du sépulcre. Ses convoitises sont d'une nature si détestable, qu'il ne peut les assouvir qu'à l'heure de minuit ; sa corruption est si révoltante qu'elle a besoin d'être enveloppée de l'épais linceul des ténèbres. Peut-être ce Lazare spirituel est-il dans la condition la plus abjecte ; peut-être cache-t-il sa honteuse existence dans quelque bouge infect de quelque sombre ruelle. Mais peut-être aussi appartient-il à ce que l'on appelle les classes supérieures de la société et habite-t-il de somptueuses demeures. Ah! mes frères, vous le dirai-je? souvent, en écoutant les aveux que viennent constamment me faire des âmes travaillées et repentantes, je rougis pour l'humanité! Jusque dans les plus hautes régions de l'échelle sociale, se pratiquent les plus honteuses énormités. Il y a dans mon troupeau, dans mon Eglise, de malheureuses créatures dont la perte a été consommée par des hommes de grand nom, de grande naissance, haut placés, influents... La hardiesse de mon langage vous étonne peut-être : mais pourquoi craindrai-je de dire ce que d'autres ne craignent pas de faire? L'ambassadeur de Dieu doit-il être moins hardi pour reprendre que les hommes ne le sont pour pécher? Oui, je le déclare hautement, dans tous les rangs de la société, il est des âmes qui sont comme en puanteur aux narines du Tout-Puissant, des âmes dont la corruption est plus hideuse qu'on ne saurait dire! Elles doivent enfouir leurs désordres dans la tombe du mystère, sans quoi elles seraient huées, honnies, chassées de la société, — j'allais presque dire de l'existence!... Et cependant, — ô admirable puissance de la grâce de Dieu! — cette dernière classe de pécheurs peut être sauvée aussi bien que la première. Lazare, déjà en proie à la corruption, peut aussi aisément sortir du tombeau que l'enfant endormie de son lit. La créature la plus avilie, la plus dégradée peut, tout comme une autre, ressusciter en nouveauté de vie, et être amenée à s'écrier, elle aussi : « Lorsque j'étais morte dans mes fautes et dans mes péchés, Dieu m'a vivifiée par Christ. »

J'espère, mes chers auditeurs, que vous avez bien saisi la vérité importante sur laquelle je viens de m'étendre si longuement ; à savoir : que tous les hommes, sans exception, sont, par nature, également morts, mais que la mort se manifeste en eux sous un aspect différent.

II.

J'aborde maintenant une autre partie de mon sujet.

IL Y A DIVERSITÉ DANS LES MOYENS EMPLOYÉS POUR VIVIFIER LES PÉCHEURS, QUOIQUE LA VIE NE PROCÈDE QUE D'UN SEUL ET MÊME AGENT : telle est la seconde vérité que notre rapprochement fait ressortir d'une manière frappante. En effet, la fille de Jaïrus, tout comme le jeune homme, et celui-ci, tout comme Lazare, furent ressuscités, et ressuscités par la même personne, c'est-à-dire par Jésus ; mais la manière dont s'opérèrent ces trois résurrections présente de notables différences. — Quant à la jeune fille, nous lisons dans l'Evangile que Jésus l'ayant prise par la main, lui dit simplement : « *Jeune fille, lève-toi!* » Il n'en fallut pas davantage. Une voix *douce et subtile*, un léger attouchement, pas de bruit, pas d'éclat, rien de propre à frapper les regards : et l'enfant se réveilla de son sommeil de mort; et les pulsations de son cœur reprirent leur cours accoutumé. C'est ainsi, mes frères, que Dieu agit, le plus souvent, à l'égard des jeunes âmes pures selon le monde qu'il veut convertir à lui. Pour les réveiller, il n'emploie ni les terreurs de Sinaï, ni *le feu brûlant*, ni *la nuée épaisse*, ni *la tempête;* il se borne à leur *ouvrir le cœur*, comme autrefois à Lydie, afin qu'elles reçoivent la Parole. La grâce divine descend sur de telles âmes doucement et sans bruit, comme la rosée sur les fleurs. Lorsqu'il s'agit de pécheurs endurcis, cette grâce fond sur eux en torrents impétueux; mais c'est en douces ondées qu'elle se répand habituellement sur les âmes qui sont encore à la première phase de la mort spirituelle. L'Esprit ne fait que les effleurer de son souffle. Peut-être osent-elles à peine croire elles-mêmes à la réalité de leur conversion; mais qu'elles se rassurent : si elles ont la vie, c'est que Jésus les a vivifiées, et pour avoir été moins apparente que d'autres, leur conversion n'est pas moins véritable.

Et le fils de la veuve de Naïn recouvra-t-il la vie de la même manière que la jeune fille ? Non. Observez avant tout que tandis que celle-ci la reçut dans l'intérieur de sa chambre, ce fut en public, au grand jour, en pleine rue, qu'elle fut rendue au jeune homme. Observez, en outre, que dans ce nouveau cas, Jésus toucha non pas le mort, mais la bière ; *et ceux qui la portaient s'arrêtèrent,* est-il ajouté. Après cela, le Seigneur prononça à haute voix ces paroles impressives : « *Jeune homme, je te le dis, lève-toi !* » Ainsi, tandis que Jésus communique une vie nouvelle à l'enfant par une douce pression de la main, dans le cas du jeune homme, le même résultat est obtenu, non pas en le touchant, mais en arrêtant sa bière. C'est ainsi que le Seigneur agira probablement avec toi, ô jeune homme, s'il daigne te vivifier. Il commencera par te retirer tes occasions de chute, tes moyens de péché ; à tes compagnons de plaisir qui, par leurs mauvais exemples, te transportent pour ainsi dire au sépulcre du vice, il ordonnera de s'arrêter. Alors, il y aura pendant quelque temps dans ta vie, une réforme partielle ; et finalement tu entendras dans ton âme une voix forte et solennelle qui te dira : « Jeune homme, je te le dis, lève-toi ! »

Pour ce qui est de la résurrection de Lazare, de celle qui en apparence était la plus impossible, je vous prie, mes chers amis, de relire avec attention les préparatifs extraordinaires dont le Sauveur jugea bon de la faire précéder. Au moment de ressusciter la jeune fille, il avait traversé la chambre, le sourire aux lèvres, en disant : « Elle n'est pas morte, mais elle dort. » Au moment de ressusciter le fils de la veuve, il avait dit à celle-ci : « Ne pleure point. » Mais dans la circonstance qui nous occupe, Jésus est plus grave, plus sombre. Il est en face d'un cadavre se corrompant dans son tombeau : comment son âme ne serait-elle pas attristée ? C'est à cette occasion que l'évangéliste nous dit : Et *Jésus pleura*. Et après qu'il eut pleuré, *il frémit en lui-même*. Puis il dit : « *Otez la pierre.* » Ensuite, *élevant les yeux au ciel*, il prononça cette sublime invocation : « *Mon Père, je te rends grâces de ce que tu m'as exaucé.* » Enfin, après s'être ainsi recueilli, *il cria à haute voix* : « *Lazare ! sors dehors !* » Chose digne de remarque, cette expression : *Il cria à haute voix*, nous ne la trouvons pas dans le récit des deux autres résurrections. Jésus parla bien aux trois morts ; ce fut sa parole qui les vivifia tous, mais il semble n'avoir élevé la voix que dans le seul cas de Lazare. — Y a-t-il dans cet auditoire une âme vile parmi les viles, un être arrivé au plus bas degré de la dépravation? Ah! pécheur, lui dirai-je, puisse mon Sauveur te vivifier! Il peut le faire; mais, sache-le, il lui en coûtera bien des larmes! Oui, quand il viendra te disputer aux horreurs de la dissolution et t'arracher à cet affreux sépulcre où tu croupis dans tes vices, Jésus viendra en pleurant sur tes forfaits, en gémissant sur les hideux ravages que la mort spirituelle a faits dans ton âme! De plus, il y a une pierre à rouler de dessus toi : tes habitudes coupables; et alors même que cette lourde pierre aura été enlevée, *un son doux et subtil* ne saurait te réveiller. Non, pour te convertir, il ne faut rien moins que la voix éclatante de l'Eternel, cette voix *qui fait trembler le désert et brise les cèdres du Liban.* Bunyan, l'immortel auteur du *Voyage du chrétien vers l'éternité*, était un de ces Lazares spirituels ; aussi quels moyens énergiques furent employés à son égard! Songes terribles, angoisses affreuses, ébranlements effroyables, — tout dut être mis en œuvre pour le vivifier à salut. Ne dis donc point, ô pécheur, que Dieu ne t'aime pas, s'il terrifie ton âme par les tonnerres de Sinaï, mais reconnais bien plutôt que tu étais trop profondément plongé dans la mort pour qu'une voix moins formidable eût pu frapper tes oreilles!

III.

Mais me voici arrivé à la dernière partie de mon sujet. QUOIQUE LA VIE SOIT UNE, ai-je dit, ELLE SE MANIFESTE DE MANIÈRES DIFFÉRENTES. En effet, les besoins, les expériences, les aspirations de tous les chrétiens sont loin d'être les mêmes. Il y aurait beaucoup à dire sur ce point, et je regrette que le temps me manque pour le développer d'une manière convenable. — Après avoir ressuscité les trois morts dont nous nous sommes occupés, que fit Jésus? « *Donnez-lui à manger :* » telle fut sa première recommandation à l'égard de la jeune fille. — *Il le rendit à sa mère* : tel fut son premier soin à l'égard du jeune homme. — « *Déliez-le et le laissez aller :* » tel fut son premier ordre à l'égard de Lazare. Il me semble que ces diverses paroles nous révèlent non-seulement les besoins respectifs des personnes à qui Jésus venait de rendre la vie, mais encore ceux des trois classes d'âmes dont nous avons parlé. Lorsqu'une âme se convertit avant d'avoir cédé aux séductions du monde, lorsqu'elle est vivifiée par la grâce de Dieu avant que le germe de mort qui est dans son sein se soit développé, la vie nouvelle qu'elle a reçue se manifeste surtout en elle par un ardent désir d'être nourrie ; en sorte que cette injonction de Jésus correspond parfaitement à ses besoins : « Donnez-lui à manger. » Oui, une nourriture saine, une solide instruction, voilà ce qu'il faut aux jeunes convertis. Peu éclairés, en général, ils ont besoin d'être édifiés dans la foi. Souvent leurs idées sur le péché et sur le salut ne sont pas aussi nettes que celles d'âmes appelées à la connaissance de Christ lorsqu'elles étaient plus avancées dans la vie ou dans le mal ; aussi *le lait spirituel et pur de l'Evangile* est-il plus nécessaire à cette première classe de croyants qu'à toute autre. Que les ministres de la Parole veillent donc avec un soin tout particulier sur les agneaux de leurs troupeaux, et lorsque de jeunes âmes entrent dans la bergerie, qu'ils n'oublient pas ce commandement de leur Maître : « *Pais mes agneaux.* » Et de votre côté, jeunes gens, ne négligez rien pour satisfaire cette faim et cette soif de connaissances spirituelles, trait distinctif par lequel se manifeste en vous la vie divine. Cherchez l'instruction auprès de votre pasteur ; cherchez-la dans de bons livres ; cherchez-la surtout dans l'Ecriture. Telle doit être votre principale affaire : « *Donnez-lui à manger.* »

Quant au fils de la veuve, Jésus, nous dit le récit sacré, *le rendit à sa mère.* — Et c'est là également ce que mon Sauveur fera de toi, jeune homme, s'il te fait passer de la mort à la vie. Enfant, ta place de prédilection était sur les genoux de ta mère, et si jamais Dieu te convertit, c'est encore auprès de ta mère qu'il te faudra revenir. Tu rechercheras avec empressement les douceurs de la vie domestique, les joies pures de la famille. Ah ! rien n'est puissant comme la grâce divine pour resserrer les liens que le péché avait relâchés ! Qu'un jeune homme se livre à la dissipation, aussitôt il se soustrait à la tendre influence d'une sœur, à la vigilante sollicitude d'une mère ; mais du moment que son cœur est touché, il éprouve le besoin d'accourir de nouveau vers elles, et goûte dans leur société un charme qu'il ne connut jamais auparavant. Et ce ne sera pas seulement vers tes parents selon la chair, jeune homme, que tu te sentiras attiré, mais vers la grande famille des enfants de Dieu. De même que Christ rendit le fils de la veuve de Naïn à sa mère, de même, en te communiquant la vie, il te placera dans les bras de l'Eglise, cette mère spirituelle de tous les croyants. Lors donc que tu auras été vivifié, recherche avec toujours plus de soin la compagnie des justes ; car de même que les mauvaises liaisons te transportaient, pour ainsi dire, au sépulcre de la perdition, de même tu auras besoin du secours d'amis chrétiens pour te soutenir dans ta marche vers les cieux.

Vient enfin l'ordre de Jésus relativement à Lazare : « *Déliez-le et le laissez aller.* » Je ne puis m'expliquer, je l'avoue, pourquoi le fils de la veuve n'était pas lié de bandes comme Lazare. Vainement ai-je examiné nombre d'ouvrages traitant des mœurs et coutumes orientales ; je n'ai pu parvenir à élucider ce fait, qui pourtant ressort avec évidence du récit sacré. Il nous est dit, en effet, qu'aussitôt que Jésus se fut adressé au jeune homme, celui-ci *s'assit et commença à parler;* tandis que Lazare, emprisonné dans des bandages qui gênaient ses mouvements, et la tête enveloppée d'un linge qui l'empêchait probablement d'articuler aucun son, Lazare paraît n'être sorti qu'à grand'peine de la grotte sépulcrale. Je le répète, comment expliquer cette différence ? Pour ma part, je serais disposé à penser qu'on doit en chercher la cause dans une différence de fortune : le jeune homme était fils d'une veuve; peut-être n'avait-on pu l'envelopper que de quelques linges grossiers; tandis que Lazare étant plus riche, était bandé avec soin, suivant l'usage du temps. Quoi qu'il en soit, ce détail en lui-même est de peu d'importance; mais ce que je désire que vous remarquiez, mes chers amis, c'est l'application que nous pouvons en faire à la troisième classe de pécheurs dont nous avons parlé. Le Seigneur, lorsqu'il les ressuscite, agit envers ceux-ci absolument comme il le fit envers Lazare : après leur avoir donné la vie, il ordonne qu'ils soient mis en liberté; il les aide à se dégager de leurs habitudes coupables, à rompre les liens de leurs vices. Aussi, quoique la vie nouvelle qu'ils aient reçue soit exactement la même dans son principe et dans sa nature que celle qui anime tous les enfants de Dieu sans exception, elle se manifeste le plus souvent d'une manière toute différente. Pour eux, la grande affaire n'est ni de croître en connaissance, ni de marcher dans la communion des saints; non, ils ont autant qu'ils peuvent faire à se débarrasser du linceul de leurs péchés, à se dépouiller de leurs passions charnelles. Peut-être, hélas ! jusqu'à leur mort, devront-ils, lambeaux après lambeaux et pièces après pièces, déchirer les liens qui garrottaient leurs âmes ! Celui-ci est aux prises avec son intempérance : oh ! quels efforts désespérés devra-t-il faire pour s'en dégager! Celui-là se débat contre des convoitises impures : oh! que de luttes opiniâtres ne lui en coûtera-t-il pas avant de s'en rendre maître! Un troisième combat contre son habitude de jurer : oh! que de fois n'aura-t-il pas à se faire violence pour retenir les expressions malséantes, toujours prêtes à monter sur ses lèvres! Un autre encore a affaire avec son amour pour les plaisirs et les vanités du siècle : il y a renoncé ; mais que de fois ses anciens amis ne chercheront-ils pas à l'attirer de nouveau vers le monde! Pour de telles âmes, la vie chrétienne n'est guère autre chose qu'un pénible déchirement, qu'un dépouillement continuel de vieilles habitudes, de péchés enracinés, et parfois ce dépouillement ne prend fin que lorsqu'elles entrent dans le repos de leur Sauveur.

Et maintenant, mes chers auditeurs, avant de vous quitter je tiens à vous poser à tous cette sérieuse question : AVEZ-VOUS ÉTÉ VIVIFIÉS? Prenez garde! que vous soyez bons ou mauvais selon le monde, respectés ou méprisés des hommes, je vous le déclare solennellement, si vous n'êtes pas ressuscités en nouveauté de vie, *vous êtes morts dans vos fautes*, et si vous quittez ce monde dans cet état, vous serez éternellement perdus. Toutefois, que pas un d'entre vous ne désespère : Christ peut encore vous vivifier. Il peut même vous vivifier, vous les plus dégradés des hommes. Oh! Dieu veuille qu'aujourd'hui même vous soyez touchés à salut! Dieu veuille que cette voix puissante qui cria : « Lazare, sors dehors ! » retentisse en cet instant aux oreilles de quelques grands pécheurs, en sorte qu'abandonnant le tombeau de leurs vices, l'intempérant vive désormais dans la sobriété, la femme de mauvaise vie, dans la continence ! Et Dieu veuille surtout, oh ! Dieu veuille bénir abondamment sa Parole pour les âmes jeunes, pures, candides encore qui l'ont entendue aujourd'hui ! Puissent-elles comprendre que par nature, elles sont mortes comme les autres, et puissent-elles devenir, dès à présent, enfants de Dieu par la foi en Jésus-Christ !

Quant à vous, mes chers amis, qui avez le bonheur d'être déjà vivifiés, permettez-moi de vous adresser un seul mot d'exhortation. Prenez garde aux embûches du diable. Il rôde continuellement autour de vous, n'en doutez pas. Veillez donc et priez. Que votre esprit soit toujours occupé de bonnes pensées, et ainsi l'adversaire ne pourra vous nuire. Oh! je vous le dis encore : méfiez-vous des ruses de Satan.

Gardez votre cœur plus que toute autre chose qu'on garde, car c'est de lui que procèdent les sources de la vie.

Que Dieu vous bénisse, mes bien-aimés, pour l'amour de Jésus !

LE
PÉCHÉ DE L'INCRÉDULITÉ.

Un capitaine, sur la main duquel le roi s'appuyait, répondit à l'homme de Dieu : Quand même l'Eternel ferait des ouvertures aux cieux, cela arriverait-il ? — Et Elisée dit : Voilà, tu le verras de tes yeux, mais tu n'en mangeras point (2 Rois, VIII, 2).

Un sage peut sauver une ville entière ; un juste peut délivrer des multitudes. Les croyants sont le sel de la terre : grâce à leur présence au milieu des méchants, ceux-ci sont épargnés. Si les enfants de Dieu n'agissaient comme un préservatif sur les masses, la race humaine ne subsisterait plus. Dans la ville de Samarie, où nous transporte notre texte, il se trouvait un juste : c'était Elisée, homme de Dieu. La piété avait complètement disparu de la cour. Le roi Joram était un pécheur plongé dans les vices les plus noirs ; ses iniquités étaient criantes et infâmes. Il suivait le train d'Achab son père et servait publiquement les faux dieux. Comme leur monarque, les habitants de Samarie avaient été infidèles. Ils avaient abandonné Jéhovah, et mis en oubli le saint d'Israël. L'antique devise de Jacob : *L'Eternel ton Dieu est le seul Eternel* (1), n'était plus pour eux qu'une lettre morte, et ils ployaient un genou idolâtre devant les divinités abominables des païens. C'est pourquoi le Dieu des armées livra Israël aux mains de ses oppresseurs ; il permit que Samarie fût investie par une armée étrangère, en même temps que désolée par la plus affreuse famine, en sorte que les malédictions prononcées sur la montagne d'Hébal s'accomplirent à la lettre et que l'on vit bientôt dans les murs de Samarie *la femme la plus tendre et la plus délicate, qui n'aurait point essayé de mettre la plante de son pied sur la terre par délicatesse et par mollesse,* regarder d'un œil d'envie ses propres enfants, et, rendue féroce par la faim, dévorer le fruit de ses entrailles (2).

Toutefois, dans cette épouvantable conjoncture, le prophète du Très-Haut devint un instrument de salut pour la coupable cité. Il fut *le sel* que Dieu employa pour conserver Samarie ; il fut le libérateur de tout un peuple as-

(1) Deut., VI, 4.
(2) Comparez Deut., XXVIII, 56-58, à 2 Rois, VI, 24-29.

siégé. A cause d'Elisée, en effet, et par son organe, Dieu promit solennellement que, dès le lendemain, les vivres, qu'on ne pouvait plus obtenir au poids de l'or seraient vendus à vil prix aux portes même de la ville. Représentez-vous, mes amis, la joie de la multitude en entendant cette prédiction sortir de la bouche du saint homme. Chacun reconnaissait en lui un prophète de l'Eternel; ses titres de créance étaient marqués du sceau divin; tout ce qu'il avait prédit auparavant s'était réalisé : aussi ne pouvait-on douter que dans cette occasion encore il ne parlât au nom de Jéhovah. Sûrement les yeux du monarque durent étinceler de joie et la foule affamée dut bondir d'allégresse, à la perspective d'une si prochaine délivrance. « Dès demain, durent-ils s'écrier tous ensemble, dès demain notre faim sera assouvie ! dès demain nous serons abondamment rassasiés ! »

Mais au milieu du bonheur général, une voix fit entendre des paroles d'incrédulité. Cette voix était celle du capitaine sur qui le roi s'appuyait. Il ne nous est pas dit, remarquons-le en passant, qu'un seul homme du commun peuple accueillit la prédiction d'Elisée avec méfiance ; mais un haut personnage osa le faire. C'est une chose étrange, mes chers auditeurs, mais c'est un fait incontestable que Dieu choisit rarement les grands de ce monde ; il semble, en vérité, que l'élévation et la foi en Christ ne puissent que difficilement s'accorder. — « Impossible! » s'écria l'officier de la cour; et à l'incrédulité unissant l'ironie, il ajouta : « Quand même l'Eternel ferait des ouvertures aux cieux, cela arriverait-il? » Voici donc quel fut son péché : il ne crut point à la déclaration du prophète, bien que les miracles précédemment opérés par celui-ci témoignassent de la manière la plus éclatante qu'il était l'envoyé de Dieu.

Sans doute, le capitaine de Samarie avait assisté à la merveilleuse déroute de Moab; sans doute aussi on lui avait rapporté comment Elisée avait découvert les secrets de Ben-Hadad ; comment il avait frappé d'éblouissement les soldats envoyés pour le prendre; comment il les avait menés à leur insu jusque dans les murs de Samarie. On ne peut supposer non plus que la résurrection du fils de la Sunamite, ou l'histoire de cette veuve, dont l'huile, miraculeusement augmentée par l'homme de Dieu, avait suffi pour payer la dette, ne fussent parvenus à sa connaissance; et quant à la guérison de Naaman, elle avait certainement dû faire le sujet de tous les entretiens de la cour (1). Et ce-

---

(1) Voyez 2 Rois, chap. III, IV, V, VI.

pendant, en présence d'une telle accumulation d'évidence, en face de ces preuves irrécusables de la mission divine du prophète, le capitaine n'ajouta point foi à sa parole : bien plus, il la tourna en ridicule. Ce fut alors que le Seigneur, par la bouche de celui-là même qui venait de proclamer la délivrance, lui fit entendre son arrêt de condamnation : *Tu le verras de tes yeux, mais tu n'en mangeras point.* Et la Providence, qui prend toujours soin d'accomplir la prophétie, aussi fidèlement que le papier reproduit les caractères qu'on y imprime, — la Providence, disons-nous, fit mourir cet homme. Foulé aux pieds dans les rues de Samarie, il périt aux portes de la ville, ayant contemplé de ses propres yeux l'abondance promise, mais n'en ayant point profité. Les circonstances qui occasionnèrent cette mort tragique, nous sont inconnues : peut-être les manières hautaines et insultantes du malheureux exaspérèrent-elles le peuple ; peut-être voulut-il essayer d'arrêter la foule avide qui se précipitait vers les portes ; peut-être aussi fut-il renversé par un simple accident (comme on s'exprime dans le monde) ; quoi qu'il en soit, une chose demeure certaine : c'est qu'il vécut assez pour voir la prophétie justifiée par l'évènement, mais non point assez pour jouir des bienfaits annoncés par cette prophétie.

Je me propose, mes chers auditeurs, d'appeler aujourd'hui votre attention sur deux points principaux : SUR LE PÉCHÉ dont le seigneur d'Israël se rendit coupable, et sur le CHATIMENT que ce péché lui attira.

Il se peut qu'en traitant mon sujet, je ne ferai plus que rarement allusion à l'homme dont je viens de vous rappeler la saisissante histoire; néanmoins, j'espère que son cas particulier m'aidera à mieux faire ressortir les vérités générales que je vais vous présenter.

I.

Et d'abord, disons encore une fois que LE PÉCHÉ de cet homme fut *l'incrédulité*. Il n'ajouta point foi à la parole de Dieu; il douta, soit de la véracité, soit de la puissance du Très-Haut : en d'autres termes, il crut, ou bien que le Seigneur ne tiendrait pas sa promesse, ou bien que la chose promise était en dehors des limites du possible.

Rien n'est complexe comme l'incrédulité; elle a plus de phases que la lune et plus de nuances que le caméléon. Suivant une croyance populaire, le diable se montrerait tantôt sous une forme et tantôt sous une autre. Ce qui est faux quant à Satan en personne, est parfaitement vrai quant à l'incrédulité, cette fille aînée de Satan. On peut dire d'elle en toute vérité que son nom est *Légion*, car ses formes sont plusieurs. — Tantôt l'incrédulité m'apparaît déguisée en ange de lumière; elle se couvre du nom d'humilité et parle à peu près en ces termes : « Dieu me garde de la présomption ! Dieu me garde d'affirmer que le Seigneur me pardonne; je suis un trop grand pécheur pour oser compter sur sa grâce. » Souvent les chrétiens eux-mêmes se laissent prendre à cette ruse de Satan, et bénissent Dieu de voir une âme animée de si bons sentiments; mais pour ma part, bien loin de bénir Dieu, je gémis au sujet de cette âme; car sous ce manteau emprunté, je reconnais le démon du doute.

D'autres fois, l'incrédulité met en question la fidélité de Dieu : « Il est vrai que le Seigneur m'a aimé, se dit-on; mais qui sait s'il ne me rejettera pas dans la suite? Il est vrai que hier il m'a secouru, et je me place encore à l'ombre de ses ailes; mais qui sait si demain il ne m'abandonnera pas? qui sait s'il se souviendra toujours de son alliance et n'oubliera point d'avoir compassion? » — D'autres fois encore, l'incrédulité inspire des doutes sur la puissance de Dieu. On rencontre chaque jour sur sa route de nouvelles entraves, on est enlacé dans un filet de difficultés, et on pense dans son cœur : « Sûrement le Seigneur ne saurait nous délivrer. » On cherche alors à se débarrasser soi-même de son fardeau, et parce qu'on ne peut y parvenir, on s'imagine que le bras de Dieu est aussi court que le nôtre et que sa force est aussi faible que la force humaine.

Mais si ces diverses formes d'incrédulité sont dangereuses au plus haut degré, puisqu'elles retiennent tant d'âmes loin de Jésus, et qu'elles les portent à douter de sa puissance ou de son amour, que dire de cette incrédulité hideuse, avouée, révoltante entre toutes, qui, marchant le front haut et sous ses véritables couleurs, blasphème contre Dieu et nie effrontément son existence ? Le déisme, le scepticisme et l'athéisme : tels sont les fruits arrivés à maturité de l'arbre empoisonné du doute ; telles sont les plus terribles éruptions du volcan de l'incrédulité. Oui, l'on peut dire véritablement qu'elle a atteint sa parfaite stature, qu'elle est parvenue à son apogée, cette incrédulité qui, jetant tout masque et mettant de côté tout déguisement, parcourt insolemment la terre en poussant ce cri de révolte : *Il n'y a point de Dieu !* qui levant le bras contre Jéhovah, essaie d'ébranler le trône de la divinité, et dans son inconcevable folie, semble n'aspirer à rien moins qu'à faire la loi à Dieu lui-même. Toutefois, mes amis, remarquez-le bien, que l'incrédulité se manifeste sous des formes plus ou moins grossières, plus ou moins adoucies, sa nature n'en demeure pas moins la même : la sève est une, quoique les branches soient variées à l'infini.

Il est dans le monde certaines gens bien étranges, pour dire le moins, qui soutiennent que l'incrédulité n'est pas un péché. Et ce qu'il y a de plus inexplicable, c'est que des personnes dont les croyances religieuses sont d'ailleurs fort saines, tombent dans cette erreur. Je connais un jeune homme qui entra un jour dans une réunion d'amis et de ministres de l'Evangile, au moment où l'on discutait très-sérieusement cette question : « Est-ce un péché de la part de l'homme que de ne pas croire à l'Evangile ? » Etonné au plus haut degré, le jeune homme prit la parole et dit : « Messieurs, suis-je oui ou non en présence de chrétiens ? Croyez-vous à la Bible, ou n'y croyez-vous pas ? » — « Il va sans dire que nous sommes chrétiens, » répondirent tout d'une voix les assistants. — « Alors, reprit le jeune homme, pourquoi ces discussions ? L'Ecriture ne dit-elle pas expressément que *le monde sera convaincu de péché, parce qu'il n'aura pas cru en Christ ?* Et ne dénonce-t-elle pas la condamnation à tout pécheur qui refuse de croire au Fils de Dieu? »

Ce raisonnement, mes frères, ne vous paraît-il pas aussi simple que concluant? Quant à moi, je l'avoue, je ne puis comprendre que des hommes qui prétendent avoir du respect pour la Parole inspirée, n'acceptent pas implicitement ce qu'elle enseigne. Je ne puis comprendre que sous prétexte de faire accorder la vérité avec je ne sais quelles données de la raison humaine, on ait la hardiesse de s'inscrire en faux contre les déclarations divines. La vérité est une forte tour qui n'a pas besoin d'être étayée par l'erreur. La Parole de Dieu saura bien rester debout, malgré les attaques de ses ennemis et sans les sophismes de ses prétendus amis. Puis donc que l'Ecriture déclare en propres termes que voici la cause de la condamnation : C'est que *la lumière est venue dans le monde et que les hommes ont mieux aimé les ténèbres que la lumière;* puisque j'y lis des paroles telles que celles-ci : *Celui qui ne croit point est déjà condamné, parce qu'il n'a pas cru au nom du Fils unique de Dieu;* je ne crains pas d'affirmer de la manière la plus positive, avec la Parole de mon Maître, que l'incrédulité est un péché ! Et de bonne foi, mes chers auditeurs, est-il besoin de longs arguments pour démontrer cette vérité? Ne se prouve-t-elle pas d'elle-même à tout esprit rationnel et sans préventions? Quoi? n'est-ce point une chose énorme, qu'une créature ose mettre en doute la Parole de Celui qui la forma? N'est-ce point un crime et une insulte à la Divinité, que moi, misérable atome, grain de poussière perdu dans l'immensité, je donne le démenti au Tout-Puissant? N'est-ce point le comble de l'arrogance et de l'orgueil, qu'un enfant d'Adam dise en son cœur : « Dieu! je doute de ta grâce, je doute de ton amour, je doute de ta puissance! » Oh! mes frères, croyez-moi; quand même il vous serait possible d'amalgamer, pour ainsi dire, les plus honteux forfaits; quand même vous prendriez le meurtre, le blasphème, la convoitise, l'adultère, la fornication, en un mot, tout ce qu'il y a de plus vil, de plus immonde, de plus révoltant sur la terre, et que de tous ces crimes réunis vous pussiez ne faire qu'un seul crime monstrueux, — cette masse hideuse de corruption et de souillure le céderait encore au péché de l'incrédulité. Sans contredit, c'est le *péché-roi;* c'est la quintessence de tout ce qui est mal, le principe et le venin de tout vice, la lie de toute méchanceté, le chef-d'œuvre de Satan.

Mais pour mieux vous faire comprendre l'excessive malignité de ce péché, permettez-moi, mes frères, d'entrer dans quelques développements.

Et d'abord, observez que l'incrédulité peut être appelée, à juste titre, *la mère de tous les autres péchés*. En effet, il n'est pas de crime qu'elle ne puisse enfanter. C'est à elle que doit être imputée en grande partie la chute de nos premiers parents. *Quoi?* demande le Tentateur à Eve, *Dieu aurait-il dit : Vous ne mangerez point de tout arbre du jardin?* Il insinue habilement un doute dans son âme. « Est-il bien certain qu'une telle défense vous ait été faite? » semble-t-il lui dire. L'incrédulité fut comme la partie la plus affilée de la lame meurtrière que Satan introduisit dans le cœur d'Eve; ce fut elle qui ouvrit passage à la curiosité, à la convoitise et à toutes sortes de mauvaises pensées. Et depuis le jour à jamais lamentable, où le péché entra dans le monde, et par le péché la mort, qui pourrait dire les iniquités sans nombre, auxquelles l'incrédulité a donné naissance? Tout incrédule est capable de commettre le plus noir des crimes qui ait jamais souillé la terre. L'incrédulité, mes frères? C'est elle qui endurcit le cœur de Pharaon, — elle qui déchaîna la langue blasphématrice de Rabsçaké, — elle enfin qui devint déicide et crucifia le Roi de gloire! Et n'est-ce pas l'incrédulité qui chaque jour encore aiguise le couteau du suicide, prépare la coupe empoisonnée, conduit à la potence des milliers de criminels, et fait descendre dans une tombe ignominieuse le pécheur audacieux qui s'élance à la rencontre de son juge, les mains encore teintes de sang? Dites-moi qu'un homme est incrédule; assurez-moi qu'il méprise la Parole de Dieu, qu'il n'ajoute foi ni à ses promesses ni à ses menaces; — et ces prémisses posées, je ne craindrai pas de conclure qu'à moins qu'une puissance préventive extraordinaire ne soit exercée sur cet homme, il se rendra coupable un jour ou l'autre des excès les plus honteux. L'incrédulité est le *Béelzébub* des péchés; comme le prince des démons, elle ne marche jamais seule, mais quand elle pénètre dans un cœur, elle y entraîne toujours à sa suite un long cortége de mauvais esprits. En elle sont renfermés le germe de tous les vices, la semence de toute iniquité; en un mot, il n'est rien d'odieux, de vil, de dégradant au monde, qui ne soit comme sous-entendu dans ce seul mot : L'INCRÉDULITÉ.

Et c'est ici le lieu de dire que l'incrédulité qui se glisse par moments dans le cœur de l'enfant de Dieu, est absolument de la même nature que celle de l'inconverti. Sans doute, ses conséquences finales seront bien différentes, car

l'incrédulité du chrétien lui sera pardonnée.....
que dis-je ? elle lui *est* déjà pardonnée ! elle a été
mise, avec toutes ses transgressions, sur la tête
de Celui dont le bouc émissaire était le type ;
par conséquent, elle a été expiée et effacée à
tout jamais. Néanmoins, je le répète, quant à sa
nature, elle ne diffère en rien de toute autre incrédulité. Je dis plus : s'il peut exister un péché
plus odieux encore que l'incrédulité du mondain, assurément ce doit être l'incrédulité de
l'enfant de Dieu. Qu'un racheté doute de la Parole
de son Maître, que celui qui a reçu des témoignages sans nombre de son amour, des gages
reitérés de sa miséricorde, éprouve de la défiance
envers son Père céleste, oh ! n'est-ce pas là, je le
demande, une iniquité à nulle autre pareille ? —
Et chez le chrétien non moins que chez le mondain, le manque de foi est la racine de toute
sorte de mal. Lorsque je serai parfait dans la
foi, je serai parfait à tout autre égard. J'obéi-
rais toujours aux préceptes de Dieu si je croyais
toujours à ses promesses. Je pèche, parce que
ma foi est faible. Que je sois pauvre, accablé de
soucis, dénué de tout, si je puis avec confiance
élever mes mains en haut et dire : *L'Eternel y
pourvoira*, on ne me verra jamais recourir à
des moyens iniques pour améliorer ma posi-
tion; mais si, au contraire, je n'ajoute point

foi aux promesses divines, qu'arrivera-t-il ? Peut-être déroberai-je, ou commettrai-je une action déloyale pour échapper aux poursuites de mes créanciers, ou me plongerai-je dans des habitudes d'intempérance pour noyer mes anxiétés. Otez-moi la foi, et mon être moral n'a plus de frein : or, comment maîtriser sans frein ni mors un coursier indocile ? Tel que la fable nous représente le char du soleil conduit par Phaéton, tels serions-nous sans la foi : errant à l'aventure et courant droit à notre perte. — Il est donc vrai de dire que l'incrédulité est la mère de tous les vices; c'est le péché par excellence, car il porte dans son sein tous les autres.

Mais ce n'est pas tout. Non-seulement l'incrédulité enfante le péché, mais encore *elle le nourrit et l'entretient*. — Vous êtes-vous jamais demandé, mes chers auditeurs, comment il se fait que les hommes continuent à vivre selon que leur cœur les mène, tout en entendant gronder à leurs oreilles les tonnerres de Sinaï ? Comment se fait-il, par exemple, que lorsqu'un Boanerges (1), soutenu par la grâce de Dieu, élève la voix et crie du haut de la chaire de vérité : *Maudit est quiconque ne persévère pas dans toutes les choses qui sont écrites au*

---

(1) C'est-à-dire *fils du tonnerre*. Marc, III, 17.

livre de la loi pour les faire (1); comment, dis-je, se fait-il que le pécheur écoute sans trembler les terribles menaces de la justice divine, qu'il reste dans son endurcissement et ne change rien à ses mauvaises voies? Je vais vous le dire, mes amis : c'est tout simplement parce que l'incrédulité est au fond de son cœur; c'est elle qui empêche les menaces de Dieu d'avoir aucune prise sur son âme. Lorsque nos sapeurs et nos mineurs étaient à l'œuvre devant Sébastopol, ils n'auraient pu, — vous le comprenez tous, — travailler à découvert en face des remparts de la ville; aussi, que faisaient-ils? Ils avaient soin tout d'abord d'élever des retranchements derrière lesquels ils pouvaient défier le feu de l'ennemi et poursuivre sans danger leurs travaux souterrains. Il en est de même de l'inconverti. Son retranchement, à lui, c'est l'incrédulité. Satan lui donne cet abri, afin que les traits de la loi n'atteignent point sa conscience. Ah! pécheur, qui aujourd'hui t'enveloppes dans une superbe indifférence, si jamais le Saint-Esprit daigne renverser ton incrédulité, s'il s'adresse enfin à toi avec *une démonstration d'esprit et de puissance,* avec quelle force la Parole de Dieu saisira alors ton âme! Du jour où les hom-

---

(1) Gal., III, 10. Deut., XXVII, 26.

mes seraient fermement persuadés que la *loi est sainte et que le commandement est saint, juste et bon*, qui pourrait assigner des bornes à la puissance de l'Ecriture sur leurs cœurs? Ils se croiraient constamment suspendus au-dessus de l'enfer, ils prendraient au sérieux les menaces divines. Alors il n'y aurait plus dans la maison de prière ni indifférents, ni dormeurs, ni auditeurs inattentifs ; alors, après avoir écouté la Parole, on n'oublierait pas aussitôt quel on est. Oui, je dis ceci avec une pleine conviction, — sans l'incrédulité, pas un seul des traits lancés par les redoutables batteries de la loi ne manquerait son but, et *grand serait le nombre de ceux qui seraient tués par l'Eternel* (1)!

De même, comment se fait-il que les hommes puissent entendre les douces, les touchantes invitations de la croix du Calvaire, sans venir à Christ? Comment se fait-il que lorsque les prédicateurs de l'Evangile essaient de vous retracer les souffrances inexprimables de Jésus, lorsqu'ils vous parlent de sa passion et de son agonie, et qu'ils terminent par vous dire à tous de la part de Dieu : *Il y a encore de la place; venez, car tout est prêt*, — dites, mes chers auditeurs, comment se fait-il que vos cœurs

---

(1) Esaïe, LXVI, 16.

ne soient pas brisés au-dedans de vous? Pourquoi ne vous écriez-vous pas en vous frappant la poitrine :

> O Christ, ta charité profonde
> Touche, pénètre notre cœur ;
> Tu meurs pour les péchés du monde,
> Toi seul es notre Dieu Sauveur? (1)

Et pourtant il me semble que la scène du Calvaire est assez émouvante pour attendrir le marbre le plus dur! Il me semble que le lugubre drame de Golgotha ferait pleurer les pierres mêmes, et devrait arracher des larmes de pénitence et d'amour au misérable le plus endurci! mais voici : nous vous disons et nous vous redisons ces choses; et où sont-ils ceux qui s'en affligent? où sont-ils ceux qui pleurent?... Oh! mes frères, les rocs eux-mêmes se fendirent en voyant mourir Jésus; et vous, qui chaque jour le contemplez, pour ainsi dire, crucifié de nouveau sous vos yeux, vous assistez à ce spectacle avec autant d'insouciance que s'il ne vous concernait en rien ! Oh! *vous tous passants, regardez et voyez; cela ne vous touche-t-il point* que Jésus soit mort? — « Non, cela ne nous touche point, » semblez-vous répondre pour la plu-

---

(1) *Chants chrétiens.*

part. Pourquoi en est-il ainsi, mes amis ? Ah ! c'est parce qu'entre vous et la croix de mon Sauveur, il y a des pensées d'incrédulité. Si le voile épais du doute ne vous dérobait pas la figure divine de Jésus, ses regards d'amour fondraient la glace de vos cœurs. Mais l'incrédulité neutralise, en quelque sorte, la puissance de l'Evangile ; elle l'empêche d'agir sur l'âme ; et ce n'est que lorsque le Saint-Esprit a chassé cette incrédulité, ce n'est que lorsqu'il a porté un coup mortel au scepticisme naturel au cœur humain, que le pécheur peut s'approcher de Jésus et mettre en lui sa confiance.

Une troisième considération bien propre à nous faire comprendre combien l'incrédulité est odieuse, c'est *qu'elle rend incapable de toute bonne œuvre*. Ces paroles de l'Apôtre : *Tout ce que l'on ne fait pas avec foi est un péché* (1), sont vraies dans plus d'un sens. A Dieu ne plaise que je déprécie jamais la moralité ! à Dieu ne plaise que je parle jamais de la probité, de la tempérance ou de toute autre vertu humaine, autrement qu'avec éloges et respect ! Mais après avoir rendu à ces choses un légitime hommage, savez-vous ce que j'ajouterai ? Le voici. Toutes les vertus purement humaines, vous dirai-je, sont

---

(1) Rom., XIV, 23.

semblables à ces petits coquillages qui servent de monnaie dans certaines parties de l'Indoustan. Ils ont cours parmi les Indiens, mais en Europe ils sont sans valeur. De même, les vertus humaines peuvent passer comme monnaie courante ici-bas, mais là-haut elles n'ont pas cours. Si vous n'avez quelque chose de plus excellent que votre propre excellence, vous n'entrerez jamais au ciel. Sans doute, si je devais passer ma vie au milieu des peuplades indiennes dont je viens de parler, je m'accommoderais fort bien des coquillages; mais si je dois me trouver un jour en pays civilisé, une autre monnaie m'est nécessaire. Ainsi, la probité, la tempérance et autres choses semblables sont très-bonnes pour la terre, et plus vous les posséderez, mieux cela vaudra. Toutes les choses qui sont justes, pures, aimables et de bonne réputation, je vous exhorte, mes frères, à les rechercher et à les pratiquer; mais en même temps, je vous le déclare, il vous faut plus que cela pour entrer au ciel. Sans la foi, toutes ces choses réunies ne sont d'aucun prix devant Dieu. Les vertus, sans la foi, sont des péchés blanchis au-dehors, et rien de plus. L'obéissance sans la foi — (en admettant qu'elle fût possible) — ne serait qu'une désobéissance déguisée. L'incrédulité annule tout bien. C'est la mouche qui gâte le parfum (1); c'est l'herbe vénéneuse qui empoisonne le pot (2). Possédât-on tout ensemble la pureté la plus aimable, la philanthropie la plus généreuse, la sympathie la plus désintéressée, le génie le plus noble, le patriotisme le plus dévoué, l'intégrité la plus consciencieuse, si l'on n'a pas la foi, on n'a rien. *Sans la foi*, dit l'Apôtre, *il est impossible de plaire à Dieu.*

Et cette impuissance pour le bien, inséparable de l'incrédulité, se retrouve chez le chrétien lui-même, pour peu que sa foi défaille. — Permettez-moi, mes frères, de vous raconter une simple histoire, un fait rapporté dans l'Evangile. Un certain homme avait un fils possédé d'un malin esprit. Jésus était sur le mont Thabor, au milieu des gloires de la transfiguration. Ne pouvant arriver jusqu'au Maître, le malheureux père conduit son fils aux disciples. Le premier mouvement de ceux-ci est de s'écrier : « Oui, nous chasserons le démon ! » et aussitôt ils imposent les mains au jeune homme. Mais soudain, un doute surgit dans leur esprit. « Se peut-il bien que nous réussissions ? » se demandent-ils les uns aux autres avec inquiétude. Bientôt le possédé commence à écumer ; il grince

---

(1) Ecclés., X, 1.
(2) 2 Rois, IV, 38-41.

des dents, il se roule par terre, il se débat dans d'effroyables convulsions. Evidemment, l'esprit malin est toujours là. En vain les disciples redoublent-ils d'efforts : semblable à un lion dans sa caverne, le démon semble les défier. « Esprit impur! sors de cet homme! » crient-ils avec une nouvelle énergie; mais il ne sort point. « Esprit de ténèbres! retourne en ton lieu! » répètent-ils; mais il n'obéit point. Les lèvres incrédules des disciples ne peuvent troubler le Malin, qui à bon droit aurait pu leur dire : « Je connais la foi et je connais Jésus, mais je ne sais d'où vous êtes. » Si les disciples avaient eu de la foi seulement comme un grain de moutarde, ils auraient pu chasser le démon; mais leur foi s'était évanouie; c'est pourquoi ils furent impuissants. — Voyez encore ce qui arriva à l'apôtre Pierre. Pierre crut à la parole de Jésus, et il marcha sur les flots. Marche admirable, et que pour ma part je suis souvent tenté d'envier à l'apôtre! Si sa foi n'eût pas faibli, qui peut dire jusqu'où Pierre serait allé? Avec la foi pour le soutenir, il eût pu traverser l'Atlantique, et atteindre le Nouveau-Monde! Mais voici, au bout d'un moment, Pierre aperçoit une vague menaçante qui vient droit sur lui, et il se demande avec effroi : « Ne va-t-elle pas m'engloutir? » Puis, il pense : « Quelle présomption n'a pas été la mienne d'oser m'aventurer ainsi sur les flots? » Aussitôt, Pierre s'enfonce. La foi était la ceinture qui le maintenait au-dessus de l'eau; c'était son charme, c'était son talisman. Avec elle, son pas est ferme; sans elle, il perd pied. — Il en sera toujours de même pour chacun de nous, mes bien-aimés. Tous, tant que nous sommes, nous avons à marcher sur les flots. Qu'est-ce, en effet, que votre vie ou la mienne, sinon une marche constante au milieu des vagues furieuses? Voulez-vous donc rester debout au sein de la mer en tourmente? Ayez la foi en Dieu. Du moment où vous cesserez de croire, les eaux de l'affliction entreront dans votre âme, et vous enfoncerez. Et pourquoi donc doutez-vous encore, ô gens de peu de foi?

La foi développe toute bonne pensée, tout bon sentiment; l'incrédulité, au contraire, les tue. Que de milliers de prières n'a-t-elle pas étouffées dès leur naissance! Que de saintes aspirations n'a-t-elle pas frappées de mort, avant même qu'elles eussent vu le jour! Que d'accents de louange, qui seraient allés grossir les chœurs célestes, ont été refoulés par le souffle impie du doute! Que de nobles entreprises, conçues dans le cœur, ont tristement avorté par suite de l'incrédulité! Tel homme serait peut-être un missionnaire dévoué, tel autre un hardi prédicateur de l'Evangile, si l'incrédulité n'était venue glacer leur généreux élan. Rendez un géant spirituel incrédule : aussitôt il devient un nain. La foi est pour le chrétien ce qu'était pour Samson sa chevelure : enlevez-la-lui, et vous pourrez lui crever les yeux et le réduire à une complète impuissance.

Observons encore, mes chers auditeurs, que le péché de l'incrédulité doit être d'une nature particulièrement odieuse puisque *de tout temps le Seigneur l'a sévèrement puni.* — Pour nous convaincre de ce fait, ouvrons l'Ecriture ! — Je vois un monde tout rayonnant de beauté et de splendeur ; ses montagnes rient au soleil, et ses vallons se baignent dans une atmosphère d'or. Des vierges dansent sous les ombrages ; des jeunes gens chantent en chœur. O ravissante vision !..... Mais soudain un vieillard à l'aspect grave et vénérable apparaît sur la scène. Il lève sa main et crie : « Bientôt un déluge va fondre sur la terre ; les fontaines du grand abîme se rompront, les eaux couvriront toutes choses. Voyez cette arche : pendant 120 années j'ai travaillé de mes propres mains à la construire. Hâtez-vous, cherchez-y un refuge, et vous serez sauvés ! » — « Ah ! vieillard morose et crédule, qu'y a-t-il entre nous et toi ? lui répondent des voix railleuses. Laisse-nous jouir en paix de la vie. Il sera temps de penser au déluge quand le déluge sera venu. Mais il ne viendra pas, nous le savons; à d'autres tes vaines prédictions! » Et la foule insouciante reprend ses chants et ses danses.... — Mais écoutez.... Incrédules ! entendez-vous ce bruit sourd et étrange? Les entrailles de la terre commencent à s'émouvoir; ses vastes flancs sont déchirés par de terribles convulsions intérieures. Cédant enfin à une tension énorme, les voilà qui éclatent, et des amas d'eaux, qui depuis le jour où Dieu les avait recélés dans le sein du globe, n'avaient point paru au-dehors, s'échappent de toutes parts, en torrents impétueux. Et la voûte du ciel! elle est fendue en deux. Il pleut, non des gouttes d'eau, mais des nuages tout entiers. Une cataracte, bien autrement puissante que celle de Niagara, se précipite du firmament avec une épouvantable clameur. Les deux abîmes — l'abîme de dessous et l'abîme de dessus — s'entre-rencontrent et se donnent la main. Où êtes-vous maintenant, ô incrédules? Je regarde, je cherche; et je ne vois plus qu'un homme — qu'un seul — debout sur une pointe de rocher, qui s'élève solitaire au-dessus des eaux. Longtemps sa femme s'est tenue cramponnée à son corps; mais, vains efforts! elle vient d'être entraînée. Lui-même perd bientôt pied. L'eau atteint sa poitrine. Entendez son dernier cri ! Il succombe, il se noie, il est emporté par le courant... Alors Noé regardant de l'arche, ne voit rien, plus rien. Partout le vide, — partout le chaos, — partout le néant ! Les monstres marins gîtent et s'ébattent dans les palais des rois. Tout est renversé, submergé, englouti. Quelle est donc la cause de cette épouvantable catastrophe ? Mes frères, vous l'avez dit : c'est l'incrédulité ! Par la foi, Noé fut sauvé. Par l'incrédulité, le monde périt.

Ouvrons encore l'Ecriture. Voici deux grands serviteurs de Dieu, Moïse et Aaron. Ils ont reçu mission d'introduire le peuple d'Israël dans la terre de Canaan ; mais, chose étrange, ils n'y entrent point eux-mêmes. D'où vient cela ? La Parole de Dieu va nous le dire. Ils n'honorèrent point l'Eternel devant le peuple aux eaux de contestation ; ils frappèrent le rocher avec un geste d'impatience ; en un mot, ils furent incrédules ; et le Seigneur les condamna à mourir sans entrer dans la terre promise — dans ce bon pays, après lequel ils avaient tant soupiré, et pour lequel ils avaient tant souffert (1) !

Un autre exemple. Laissez-moi vous conduire, mes frères, dans ces contrées sauvages et déso-

---

(1) Nomb., XX, 1-13.

lées que parcoururent Moïse et Aaron. Comme le Bédouin nomade, devenons les fils du désert. Voyageurs fatigués, errons dans les sables brûlants de l'Arabie. Là gît un squelette blanchi par le soleil; ici, j'en vois un second; plus loin, un troisième; plus loin encore, d'autres en grand nombre. Que sont ces ossements desséchés? D'où viennent tant de restes humains? Qui m'expliquera leur présence en ce lieu? Sûrement, le vent du désert ou le fer de l'ennemi a fait périr ici en une seule nuit une imposante armée. — Non! ces os sont les os d'Israël; ces restes sont ceux des antiques tribus de Jacob. Elles ne purent entrer dans le pays de la promesse à cause de leur incrédulité. Elles n'eurent point confiance en Dieu. Les espions ayant déclaré que la conquête de Canaan était impossible, le peuple les crut plutôt que Jéhovah (1). Voilà pourquoi les corps morts de cette génération tombèrent dans ces solitudes. Ce ne furent pas les descendants de Hanak qui détruisirent Israël; le souffle embrasé du désert ne consuma point ses gens d'élite et les eaux du Jourdain ne mirent point obstacle à leur entrée dans Canaan; ni les Héviens ni les Jébusiens ne les exterminèrent : l'incrédulité seule fut la cause

---

(1) Nomb., XIII.

de leur perte. Oh! malheureux Israël! après quarante années de pénibles marches dans le désert, te voir exclu de la terre promise, en punition de ton incrédulité!

Et si je ne craignais de multiplier outre-mesure les exemples, que de faits du même genre la Bible ne me fournirait-elle pas! Voyez Zacharie, le père du Précurseur : il douta, vous le savez, et aussitôt l'ange le frappa de mutisme; sa langue fut liée, à cause de son manque de foi. — Mais voulez-vous, mes chers amis, contempler, sous leurs plus sombres couleurs, les terribles suites de l'incrédulité; voulez-vous savoir de quelle manière le Seigneur châtie une nation qui ne croit point, venez assister avec moi au siége de Jérusalem, à cet épouvantable massacre, sans pareil dans les fastes de l'histoire! Voyez les Romains rasant les murailles de la sainte Cité; voyez-les faisant passer au fil de l'épée ou vendant comme esclaves sur les marchés publics tous les habitants qu'ils trouvent dans la ville. Relisez l'histoire émouvante de la destruction de Jérusalem, accomplie par Titus. Arrêtez-vous au récit tragique de la mort de ces Juifs désespérés, qui, plutôt que de tomber à la merci des Romains, se poignardèrent les uns les autres! Mais qu'avons-nous besoin de regarder au passé? Les jugements de Dieu ne pèsent-ils pas encore sur son peuple ? Aujourd'hui encore Israël n'est-il pas dispersé sur la surface de la terre, errant, exilé, sans nationalité et sans patrie ? Il a été retranché, comme un sarment est retranché d'un cep. Et savez-vous pourquoi ? C'est en punition de son incrédulité ! Là, et pas ailleurs, est la cause des calamités inouïes qui ont fondu sur ce peuple. Aussi, chaque fois que vous rencontrerez un Juif, au regard sombre et triste, chaque fois que vous le verrez, lui, fils d'une terre lointaine, foulant, comme un proscrit, un sol étranger, rentrez en vous-mêmes et vous dites : « C'est l'incrédulité, ô Israël, qui t'a fait devenir le meurtrier de Christ ; c'est elle qui t'a dispersé parmi les nations ; et ce n'est que la foi — la foi au Nazaréen crucifié — qui pourra te faire rentrer dans ta patrie et lui rendre son antique splendeur. »

Oh ! oui, Dieu hait l'incrédulité d'une haine toute particulière. Comme Caïn, il l'a marquée au front du signe de sa colère. Il l'a frappée de rudes coups dans le passé, et il l'écrasera complètement à la fin. L'incrédulité déshonore le Seigneur. Tout autre crime ne touche, pour ainsi dire, qu'à son territoire, mais celui-ci ose attaquer sa divinité même ; il s'inscrit en faux contre sa véracité, nie sa miséricorde, insulte à ses attributs, dénature son caractère. C'est pourquoi, je le répète, il n'est aucun péché aussi abominable aux yeux de Dieu que le péché de l'incrédulité, sous quelque forme qu'il se produise.

Enfin, pour clore cette partie de mon sujet, je vous ferai remarquer, mes amis, que l'incrédulité est *un péché irrémissible*. L'Evangile nous parle d'un péché pour lequel Christ n'est point mort : c'est le péché contre le Saint-Esprit; mais il en existe un autre dont Jésus n'a jamais fait l'expiation : c'est celui de l'incrédulité. Nommez-moi l'un après l'autre tous les crimes qui figurent dans le catalogue du mal, et je vous citerai des personnes à qui ces crimes ont été pardonnés ; mais demandez-moi si un homme qui meurt incrédule peut être sauvé, je vous répondrai sans hésiter : « Non, il n'y a point de pardon, il n'y a point de salut possible pour cet homme ! » Sans doute, l'incrédulité de l'enfant de Dieu a été expiée, parce qu'elle n'est que temporaire; mais pour ce qui est de l'incrédulité finale, de l'incrédulité dont on ne se repent point, jamais, je le répète, il n'a été fait d'expiation pour elle. Examinez la Bible d'un bout à l'autre ; partout vous trouverez que l'homme qui meurt sans avoir la foi n'a rien à attendre que la condamnation éternelle. Il est en dehors de la grâce divine. Se fût-il rendu coupable de tout autre péché, s'il avait possédé la foi, il eût été sauvé; mais il ne la possédait point : par conséquent, il est condamné... Démons, il vous appartient ! Esprits infernaux, précipitez-le dans l'abîme ! Il n'a point cru, et c'est pour des hôtes tels que lui que l'enfer a été préparé. L'enfer est le lot des incrédules ; c'est leur héritage, leur patrimoine, la prison qui de tout temps leur a été destinée. Les chaînes éternelles sont marquées à leur nom, et ils reconnaîtront à tout jamais la vérité de cette parole de Christ : *Celui qui ne croit point sera condamné !*

II.

Ceci nous conduit naturellement à aborder la seconde partie de notre sujet. Nous venons d'appeler votre attention sur la nature et sur quelques-uns des principaux caractères du *péché* dont le capitaine de Samarie se rendit coupable; il nous reste à constater quel fut son CHATIMENT. « Tu le verras de tes yeux, mais tu n'en mangeras point : » telle fut la sentence qu'Elisée prononça contre lui de la part du Seigneur.

Ecoutez cette sentence, ô incrédules, car, si vous ne vous convertissez, elle sera aussi la vôtre ! Oui, vous aussi, *vous verrez de vos yeux, mais vous ne mangerez point.* — Et ceci peut même s'appliquer, en certaines circonstances, aux enfants de Dieu. Lorsque leur foi est languissante, ils contemplent les merveilles de la grâce divine, mais ils ne peuvent s'en nourrir. Ainsi, par exemple, l'on peut dire qu'en cette terre d'Egypte, il y a maintenant du blé en abondance; néanmoins, il est beaucoup de chrétiens qui le dimanche, en entrant dans la maison de Dieu, se disent avec tristesse : « *Je ne sais* en vérité si le Seigneur sera avec moi aujourd'hui. » D'autres encore, en entendant le prédicateur, pensent en eux-mêmes : « Certainement l'Evangile est fidèlement annoncé, mais *je ne sais* s'il pénètrera dans les cœurs. » Ces chrétiens sont toujours à douter et à craindre, à craindre et à douter. Aussi demandez-leur, en sortant du culte divin, si leurs âmes ont trouvé la nourriture qu'il leur fallait : — « Non, vous répondront-ils en soupirant; il n'y avait rien qui nous convînt. » Eh! c'est tout simple, mon frère. Tu as vu de tes yeux le pain de vie, mais tu n'as pu le manger, parce que tu n'avais point de foi. Si tu avais apporté dans la maison de Dieu un cœur simple et confiant, tu aurais fait un bon repas. — Je connais des chrétiens qui sont devenus si extrêmement délicats et raffinés, que si la viande spirituelle qu'on leur présente (passez-moi l'expression) n'est pas découpée à leur fantaisie, ou servie avec la plus grande recherche, ils n'en veulent point. Que ne se passent-ils alors de toute nourriture? Et, qu'ils y prennent garde, c'est ce qu'ils devront faire très-probablement, s'ils continuent à se montrer aussi difficiles. Ou bien les herbes amères de l'affliction stimuleront leur appétit blasé, ou bien Dieu les obligera à jeûner pendant quelque temps : après quoi, ils s'estimeront trop heureux de recevoir la nourriture la plus ordinaire et la plus simplement servie. Or, où chercher la cause secrète de cet esprit mécontent et critique qui empêche ainsi les enfants de Dieu de profiter de la prédication de l'Evangile, si ce n'est dans l'incrédulité? Si vous croyiez, mes bien-aimés, n'entendissiez-vous qu'une seule promesse de Dieu, cela vous suffirait. Ne vous adressât-on qu'une bonne parole du haut de la chaire, vos âmes en seraient restaurées, car ce n'est pas ce que nous entendons, mais bien ce que nous nous approprions par une foi réelle et vivante qui profite à notre âme.

Mais c'est surtout aux inconvertis que s'applique cette terrible menace : *Tu le verras de tes yeux, mais tu n'en mangeras point.* En effet, les enfants du siècle voient s'accomplir sous leurs yeux les œuvres magnifiques du Seigneur, tout en y restant complètement étrangers. Aujourd'hui même une grande multitude est venue dans ce lieu de culte pour entendre la prédication de la Parole, mais combien, hélas! qui s'en retourneront l'âme aussi vide qu'en entrant! L'homme ne peut pas plus nourrir son âme au moyen de ses oreilles que son corps au moyen de ses yeux. Et pourtant le plus grand nombre de nos auditeurs viennent dans la maison de Dieu par pure curiosité. « Allons entendre ce discoureur, disent-ils; allons voir ce roseau agité du vent. » Aussi, ils viennent et reviennent; ils voient, ils voient, ils voient encore, mais ne reçoivent aucun bien. Autour d'eux, il y a peut-être des personnes qui se convertissent. Ici, une âme est appelée par la grâce souveraine de Dieu; là, un pauvre pécheur fond en larmes dans le sentiment de sa culpabilité; plus loin, un cœur contrit implore la grâce divine, et ailleurs une voix répète la prière du péager : *O Dieu, sois apaisé envers moi qui suis pécheur.* Mais quant à eux, rien ne les touche : ils restent froids et impassibles. C'est ainsi qu'au moment où je vous parle une belle œuvre se poursuit dans ce troupeau; mais le plus grand nombre d'entre vous n'en savent rien, ne s'y intéressent pas, car aucune œuvre ne se fait dans leurs propres cœurs. Et comment en serait-il autrement, mes amis? Vous jugez cette œuvre impossible; vous doutez de la puissance de Dieu; vous ne croyez point à son action régénératrice; en d'autres termes, vous êtes incrédules. De là vient que dans ces temps de glorieux réveil et d'effusion de la grâce, le Seigneur, qui n'a jamais promis d'agir en faveur de ceux qui ne l'honorent point, permet que vos âmes demeurent sans repentance, sans vie et sans salut : vous voyez de vos yeux, mais vous ne mangez point.

Mais ce n'est pas tout, ô pécheurs! Le plus terrible accomplissement de cette sentence est encore à venir. On dit que l'illustre prédicateur Whitefield levait parfois ses deux mains vers le ciel, en criant de toutes ses forces, — et comme je voudrais qu'il me fût donné de crier en cet instant même : « LA COLÈRE A VENIR! LA COLÈRE A VENIR! » Qu'est-ce, en effet, que la colère du temps présent comparée à celle qui fondra sur vous ci-après? Oh! c'est alors véritablement que *vous verrez de vos yeux, mais que vous ne mangerez point!...*

Il me semble que le grand jour du jugement est arrivé. Le temps n'est plus; j'ai entendu vibrer son glas funèbre; sa dernière heure a sonné; l'éternité a pris sa place. La mer est en ébullition; ses vagues étincellent d'un éclat surnaturel. Je vois un arc-en-ciel, une nuée qui traverse l'espace. Sur cette nuée est un trône, et sur ce trône est assis quelqu'un semblable au Fils de l'Homme. Oui, c'est lui, je le reconnais! Dans sa main, il tient la balance de la justice divine; devant lui sont les livres : — le livre de vie, le livre de mort, le livre de mémoire. Je vois sa splendeur, et je m'en réjouis; je contemple la pompe de son avènement, et je tressaille d'allégresse de ce qu'il est enfin venu *pour être admiré de tous ses saints*. Mais j'aperçois, dans le fond du tableau, une foule d'infortunés, tremblants, éperdus, saisis d'horreur. Ils courbent leurs fronts jusque dans la poussière; ils essaient de se dérober à tous les regards. « Rochers, tombez sur nous ! s'écrient-ils; montagnes, cachez-nous de devant sa face ! » — *Sa* face? Quelle est donc cette face qui leur cause tant d'effroi? — « C'est la face de Jésus, de celui qui a été mort, et qui maintenant revient pour juger le monde. » Mais c'est en vain, ô pécheurs, que vous cherchez à fuir la présence du Fils de l'Homme; il faut que vous contempliez Celui que vous avez percé. Vous ne vous asseoirez point à la droite du Seigneur, vêtus de robes éclatantes, mais vous serez témoins de sa gloire; et lorsque le cortége triomphal de Jésus paraîtra sur les nuées du ciel, vous ne pourrez vous y joindre, mais *vous le verrez de vos yeux !* Oh ! je crois le voir en cet instant même, le puissant Rédempteur, remontant vers le ciel, sur son char de victoire ! Entendez-vous ce bruit éclatant ? Ce sont les pas de ses ardents coursiers qui résonnent sur les collines éternelles. Un cortége vêtu de blanc vient après lui, et aux roues de son char sont liés Satan, la mort et l'enfer. Voyez comme ses rachetés frappent des mains ; entendez leurs cris de joie. *Tu es monté en haut*, disent-ils ; *tu as mené captifs les prisonniers* (1). Admirez la splendeur de leur apparence ; observez les couronnes qui ceignent leurs fronts ; voyez leurs robes d'une blancheur de neige ; considérez la béatitude qui respire sur leurs traits. Ecoutez ! ils entonnent un chant sublime : *Alleluia ! le Seigneur Dieu tout-puissant est entré dans son règne !* (2) Et la voix de l'Eternel leur répond : *Je me réjouirai à cause de toi d'une grande joie ; je me réjouirai à cause de toi avec un chant de triomphe, car je t'ai épousée pour moi à toujours !* (3) — Et où êtes-vous pendant ce temps, ô incrédules ? Voilà la

---

(1) Ps. LXVIII, 18.
(2) Apoc., XIX, 6.
(3) Soph., III, 17, et Osée, II, 19.

multitude des rachetés : mais où êtes-vous ? Hélas ! vous voyez de vos yeux, mais vous ne pouvez manger ! Le banquet des noces est prêt ; le fruit de la vigne est versé ; les convives prennent place à la table du Roi ; — mais vous, malheureux et affamés, vous ne pouvez goûter au festin éternel. Oh ! il me semble que je vous vois, tordant vos mains de désespoir ! Si du moins il vous était possible de vous nourrir, comme les chiens, des miettes qui tombent sous la table du Maître ; mais non, — cela même vous est interdit !

Une pensée encore, et je termine.

Pécheur impénitent, je t'aperçois attaché à un roc dans les profondeurs de l'enfer, l'âme déchirée par le cruel vautour du remords. Tu élèves les yeux et tu reconnais Lazare, couché dans le sein d'Abraham. « Est-ce bien possible ? t'écries-tu. Quoi ? ce mendiant qui était couché sur mon fumier, ce misérable dont les chiens venaient lécher les ulcères, — le voilà dans le ciel, tandis que moi je suis dans les tourments ! Quoi ? ce Lazare qui ne possédait rien pendant sa vie, est maintenent dans la gloire, tandis que moi, riche dans le temps, suis en enfer pour l'éternité !... *Père Abraham, aie pitié de moi, et envoie Lazare afin qu'il trempe dans l'eau le bout de son doigt, pour me rafraîchir la langue.* » Mais ta requête est vaine, ô pécheur ! et s'il peut y avoir en enfer une souffrance plus aiguë que toute autre, ce sera celle que tu éprouveras en voyant les saints jouir d'une félicité à laquelle tu ne pourras jamais avoir part. Oh ! jeune homme, regarde : voilà ta mère dans le ciel, tandis que tu es jeté dehors ! voilà ton frère, — celui qui dormit dans le même berceau que toi, qui joua autour du même foyer, — voilà, dis-je, ton propre frère élevé dans la gloire, tandis que tu es abaissé jusque dans l'abîme ! Mari, voilà ta femme dans le séjour des bienheureux, et toi, tu es au nombre des damnés ! Père, voilà ton enfant debout devant le trône, et toi, maudit de Dieu et maudit des hommes, tu es dans le feu éternel ! Oh ! qui pourrait dire ce qui se passera dans le cœur du damné, lorsqu'il verra ses parents, ses amis, rassasiés de délices ineffables, et qu'il sentira que lui-même en est privé pour l'éternité ! *Tu le verras de tes yeux*, MAIS TU N'EN MANGERAS POINT !...

Et maintenant, je vous en conjure, mes chers auditeurs, — par la mort de Christ, — par son agonie et sa sueur sanglante, — par sa croix et par sa passion, — par tout ce qu'il y a de plus sacré sur la terre, de plus saint dans le ciel, de plus solennel dans le temps et dans l'éternité, — par les horreurs indicibles de l'enfer, — par les joies inexprimables du paradis, — je vous en conjure, prenez ces choses au sérieux, et souvenez-vous que, si votre âme est perdue, ce sera l'incrédulité qui aura été sa perte. Oui, si vous périssez, ce sera parce que vous aurez refusé de croire en Jésus-Christ, et la goutte la plus amère de votre douleur sera la pensée que vous n'aurez point voulu vous confier en ce Sauveur charitable qui dit à tous par sa Parole : *Je ne mettrai point dehors celui qui viendra à moi!*

CONSEILS AUX AMES ABATTUES.

Oh! qui me ferait être comme j'étais autrefois? (Job, XXIX, 2.)

Le plus souvent le bon Berger conduit ses rachetés le long des eaux tranquilles, et les fait reposer dans des parcs herbeux; cependant, il permet parfois qu'*ils soient errants dans un désert où il n'y a point de chemin, et où ils ne trouvent aucune ville habitée. Ils sont affamés et altérés; leur âme défaille, et ils crient à l'Eternel dans leur détresse* (1). De même, il est beaucoup d'enfants de Dieu qui jouissent d'une joie à peu près constante; pour eux véritablement les voies de la piété sont des voies agréables et ses sentiers ne sont que prospérité; mais il en est d'autres, au contraire, qui ont à passer dans le feu et dans l'eau; selon l'expression du Psal-

(1) Ps. CVII, 4-6.

miste, *les hommes montent sur leurs têtes* (1) : ils sont en butte à toutes sortes d'épreuves. Le devoir de tout ministre de l'Evangile est de s'adresser tour-à-tour aux diverses classes de ses auditeurs. Il doit, tantôt avertir les forts, de peur qu'ils ne tombent dans la présomption ; et tantôt stimuler ceux qui dorment, de peur qu'ils ne dorment du sommeil de la mort. Il doit aussi consoler les âmes abattues, et c'est là, mes bien-aimés, ce que je désire faire en ce jour. Oui, je me sens pressé de consoler ceux d'entre vous qui passent par des temps de langueur et de découragement, ou, pour mieux dire, je voudrais leur adresser quelques exhortations, qui, moyennant la bénédiction de Dieu, pourront les aider, je l'espère, à sortir de la triste condition dans laquelle ils sont tombés, en sorte qu'ils ne seront plus réduits à s'écrier avec Job : *Oh! qui me ferait être comme j'étais autrefois?*

Abordons de suite notre sujet. — En premier lieu, mes frères, nous étudierons LA MALADIE SPIRITUELLE dont mon texte me semble être l'expression ; nous rechercherons ensuite LA CAUSE ET LE REMÈDE de cette maladie, et enfin, QUELQUES MOTS D'EXHORTATION adressés aux âmes qui

---

(1) Ps. LXVI, 12.

se trouvent dans ce fâcheux état termineront ce discours.

I.

Et d'abord, fixons notre attention sur la MALADIE SPIRITUELLE que suppose la plainte amère contenue dans les paroles de mon texte. Combien de chrétiens qui regardent au passé avec regret, à l'avenir avec effroi, et au présent avec tristesse ! Il leur semble que le temps qui n'est plus, a été le meilleur et le plus doux de leur carrière chrétienne, mais quant au moment actuel, il leur paraît enveloppé d'un voile sombre et mélancolique. Souvent, ils se prennent à souhaiter de pouvoir retourner de quelques mois, de quelques années en arrière, car alors ils vivaient près de Jésus, tandis que maintenant ils sentent qu'ils se sont éloignés de lui, ou qu'il leur a caché sa face ; en un mot, le langage de leur cœur revient à ceci : *Oh ! qui nous ferait être comme nous étions autrefois ?*

De même que toute maladie, soit physique, soit morale, celle qui nous occupe ne présente pas toujours les mêmes caractères. Je vais essayer de décrire successivement quelques-unes de ses phases les plus ordinaires.

Voici un homme qui a *perdu l'assurance de son adoption.* Entendez-le répétant dans l'amertume de son âme : *Oh! qui me ferait être comme j'étais autrefois?* Ecoutez son triste soliloque :
« Ah! pourquoi les jours passés ne peuvent-ils
» plus revenir? s'écrie-t-il. Alors je n'avais
» aucun doute de mon salut. A celui qui m'au-
» rait demandé raison de l'espérance qui était
» en moi, j'aurais répondu avec douceur et
» respect. Nulle crainte ne me troublait, nulle
» frayeur ne m'agitait. Je pouvais dire avec
» Paul : JE SAIS *en qui j'ai cru,* et avec Job :
» JE SAIS *que mon Rédempteur est vivant.* Je
» sentais que j'étais assis sur le rocher qui est
» Christ, et mon âme, pleine d'une joyeuse confiance, était toujours prête à chanter :

> » Si l'Eternel est ma retraite,
> » Qui pourrait me troubler encor?
> » Pourquoi craindrais-je la tempête
> » Quand je suis sûr d'entrer au port?
> » Appuyé sur Emmanuel
> » Que me ferait l'homme mortel? (1)

» Mais hélas! que tout est changé! autrefois
» mon ciel était sans ombres, aujourd'hui les
» nuages le couvrent; autrefois, je voyais, en

(1) *Chants chrétiens.*

» quelque sorte, mon nom écrit dans les cieux,
» aujourd'hui je tremble d'y lire un jour ma
» condamnation. Autrefois, je croyais me con-
» fier sincèrement en Christ, mais aujourd'hui
» je suis constamment assailli par l'affreuse
» pensée que j'étais un hypocrite qui trompait
» les autres et se séduisait lui-même. Il est vrai
» que j'essaie encore d'espérer au Seigneur ; et
» si je ne puis plus me réjouir à la clarté de sa
» face, du moins je me réfugie à l'ombre de
» ses ailes. Je sens que hors de Christ il n'y a
» point de salut, et que si je m'éloigne de lui,
» c'en est fait de moi. Mais, ô misérable que je
» suis ! qu'elles sont épaisses les ténèbres qui
» m'environnent ! Comme Paul au milieu de la
» tempête, que de jours sans soleil et de nuits
» sans étoiles n'ai-je pas dû traverser ! J'ai
» perdu les arrhes de mon salut, le gage de
» mon adoption ; je ne possède plus le témoi-
» gnage intérieur que je suis un enfant de
» Dieu ; en un mot, je crains de m'être fait
» illusion jusqu'à présent sur mon véritable état ;
» je crains d'avoir pris de simples impressions
» charnelles pour l'œuvre de la grâce et attribué
» à Dieu le Saint-Esprit ce qui n'était que le
» fruit de mon imagination. »

Tel est, mes chers amis, un des cas les plus
fréquents de la grande maladie spirituelle que

nous étudions. En voici un second, également très-ordinaire. Voyez ce chrétien qui demande à son tour : *Oh! qui me ferait être comme j'étais autrefois?* Il gémit, non pas comme l'autre, parce qu'il a perdu le sentiment de son adoption, mais parce qu'*il se laisse troubler par des soucis terrestres.* « Où est-elle, se dit-il avec
» douleur, où est-elle cette paix délicieuse qui
» naguère encore remplissait mon âme? Que
» sont-ils devenus ces jours bénis où peines et
» épreuves étaient pour moi moins que rien?
» Je disais constamment en mon cœur :

» J'accepte, ô Père, par avance,
» Le lot que tu m'assigneras;
» En toi, j'ai mis ma confiance;
» Fais de moi ce que tu voudras.

» Je sentais que sans murmures j'aurais pu
» faire au Seigneur le sacrifice de toutes choses,
» et que s'il m'eût enlevé ce que j'aimais le
» plus au monde, j'aurais dit avec Job : *L'E-*
» *ternel l'avait donné, l'Eternel l'a ôté; que le*
» *nom de l'Eternel soit béni.* L'avenir ne m'ins-
» pirait aucune inquiétude. Comme un enfant
» dans les bras de sa mère, je reposais tran-
» quille sur le sein de mon Dieu. *L'Eternel y*
» *pourvoira,* me disais-je. Je me déchargeais

» sur lui de tout ce qui me concernait; j'allais
» chaque jour à mon travail, sans m'inquiéter
» du lendemain. J'étais semblable au passereau
» qui se réveille à l'aurore, ne sachant d'où lui
» viendra sa nourriture, mais qui n'en gazouille
» pas moins son hymne matinal à Celui qui
» nourrit les oiseaux de l'air. Sans crainte, je
» remettais entre les mains du Seigneur mes
» intérêts les plus chers : ma femme, mes en-
» fants, ma vie même. Chaque matin, je priais
» ainsi : « Seigneur, je ne crois point avoir de
» volonté propre; toutefois, si j'en avais, je
» te dirais encore : Non point ce que je veux,
» mais ce que tu veux! Ta volonté sera la
» mienne; ton désir sera mon désir. » — Mais,
» ô regret, ô douleur! *qui me fera être comme
» j'étais autrefois?* Qui me rendra ma confiance
» en Dieu, ma douce quiétude, ma sérénité
» d'esprit? Maintenant, un rien me chagrine;
» mes affaires temporelles me troublent. La
» perte la plus minime suffit pour m'attrister,
» tandis qu'autrefois j'aurais supporté sans me
» plaindre, et même en bénissant Dieu, une
» perte vingt fois plus considérable. Si le moin-
» dre nuage vient assombrir mon horizon, mon
» âme en est comme écrasée. Pareil à un enfant
» impatient et volontaire, je voudrais que tout
» marchât au gré de mes désirs. Je ne puis plus

» dire avec sincérité que je remets toutes choses
» à mon Père céleste : il y a un certain interdit
» que je me réserve. Enlacée autour de mon
» cœur, croît la plante vénéneuse appelée *l'a-*
» *mour du moi ;* ses racines ont pénétré jusques
» aux muscles et aux nerfs de mon âme. Il y a
» quelque chose que je chéris plus que Dieu,
» quelque chose dont je refuserais de lui faire
» le sacrifice s'il me le demandait. Autrefois,
» quelque lourde qu'eût pu être ma croix, je
» n'aurais pas, comme aujourd'hui, plié sous
» le faix, car le Seigneur l'eût portée avec moi.
» Oh ! comment ai-je pu oublier la céleste
» science de se décharger de ses soucis sur
» l'Eternel, de déposer tout fardeau sur le
» rocher inébranlable des siècles? Oh ! si je
» savais comme jadis répandre devant mon
» Dieu mes peines et mes tristesses ! Oh ! douce
» confiance en mon Sauveur qui me rendait si
» heureux, que ne donnerais-je pas pour te
» posséder encore ! »

Tel autre chrétien déplore peut-être *la tiédeur qu'il apporte dans la maison de Dieu et le peu de jouissance que lui procurent les moyens d'édification.* Ecoutez les plaintes qui s'exhalent de son cœur à ce sujet. « Autrefois, s'écrie-t-il,
» quand je montais dans la maison de Dieu,
» combien mon âme était joyeuse ! J'écoutais

» avec avidité le message du salut; quand le
» serviteur de Christ parlait, je craignais de
» perdre une seule de ses paroles; il me sem-
» blait qu'un ange s'adressait à moi du haut
» du ciel. Que de fois, en entendant parler de
» l'amour du Sauveur, des larmes brûlantes
» n'ont-elles pas sillonné mes joues ! Et que de
» fois aussi mes yeux n'ont-ils pas étincelé
» d'ardeur lorsqu'une parole de foi et d'espé-
» rance faisait vibrer mon âme tout entière !
» Et les sabbats de mon Dieu, avec quel trans-
» port je saluais leur retour !

> » Jour du Seignéur,
> » J'ouvre mon cœur
> » A ta douce lumière (1) !

» m'écriais-je au matin du saint jour. Puis,
» lorsque de saints cantiques faisaient retentir
» les parvis du Seigneur, quelle voix était plus
» joyeuse que la mienne ? Le cœur content,
» l'âme restaurée, je quittais le sanctuaire pour
» aller raconter à mes amis, à mes voisins les
» glorieuses vérités que je venais d'entendre.
» Et dans la semaine également, combien j'ai-
» mais à m'occuper des choses de Dieu ! Pas
» une assemblée d'édification qui ne me trou-

(1) *Chants chrétiens.*

» vât à ma place. Je *priais* véritablement en
» esprit toutes les prières qui étaient pronon-
» cées ; j'écoutais avec bonheur tous les dis-
» cours, pourvu qu'ils fussent selon l'Evangile ;
» et mon âme, assise pour ainsi dire à un ban-
» quet somptueux, était rassasiée comme de
» moelle et de graisse. Si je lisais l'Ecriture,
» elle me semblait toujours brillante de clarté ;
» on eût dit qu'un rayon de la gloire divine
» illuminait pour moi ses pages sacrées. Si je
» ployais le genou devant Dieu, mon âme se
» répandait aussitôt en ardentes supplications ;
» je prenais plaisir à ce saint exercice, et les
» heures que je passais à genoux étaient les
» plus douces de mes journées : j'aimais mon
» Dieu et mon Dieu m'aimait. — Mais, hélas !
» ce saint zèle, cette ferveur d'esprit, je ne les
» possède plus. Je vais toujours à la maison
» de Dieu ; j'y entends la même voix ; le
» même serviteur de Christ, que j'aime si cor-
» dialement, m'adresse encore les plus tou-
» chants appels ; mais je n'ai plus de larmes à
» verser ; mon cœur s'est endurci ; les douces
» émotions que je goûtais naguère devien-
» nent de plus en plus rares. Je me rends au
» culte divin, à peu près comme un écolier se
» rend à son école : j'y vais sans plaisir, sans
» amour, parce qu'*il faut y aller*, et j'en sors

» l'âme aussi sèche qu'en entrant. Lorsque je
» cherche à m'entretenir en secret avec mon
» Père céleste, il semble en vérité que les roues
» de mon char aient été enlevées, tant il se
» meut pesamment ; et lorsque j'essaie de chan-
» ter les louanges de Dieu, je me trouve sans
» élan et sans ferveur. *Oh ! qui me ferait être
» comme j'étais autrefois, comme j'étais en ces
» jours où Dieu faisait luire sa lampe sur ma
» tête ?* »

Je dois le dire, mes chers amis, je ne pense pas qu'il y en ait beaucoup parmi vous qui puissent s'associer pleinement à un tel langage. En général, je le sais, vous aimez à venir dans la maison de Dieu ; et, pour ma part, je rends grâces à mon Maître de ce qu'il me permet de prêcher l'Evangile à des auditeurs qui paraissent le goûter et le sentir, à des chrétiens dont les yeux ne restent pas toujours secs en l'entendant annoncer, et dont le cœur sait parfois bouillonner d'un saint enthousiasme. Mais sans être parvenus au triste état que je viens de décrire, vous pouvez cependant en connaître quelque chose ; peut-être la Parole ne vous semble-t-elle plus aussi douce, aussi savoureuse qu'autrefois ; et alors, j'en suis assuré, les plaintes que je viens d'exprimer éveillent quelque écho dans votre cœur.

Mais passons à un quatrième cas.

Il est des chrétiens qui se lamentent amèrement parce que *leur conscience n'est plus aussi délicate* que par le passé. Ils disent avec tristesse : « Dans les premiers temps qui suivirent
» notre conversion, c'est à peine si nous osions
» faire un pas, tant nous craignions de nous
» fourvoyer. Nous éprouvions avec soin toutes
» choses; nous évitions jusqu'à l'apparence du
» mal. Dès que nous apercevions sur notre route
» la moindre trace du Serpent ancien, nous nous
» détournions avec épouvante. Le monde se
» moquait de nous; il nous appelait des puri-
» tains. Nous étions constamment sur nos gar-
» des; nous avions peur d'ouvrir la bouche, et
» nos scrupules allaient si loin que nous con-
» damnions certaines choses qui, en réalité,
» étaient innocentes. Notre conscience ressem-
» blait à la sensitive : si la main du péché s'en
» approchait, aussitôt elle se reployait sur elle-
» même. Notre âme était comme couverte de
» meurtrissures, en sorte que le plus léger at-
» touchement lui arrachait des cris. Offenser
» Dieu, nous paraissait être le malheur su-
» prême; si quelqu'un prononçait une impré-
» cation en notre présence, nous tremblions
» d'effroi; si nous voyions un homme violer le
» sabbat, nous étions éperdus. La moindre ten-

» tation nous indignait ; il nous semblait enten-
» dre la voix du démon lui-même, et pleins
» d'une sainte colère, nous nous écriions : « Ar-
» rière de moi, Satan ! » Le péché, sous toutes ses
» formes, nous faisait horreur : nous le fuyions
» comme un serpent ; nous le craignions comme
» du poison... Mais où est-elle maintenant cette
» conscience si sensible et si tendre? Qu'est
» devenue sa délicatesse d'autrefois? Nous n'a-
» vons pas, il est vrai, abandonné les sentiers
» du Seigneur ni oublié sa loi ; nous n'avons
» point extérieurement déshonoré notre sainte
» profession, et Dieu seul connaît nos iniquités :
» toutefois, nous l'avouons avec confusion, no-
» tre conscience n'est plus ce qu'elle a été. Hier
» encore elle tonnait contre le péché ; aujour-
» d'hui elle garde le silence. O conscience, con-
» science ! nous t'avons abreuvée de soporifi-
» ques, et maintenant tu dors, tandis que tu
» devrais nous avertir. Sentinelle du Seigneur,
» ta voix pénétrante savait naguère se faire en-
» tendre jusqu'au plus profond de notre être ;
» mais maintenant tu es assoupie, et nous suc-
» combons à la tentation. Jusqu'à présent, nous
» n'avons péché que dans de petites choses ;
» mais de même que le balancement d'un brin
» d'herbe indique de quel côté souffle le vent,
» de même ces petites infidélités ne prouvent

» que trop dans quelle funeste voie notre âme
» est engagée. Oh ! qui nous délivrera de cette
» conscience si épaisse, si dure, si calleuse,
» de cette conscience que les flèches de la loi ne
» peuvent plus transpercer ? *Oh ! qui nous fera*
» *être comme nous étions autrefois ?* »

Enfin, mes bien-aimés, il est peut-être quelques-uns d'entre nous qui gémissent, et non sans raison, parce qu'*ils n'ont pas autant de zèle pour la gloire de Dieu et pour le salut des âmes*, qu'ils en avaient jadis. Il y a quelque temps, si nous voyions une âme cheminer vers la perdition, nos yeux se remplissaient de larmes. Si nous voyions un de nos semblables prêt à commettre un péché, nous nous élancions vers lui, le suppliant de renoncer à son coupable dessein. Jamais nous ne sortions sans donner à l'un quelque traité religieux, à l'autre quelques bons avis ; il nous semblait que nous devions toujours parler du Seigneur Jésus. Si une occasion de faire du bien se présentait, nous étions toujours les premiers à la saisir. Notre vœu le plus cher était de sauver quelques âmes, et si profond, si ardent était notre amour pour les pécheurs que volontiers nous eussions consenti à être moqués, hués, abreuvés d'outrages, persécutés par le monde entier, exposés même à la mort à cause de Christ, si à ce prix nous eussions pu arracher un seul de nos frères à la perdition éternelle. Notre âme brûlait d'un désir intense d'amener des âmes à Christ, et nous estimions que c'était là le seul but en vue duquel il valait la peine de vivre. — Mais, hélas! quel souffle glacial est venu flétrir ce généreux élan? Aujourd'hui, les âmes peuvent être damnées, et nous ne pleurons point; les pécheurs peuvent être précipités dans l'étang ardent de feu et de soufre, et nous demeurons impassibles; des milliers de créatures immortelles peuvent être moissonnées chaque jour et tomber dans l'abîme du tourment, et cela ne nous touche point! Nous exhortons bien encore notre prochain à fuir la colère à venir, mais nos yeux restent secs; nous prions pour lui, mais sans que nos cœurs prennent part à nos prières; nous lui parlons de son danger, mais sans avoir l'air de prendre ce danger au sérieux. Nous passons à côté des repaires du vice et de l'infamie : sans doute nous voudrions que ceux qui y habitent fussent meilleurs, — mais c'est là tout. On dirait que la compassion même est éteinte dans nos cœurs. Il fut un temps où l'enfer était pour nous une réalité si vivante, qu'il nous semblait sans cesse entendre les hurlements et les lamentations des réprouvés, en sorte que le cri constant de notre âme était celui-ci : « O

Dieu! aide-moi à sauver mon prochain! » Mais maintenant nous prenons les choses plus froidement : nous avons peu d'amour pour les hommes, peu de zèle pour la gloire de Dieu, peu d'énergie pour son service... Oh! mes bien-aimés, si tel est votre état spirituel, si, comme votre indigne pasteur, vous pouvez vous associer dans une certaine mesure à ces tristes aveux, assurément, du fond de votre cœur humilié s'élève en cet instant même cette plainte amère : *Qui nous fera être comme nous étions autrefois?*

II.

Mais nous nous sommes assez longtemps arrêtés à la maladie spirituelle si bien décrite par les paroles de notre texte; recherchons-en maintenant LA CAUSE ET LE REMÈDE.

Le plus souvent ce fâcheux état de choses est le résultat *du relâchement dans la prière;* et quant au remède, il est facile de comprendre qu'il est l'inverse de la cause. — Voyons, mon frère, qui es toujours à te plaindre de l'alanguissement de ta piété, essayons de descendre à la racine du mal. Si tu n'es plus comme tu étais autrefois, ne serait-ce pas tout simplement parce que tu as négligé la prière? Rien ne débilite l'âme comme le manque de prière. On l'a observé avec raison : « Un cabinet négligé est le berceau de toute sorte de mal. » On peut dire que le cabinet du chrétien est pour lui la source, soit de beaucoup de bien, soit de beaucoup de mal : de bien, s'il le fréquente assidûment; de mal, s'il le néglige. Nul ne peut croître dans la grâce, s'il est paresseux à s'approcher de Dieu. Quelque avancé que soit un chrétien, s'il ne priait pas, il aurait bientôt cessé de vivre. L'enfant de Dieu a besoin d'être constamment substanté; si bien nourri qu'il puisse être aujourd'hui, il ne saurait subsister demain, si ses provisions ne sont renouvelées : or, ce renouvellement incessant de grâces, c'est par la prière seule qu'il peut l'obtenir. Quand même une âme possèderait la force spirituelle de cinquante chrétiens d'élite, si elle cessait de prier, elle ne pourrait que périr. — Mon frère, examine-toi donc à cet égard; et si en regardant en arrière, tu étais contraint de te dire : « Il fut un temps où mes prières étaient plus régulières, plus senties, plus nombreuses qu'aujourd'hui ; maintenant elles sont faibles, languissantes, sans sincérité et sans onction ; » — si, dis-je, ta conscience t'obligeait à faire cet aveu, oh! mon bien-aimé, ne t'étonne plus du malaise de ton âme; ne cherche pas ailleurs l'explication de ce marasme spirituel dont tu te sens atteint. Le relâchement dans la prière : voilà la cause du mal! — « Mais où en est le remède? » diras-tu. Eh! c'est tout simple, chère âme : prie davantage. Si peu de prières t'ont réduite à l'état d'abaissement dans lequel tu te trouves, beaucoup de prières te relèveront. C'est le manque de prière qui t'a appauvrie; c'est l'abondance de prière qui t'enrichira. *Où il n'y a point de bœuf, la grange est vide*, a dit Salomon (1); et de même que sans labourage l'homme n'aurait point de pain, de même sans la prière l'âme du croyant serait affamée. Voulons-nous donc prospérer sous le rapport spirituel? soyons plus persévérants dans la prière. Oh! mes chers amis, *la pierre de la muraille* ne pourrait-elle pas *crier contre nous*, et *la paroi* nous condamner (2)? La poussière de notre cabinet ne s'élève-t-elle pas en témoignage devant Dieu, nous accusant de négligence dans nos dévotions particulières? Voilà pourquoi nous ne sommes plus tels que nous étions autrefois. Ce qu'est pour une machine à vapeur le feu qui entretient son mouvement, la prière alimentée par le Saint-Esprit l'est pour le chrétien. La prière est le véhicule

(1) Prov., XIV, 4.
(2) Hab., II, 11.

que Dieu a choisi pour faire part de ses grâces à ses enfants, et bien insensé est celui qui la néglige. Mes frères, permettez-moi d'insister sur ce point, car il est de la plus haute importance. Si vous reconnaissez qu'en négligeant de vous approcher de Dieu vous placez votre âme dans la situation la plus périlleuse, votre devoir est tout tracé : vaquez à la prière avec plus de soin que jamais. Un commerçant gémit parce que son négoce n'est plus aussi florissant qu'autrefois; or, il avait coutume d'envoyer au loin des navires qui lui revenaient chargés d'or, mais depuis longtemps pas un seul n'a mis à la voile : a-t-il donc le droit de se plaindre de ce qu'il ne reçoit plus de précieux chargements? De même, lorsqu'un homme prie, il envoie vers le ciel un navire qui lui revient chargé des plus riches trésors; mais si, au lieu de cela, il laisse son navire amarré dans le port, est-il étonnant qu'il s'appauvrisse de jour en jour?

Mais le fâcheux état spirituel qui nous occupe peut avoir d'autres causes. Si vous êtes réduits à vous écrier : *Oh! qui me ferait être comme j'étais autrefois?* peut-être est-ce moins votre faute que *la faute de vos conducteurs spirituels.* Oui, mes chers amis, il n'est pas impossible qu'une âme devienne très-gravement malade, par suite de la mauvaise nourriture que lui donne son pasteur. Peut-on s'attendre, en effet, à ce qu'ils croissent dans la grâce ces chrétiens qui ne sont jamais arrosés par les ruisseaux qui réjouissent la cité de notre Dieu? Comment pourraient-ils se fortifier dans le Seigneur Jésus, ceux qui ne sont pas nourris du lait spirituel et pur de la Parole? Recherchez donc, mes frères, avec le plus grand soin, les instructions d'un ministre fidèle. Je connais des chrétiens qui jamais ne sortent de leur lieu de culte sans se lamenter sur le peu d'édification qu'ils y trouvent; et pourtant (étrange contradiction!) ils y retournent régulièrement dimanche après dimanche. En vérité, je ne sais comment qualifier une telle conduite, et bien loin d'exciter ma compassion ou ma sympathie, j'estime que ces chrétiens méritent qu'on aille à eux avec la verge. Lorsqu'il peut choisir, tout fidèle est tenu d'aller là où il trouve la nourriture qui correspond le mieux aux besoins de son âme. Sans doute, il ne doit pas changer de lieu de culte à la légère; mais si une longue expérience l'a convaincu que la prédication qu'il entend habituellement ne lui tourne pas à profit, au lieu de perdre son temps en vaines doléances, il est de son devoir d'aller ailleurs. Souvent un pasteur infidèle affame, pour ainsi dire, son troupeau; il réduit les brebis du Seigneur à l'état de squelettes ambulants, en sorte qu'on peut compter tous leurs os. C'est là, mes frères, une seconde cause qui peut amener les âmes à s'écrier : *Oh! qui nous ferait être comme nous étions autrefois?*

Mais il y en a une troisième que j'ai hâte de vous signaler, car je crois qu'elle vous concerne plus que la précédente. Votre état de dépérissement spirituel peut provenir, *non de la qualité de votre nourriture, mais de la quantité insuffisante que vous en prenez.* Je m'explique. Voici un homme, un simple ouvrier, je suppose, qui autrefois se rendait régulièrement deux fois chaque dimanche à la maison de Dieu. Le lundi soir, quoique pressé de travail, il trouvait néanmoins le temps d'ôter à la hâte son tablier de cuir et de courir à la réunion de prière : peut-être y arrivait-il un peu tard, mais il y entendait toujours quelques bonnes paroles. Le jeudi soir encore, il s'efforçait de se rendre dans le sanctuaire pour écouter les exhortations d'un ministre de l'Evangile, et afin de regagner les heures passées à ces divers exercices religieux, il se couchait tard, se levait matin et travaillait avec une infatigable ardeur. Mais un jour voilà que cet homme pense en lui-même : « Je suis surchargé d'ouvrage; la vie que je mène est par trop fatigante; je ne puis plus sortir aussi sou-

vent; d'ailleurs, les courses sont si longues! »
Alors il renonce d'abord à telle réunion, puis
à telle autre, et ainsi de suite, jusqu'à ce qu'enfin s'apercevant que la vie de son âme décline
d'une manière sensible, il s'écrie tout éperdu :
Oh! qui me ferait être comme j'étais autrefois?
Eh! ne devais-tu pas t'attendre à ce qui t'arrive,
mon frère? tu prends moins d'aliments que par
le passé : n'est-il pas tout simple que tu t'affaiblisses? Comme le petit enfant, le chrétien a
besoin de manger souvent et peu à la fois. Pour
ma part, je n'hésite pas à le dire, je crois que
lorsqu'une âme abandonne les services religieux
de la semaine — (si ce n'est pour cause d'empêchement absolu), — c'en est fait pour cette
âme de la vie religieuse. « Tant que l'on n'adore
Dieu que le dimanche, disait Whitefield, une
piété pratique ne saurait exister. » Les services
de la semaine sont souvent les meilleurs. Si
dans les jours de sabbat Dieu abreuve ses enfants à des ruisseaux de lait, on peut dire que
souvent il semble réserver la crème pour les
autres jours. Lors donc qu'un chrétien se tient
volontairement éloigné des moyens de grâce les
plus propres à fortifier son âme, n'est-ce pas à
lui-même qu'il doit s'en prendre s'il est réduit
à s'écrier : *Oh! qui me ferait être comme j'étais
autrefois?* — Je ne vous blâme pas, mes bien-

aimés ; je désire seulement *réveiller par mes avertissements les sentiments purs que vous avez* (1). Je vous parle en toute simplicité comme en toute franchise, et j'ai toujours l'intention d'en agir ainsi. Oh! chrétiens, soyez fidèles à votre drapeau! Ne le perdez pas un seul instant de vue, et vous remporterez la victoire. Mais si le plus léger indice de défection se manifeste dans vos rangs, n'est-il pas du devoir de votre pasteur de vous avertir, de peur que *vous ne veniez à déchoir de votre fermeté?*

L'*idolâtrie :* telle est une autre cause très-ordinaire du déclin de la piété. Il est des chrétiens qui se laissent aller insensiblement à retirer leur cœur à Dieu pour le donner à quelque objet terrestre, et qui s'affectionnent aux choses qui sont d'ici-bas plus qu'à celles qui sont d'en haut. Ah! mes amis, il est difficile d'aimer le monde et d'aimer Christ ; je dis plus : c'est impossible. Mais d'un autre côté, il est difficile, j'en conviens, de ne pas aimer la créature ; il est difficile de ne pas s'attacher à la terre ; j'allais presque dire : c'est impossible. Et par le fait, c'est impossible pour l'homme laissé à ses propres forces; Dieu seul peut nous apprendre à préférer l'invisible au visible, le spirituel au

---

(1) 2 Pierre, III, 1.

matériel; Dieu seul peut nous rendre capables de lui donner nos cœurs sans réserve et sans partage. Mais notez bien ceci, mes frères : toutes les fois que cédant à notre penchant à l'idolâtrie nous nous ferons un veau d'or et nous nous prosternerons devant lui, tôt ou tard ce veau d'or sera réduit en poudre et mêlé, pour ainsi dire, à l'eau que nous boirons, en sorte que nous pourrons dire avec le Psalmiste : *Tu m'as abreuvé d'absinthe.* Jamais chrétien ne s'est façonné une idole sans qu'elle ne se soit écroulée sur lui et ne l'ait grièvement blessé dans sa chute; jamais âme n'a essayé d'étancher sa soif aux citernes crevassées du monde sans qu'elle n'ait trouvé, au lieu des ondes pures qu'elle cherchait, des reptiles immondes et des eaux croupissantes. Le Seigneur veut que ses enfants vivent de lui, et de lui seul : que s'ils cherchent ailleurs leur vie, il prend soin de leur faire boire des eaux de Mara, de verser de l'amertume dans leur âme, afin de les ramener vers le Rocher d'où jaillissent les seules eaux vivifiantes.

Oh! mes bien-aimés, prenons donc garde que nos cœurs soient tout à Christ, entièrement à Christ, uniquement à Christ. S'il en est ainsi, nous jouirons certainement d'une paix constante, et notre âme ne sera pas contrainte à s'écrier : *Qui me ferait être comme j'étais autrefois?*

Il semble presque superflu de vous indiquer d'autres causes qui peuvent déterminer la maladie spirituelle dont nous parlons; toutefois, nous vous en signalerons une dernière, qui est peut-être la plus commune de toutes. Souvent notre piété n'est plus ce qu'elle a été, parce que *nous avons nourri au-dedans de nous des sentiments d'orgueil et de propre justice.* Ah! mes amis, sachez-le : aussi longtemps que vous serez sur la terre, vous ne parviendrez point à vous débarrasser complètement de ce vieux levain de propre justice! Le démon nous est représenté par l'Ecriture sous l'emblème d'un serpent, parce qu'un serpent se glisse partout, jusque dans le moindre interstice. De même, la propre justice peut être comparée à un serpent, car elle s'insinue jusque dans les moindres de nos actions. — Si vous vous efforcez de servir Dieu : « Excellent chrétien! vous dit le diable, comme tu sers Dieu fidèlement! tu dépenses ta vie à prêcher l'Evangile; tu es un noble cœur. » — Si, dans une réunion de prières, le Seigneur vous donne de répandre votre âme devant lui avec liberté et avec quelque ferveur, aussitôt Satan vous caresse avec complaisance : « Comme tu as bien prié! s'écrie-t-il; certainement les frères t'aimeront; tes progrès dans la grâce sont vraiment remarquables! » — Si une tentation se présente et que vous soyez rendu capable d'y résister : « Ah! s'écrie-t-il encore, tu es un vaillant soldat de la croix! Regarde l'ennemi que tu as terrassé; une brillante couronne t'attend au bout de la carrière; tu te comportes en véritable héros. » — Vous vous confiez implicitement au Seigneur, vous acceptez toutes ses promesses; Satan murmure alors à votre oreille : « Combien ta foi est ferme! rien ne peut l'ébranler; quelle différence entre toi et tel ou tel de tes frères! Sa foi n'est pas la moitié aussi forte que la tienne! » Sur quoi vous allez, tout gonflé d'importance, tancer vertement votre frère qui est faible; vous lui reprochez de n'être pas de votre taille; et pendant ce temps, le démon continue ses perfides insinuations, ne se lassant pas d'admirer votre force, votre fidélité, votre confiance en Dieu, et vous affirmant que vous n'avez point la moindre parcelle de justice propre. Votre pasteur s'adresse aux Pharisiens de son troupeau; mais qu'avez-vous de commun avec les Pharisiens? Vous vous croyez complètement inaccessible à l'orgueil, tandis qu'en réalité il n'est pas d'être qui soit plus orgueilleux que vous. Ah! mes bien-aimés! c'est justement lorsque nous nous estimons humbles, que nous sommes enflés d'orgueil, et lorsque nous gémissons le plus sur notre orgueil, c'est alors que nous sommes le plus humbles. En général, notre appréciation de nous-mêmes est le contre-pied de la vérité. Quand le chrétien se croit le plus mauvais, il est souvent le meilleur, et quand il se croit le meilleur, il est souvent le plus mauvais. Si donc, mes frères, vous reconnaissez avec douleur que vous n'êtes plus tels que vous étiez autrefois, examinez si des sentiments de propre justice ne se sont point glissés dans votre âme. Peut-être le flambeau de votre vie spirituelle est-il obscurci par l'orgueil : débarrassez-le donc de cet orgueil, et il brillera comme auparavant. Tu volais trop haut, mon frère ; c'est pourquoi il convient que tu sois humilié pour un temps, afin que comme un pécheur coupable et perdu tu ailles de nouveau t'abattre aux pieds de ton Sauveur. Alors, n'en doute pas, tu n'auras plus à t'écrier : *Oh! qui me ferait être comme j'étais autrefois?*

III.

Et maintenant, je termine par QUELQUES MOTS D'EXHORTATION.

En premier lieu, mes chers amis, je me sens pressé de vous exhorter *à prendre courage.* L'un de vous se dit peut-être en ce moment même : « Oh ! c'en est fait ; jamais je ne recouvrerai le bonheur que j'ai perdu ; le Seigneur m'a caché la clarté de sa face. J'ai contristé son Esprit, et il s'est éloigné; je me suis joué de ses avertissements, et il m'a abandonné; j'ai délaissé les sentiers de la justice, et maintenant je suis comme emprisonné dans une cage de fer dont il m'est impossible de sortir. » Il est vrai, pauvre âme, tu ne saurais par toi-même recouvrer la liberté; tes faibles forces ne parviendront jamais à briser ou à limer les barreaux derrière lesquels tu languis. Toutefois, je le répète, prends courage. D'autres sont sortis avant toi de la sombre prison du découragement et du désespoir. Sais-tu ce que tu dois faire, mon bien-aimé? Crie à ton bon Maître; demande-lui de venir te délivrer; et quand même il semblerait pendant longtemps fermer l'oreille à tes cris de détresse, il t'entendra à la fin, n'en doute pas, en sorte qu'avec Jonas tu pourras bientôt entonner ce chant de délivrance: « *J'ai crié à l'Eternel à cause de ma détresse, et il m'a exaucé; je me suis écrié du ventre du sépulcre, et tu m'as entendu* (1)! »

Reviens, reviens, ô pécheur égaré !
Entends la voix du Seigneur qui t'appelle ;
Vers lui déjà n'es-tu pas attiré
Par les cordeaux de son amour fidèle?

(1) Jonas, II, 3.

En second lieu, mes chers amis, je désire vous exhorter *à faire tous vos efforts pour progresser continuellement dans la vie spirituelle.* O chrétiens, mes frères et mes sœurs en Jésus-Christ ! combien en est-il parmi vous dont toute l'ambition consiste à se soustraire à la colère à venir ! Combien en est-il qui disent : « Pourvu que je sois sauvé, peu m'importe que ce soit comme au travers du feu ; pourvu que l'entrée du ciel ne me soit pas refusée, peu m'importe si je suis à la dernière place. » Et ceux qui parlent ainsi se conduisent en conséquence, c'est-à-dire qu'ils sont aussi peu chrétiens que possible. De la piété, ils en veulent bien ; mais avec modération. Or, qu'est-ce que la modération en matière de piété? C'est un mensonge, c'est une dérision, et rien de plus ! Une femme demande-t-elle à son mari de l'aimer *avec modération?* Un père se contente-t-il que son fils soit *modérément* obéissant? Une probité *modérée* vous satisferait-elle chez vos serviteurs ? Evidemment non. Que parlez-vous donc d'une piété modérée ? Etre modérément religieux, ce n'est autre chose qu'être irréligieux. Posséder une religion qui ne pénètre pas jusqu'au fond du cœur et qui n'exerce point d'influence sur la vie, c'est, par le fait, n'avoir aucune religion. Ah ! mes amis, vous le dirai-je? je tremble souvent à la pensée que parmi vous il en est un grand nombre qui n'ont que l'apparence de la piété. Malheur à vous, sépulcres blanchis, qui vous contentez de paraître beaux au-dehors sans considérer qu'au-dedans vous n'êtes que souillure et corruption! Malheur à vous, Pharisiens formalistes, qui nettoyez le dehors de la coupe et du plat et qui vous persuadez avoir assez fait, parce que ni l'Eglise ni le monde ne peuvent élever contre vous aucune accusation grave! Prenez garde! prenez garde! le jour viendra où le Juge suprême examinera l'intérieur du plat et de la coupe, et s'il les trouve pleins d'injustice et de méchanceté, il les mettra en pièces et en jettera les débris dans l'abîme du tourment. Pauvres formalistes! votre prétendue piété ressemble aux ailes de cire d'un personnage de la fable : elle peut fort bien vous suffire pour voler ici-bas, mais lorsqu'il vous faudra prendre votre essor vers les régions supérieures, le puissant soleil de Jésus la fondra en un instant, et vous tomberez pour jamais dans le gouffre de la perdition! Oh! soi-disant chrétiens, si habilement dorés, ornés et vernissés, que ferez-vous lorsque au dernier jour vous serez reconnus pour être du vil métal? Quand la paille, le foin et le chaume auront été consumés, que deviendrez-vous, je vous le demande, si votre christianisme est de mauvais aloi, s'il n'a pas été frappé au coin du Très-Haut? Comment pourrez-vous passer par le creuset *au grand et illustre jour du Seigneur*, si vous n'êtes pas de l'or fin?... Mais, j'en ai la confiance, il est des âmes dans cet auditoire qui n'ont rien à craindre de cette solennelle épreuve; elles sont nées de Dieu, par conséquent le feu ne saurait les consumer. Toutefois, mes bien-aimés — (et ici je ne parle qu'aux véritables croyants), — jugez vous-mêmes si je suis injuste à l'égard des chrétiens de nos jours, en disant qu'en général nous nous contentons trop aisément de savoir que nous sommes enfants de Dieu, et que nous n'aspirons point assez à croître en stature et en force. Nous ressemblons à des nains, à de pauvres enfants rachitiques et souffreteux. Au lieu de marcher courageusement en avant, nous sommes toujours à gémir et à répéter sur tous les tons: *Qui nous ferait être comme nous étions autrefois?* C'est là un symptôme de rachitisme. Si nous voulons faire de grandes choses dans le monde, nous ne devons pas souvent pousser ce cri. Il faut bien plutôt que nous soyons toujours prêts à chanter:

« Ma langue, égaie-toi ; réjouis-toi, mon cœur ;
Entonne un chant d'amour, Jésus est ton Sauveur (1) ! »

(1) *Chants chrétiens.*

et que, pleins de joie, nous puissions dire avec saint Paul : *Je sais en qui j'ai cru.* Chrétiens, voulez-vous être utiles? voulez-vous honorer votre Maître ? Désirez-vous obtenir dans le ciel une brillante couronne, afin d'en faire hommage à votre Sauveur? S'il en est ainsi — (et peut-il ne pas en être ainsi?) veillez avec le plus grand soin à la santé de votre âme; ne la laissez pas végéter et languir. Que l'homme intérieur qui est en vous n'ait pas simplement le souffle de la vie, mais qu'il se développe de jour en jour et devienne semblable à *un arbre planté près des eaux courantes, qui porte son fruit en sa saison et dont le feuillage ne se flétrit point.* Quoi! mes bien-aimés, vous vous contenteriez d'une couronne sans ornement quand vous savez que si vous amenez des âmes à Christ vous luirez comme des étoiles dans la splendeur de l'étendue (1)? Vous voudriez vous asseoir au banquet des noces, revêtu, il est vrai, de la robe de Christ, mais sans que Dieu vous ait donné un seul joyau comme récompense de vos services ici-bas? Ah! non, j'en suis certain. Vous désirez, au contraire, n'est-il pas vrai? que l'*entrée du royaume éternel vous soit abondamment accordée*; vous voulez jouir de la plénitude des

---

(1) Daniel, XII, 3.

grâces du Seigneur. A l'œuvre donc, mes bien-aimés ; à l'œuvre avec ardeur et courage ! A celui qui aura fait valoir cinq talents, cinq villes seront données ; et que personne ne se contente de posséder un seul talent, mais qu'il le place à intérêt ; car *on donnera à quiconque a déjà, et il aura encore davantage ; mais pour celui qui n'a pas, on lui ôtera même ce qu'il a.*

Mais, je le sais, pour beaucoup de ceux qui m'écoutent en ce moment, ce que je viens de dire est dépourvu de tout intérêt. Peut-être pensent-ils eux aussi : « Qui nous ferait être comme nous étions autrefois ? » mais dans leur bouche cette plainte a un sens tout autre que dans la bouche du chrétien. « Hélas ! dit le pécheur avec amertume, que ne suis-je encore ce que j'étais il y a quelques années ! car alors j'étais plein d'entrain et d'insouciance ; je menais joyeuse vie. Nul mieux que moi ne savait vider la coupe des festins ; nul ne se laissait emporter plus gaîment par le tourbillon des plaisirs et de la folie. Mais ce que je faisais alors, je ne puis plus le faire. J'ai usé ma santé, j'ai dépensé mon énergie, j'ai perdu ma fortune. Je suis malade de corps et faible d'esprit. Qui me ferait être comme j'étais autrefois ? »

Ah ! pauvre pécheur, tu as lieu, en effet, de

regretter le passé ; mais attends seulement quelques mois, et le présent, qui maintenant te semble si sombre, sera à son tour l'objet de tes plus amers regrets. Et plus tu avanceras dans la vie, sache-le, plus tu souhaiteras de retourner en arrière ; car le chemin de l'enfer descend, — descend, — descend toujours, — et le malheureux engagé sur cette pente fatale se consume continuellement en impuissants désirs de revenir sur ses pas. Oh! oui, tu auras encore à t'écrier : « Qui me ferait être comme j'étais autrefois? » Tu penseras aux jours heureux où la prière de ta mère te bénissait, où la voix de ton père t'avertissait, où tu allais prendre place sur les bancs d'une école du dimanche, où, assis sur les genoux de ta mère, tu l'écoutais te parlant du Sauveur. Et ces réminiscences d'un heureux passé seront d'autant plus poignantes que ce passé sera plus éloigné de toi. — Ah! mes chers auditeurs, il y en a beaucoup parmi vous qui ont bien besoin de rebrousser chemin. Pensez au nombre de vos égarements ; voyez jusqu'où vous êtes tombés... Mais qu'ai-je dit? Non, pécheur, tu n'as que faire de rebrousser chemin! Au lieu de regarder aux choses qui sont derrière toi, regarde à celles qui sont devant, et au lieu de t'écrier : *Qui me ferait être comme j'étais autrefois ?* dis en sincérité de cœur : « Que ne suis-je un nouvel homme en Jésus-Christ ! » Il ne te servirait de rien, crois-le, de recommencer la vie tel que tu es : tu serais bientôt aussi mauvais que tu l'es en ce moment. Mais si Dieu daignait faire de toi un homme nouveau, oh ! alors, pauvre mortel, qui que tu sois, quelque bas que tu sois tombé, tu vivrais véritablement en nouveauté de vie. Un chrétien est tout aussi réellement un nouvel homme que s'il n'avait pas vécu avant sa conversion. La vieille créature est détrônée; il est une nouvelle créature, née de nouveau et entrant dans une nouvelle existence. Pauvre âme ! Dieu peut accomplir en toi cette merveilleuse transformation. Dieu le Saint-Esprit peut faire de toi un nouvel édifice, — et cela, sans employer une seule des pierres qui entraient dans la structure de l'ancien. Il peut te donner un nouveau cœur, un nouvel esprit, de nouveaux plaisirs, un nouveau bonheur, de nouvelles perspectives, et enfin, un ciel nouveau. « Ah ! me dis-tu peut-être, je sens que j'ai besoin de toutes ces choses, mais est-il bien vrai que je puisse les obtenir ? » Juge toi-même, mon frère, si tu le peux, par cette simple déclaration de l'Evangile : *C'est une chose certaine et digne d'être reçue avec une entière confiance que Jésus-Christ est venu dans le monde pour sauver les pécheurs.* Il n'est pas dit, remarque-le, que ce soit là une chose digne seulement de *quelque* confiance, mais d'une *entière* confiance, de toute la confiance dont tu es capable. Si donc tu dis en cet instant même : « Jésus est venu pour sauver les pécheurs, je le crois, je le sais, » tu n'as rien à craindre ; le salut est à toi. — « Mais Jésus voudra-t-il bien me recevoir, moi, si vil et si indigne ? » demandes-tu peut-être. Je te répondrai par une parole de mon Sauveur lui-même : *Je ne mettrai point dehors celui qui viendra à moi.* — « Mais je n'ose aller à lui ! » objectes-tu encore. *Si quelqu'un a soif qu'il vienne à moi et qu'il boive,* est-il écrit. As-tu soif? soupires-tu après le pardon? sens-tu le besoin que tu as d'un Sauveur? as-tu soif, te dis-je? S'il en est ainsi, ô mon frère, voici ce ce que te dit Dieu le Saint-Esprit : *Que celui qui voudra de l'eau vive, en prenne gratuitement!*

> Ecoutez tous une bonne nouvelle !
> C'est pour sauver que Jésus-Christ est mort ;
> Qui croit au Fils a la vie éternelle ;
> Notre salut est un don du Dieu fort ! (1)

Que Dieu vous accorde à tous la grâce d'accepter ce salut, pour l'amour de son nom !

(1) *Chants chrétiens.*

LA
RESPONSABILITÉ DE L'HOMME.

Si je n'étais pas venu, et que je ne leur eusse pas parlé, ils n'auraient point de péché; mais, maintenant, ils n'ont point d'excuse de leur péché (Jean, XV, 22).

Le péché par excellence de la nation juive, celui qui mit le comble à la mesure de ses iniquités, ce fut, sans contredit, la réjection de Jésus-Christ comme Messie. La venue du Sauveur avait été clairement annoncée par les prophètes; aussi les vrais Israélites qui attendaient l'accomplissement des oracles divins, comme Siméon et Anne la prophétesse, n'eurent pas plus tôt contemplé le petit enfant Jésus, qu'ils reconnurent en lui *la consolation d'Israël* et se réjouirent d'avoir vu *le salut de Dieu*. Mais parce que Jésus-Christ ne répondit point à l'attente de la génération perverse à laquelle il fut envoyé, parce qu'il ne vint point environné de pompe et revêtu de magnificence, parce qu'il ne fut entouré ni du prestige d'un prince ni des honneurs d'un roi de la terre, les Juifs refusèrent de le recevoir. *Il monta comme un rejeton devant lui, et comme une racine qui sort d'une terre sèche; il fut méprisé et on n'en fit aucun cas* (1). Mais là ne s'arrêta point le péché des Juifs. Non contents de nier le caractère messianique de Jésus, ils lui vouèrent une haine implacable ; altérés de son sang, ils le pourchassèrent pendant toute sa vie ; et leur malice diabolique ne fut pleinement assouvie que lorsque, assis aux pieds de la croix, ils purent suivre du regard, avec une joie féroce, les dernières convulsions et la lente agonie de leur Messie crucifié. Et bien qu'au-dessus de la croix on lût ces mots remarquables « *Jésus de Nazareth, le Roi des Juifs,* » ils ne voulurent jamais reconnaître comme leur roi le Fils éternel de Dieu ; c'est pourquoi aussi ils le crucifièrent, *car s'ils l'eussent connu,* dit saint Paul, *ils n'auraient jamais crucifié le Seigneur de gloire* (2).

Peut-être vais-je vous surprendre, mes chers auditeurs, en vous disant que le péché des Juifs est journellement répété par les Gentils. Ce que

---

(1) Esaïe, LIII, 2, 3.
(2) 1 Cor., II, 8.

les premiers ont fait une fois, un très-grand nombre des seconds le font chaque jour. N'y a-t-il pas, en effet, dans le monde; n'y a-t-il pas, même parmi ceux qui écoutent en cet instant ma voix, une foule d'âmes immortelles, qui oublient, qui méconnaissent le Messie? Peut-être ne prenez-vous pas la peine de le rejeter ouvertement; puisque vous vivez dans ce que l'on appelle un pays chrétien, vous croiriez vous déshonorer en blasphémant son nom. Peut-être même êtes-vous attachés à la saine doctrine, et admettez-vous que Jésus est à la fois Fils de Dieu et fils de Marie; mais c'est là tout. Vous ne tenez aucun compte de ses droits; vous lui refusez l'honneur qui lui est dû; vous semblez le juger indigne de votre confiance. Il n'est point *votre* Rédempteur; vous ne soupirez point après son second avènement, et vous n'espérez point être sauvé par son sang. Bien plus, comme les Juifs, vous êtes les meurtriers de Christ, car ne savez-vous pas qu'en tant que vous méprisez son Evangile, *vous crucifiez de nouveau le Fils de Dieu et le livrez à l'ignominie?* Oui, chaque fois que vous entendez la prédication de la parole et que vous la laissez écouler; chaque fois que votre conscience est atteinte et que vous étouffez sa voix; chaque fois que vous tremblez à l'ouïe des menaces de Dieu, mais que vous vous empressez de dire avec Félix : *Va-t'en pour cette fois; et quand j'en aurai le loisir, je te rappellerai;* — chaque fois, dis-je, que vous agissez ainsi, souvenez-vous, ô pécheurs, que vous prenez en quelque sorte le marteau et le clou pour déchirer de nouveau la main meurtrie de mon Sauveur et que vous rouvrez ses plaies sanglantes ! Ou bien encore, chaque fois que vous outragez Christ dans la personne d'un de ses membres; chaque fois que vous insultez ses ministres; que vous entravez l'œuvre de ses serviteurs; que vous faites tort à l'Evangile par votre mauvais exemple, ou que par vos railleries, vous détournez une âme de la recherche de la vérité; — chaque fois, dis-je, que vous commettez de telles choses, vous trempez, autant qu'il dépend de vous, dans cette grande iniquité, dans ce forfait sans égal qui a attiré sur Israël la malédiction divine, et en punition duquel il a été condamné, lui, le peuple élu, à errer sur la surface de la terre, jusqu'au jour de la glorieuse réapparition du Messie : — de ce Messie qui a paru une première fois pour souffrir, mais qui reviendra pour régner; de ce Prince de gloire que dans ce moment même Juifs et Gentils attendent avec une égale anxiété, et qu'Israël doit reconnaître enfin comme son Roi.

Je me propose aujourd'hui, mes chers auditeurs, d'établir un parallèle entre vous et la nation juive; ou plutôt, je voudrais, avec l'aide de Dieu, vous faire sentir, en appliquant mon texte à votre conscience, que si vous rejetez Christ, vous commettez le même péché et vous encourez la même malédiction que le peuple déicide. *Si je n'étais pas venu et que je ne leur eusse pas parlé,* dit Jésus-Christ, *ils n'auraient point de péché; mais maintenant, ils n'ont point d'excuse de leur péché.* Et d'abord nous observerons que CHRIST VIENT A VOUS ET VOUS PARLE, — tout aussi réellement qu'aux anciens Juifs,— PAR L'ORGANE DE SES MINISTRES. Nous établirons en second lieu, que LA RÉJECTION DU MESSAGE DE CHRIST AGGRAVE LA CULPABILITÉ DE L'HOMME, et ensuite que LA PRÉDICATION DE L'EVANGILE LE LAISSE ABSOLUMENT SANS EXCUSE. Enfin, nous avertirons brièvement, mais solennellement, tous ceux qui méprisent le Sauveur, DE LA CONDAMNATION EFFROYABLE QUI LES ATTEND.

I.

CHRIST VIENT A VOUS ET PARLE A VOS CONSCIENCES PAR L'ORGANE DE SES MINISTRES : tel est, ai-je dit, le premier point sur lequel je désire appeler votre attention.

Lorsque, dans le désert, le peuple d'Israël

méprisa Moïse et murmura contre lui, le serviteur de Dieu répondit avec douceur : *Vos murmures ne sont pas contre nous, mais ils sont contre l'Eternel* (1). Et ce langage, mes frères, tout véritable ministre de Christ est en droit de le tenir. Oui, nous appuyant sur l'Ecriture, nous pouvons dire en toute vérité : « Qui nous rejette, ne nous rejette pas nous-mêmes, mais il rejette celui qui nous a envoyés ; et qui méprise notre parole, méprise, non point la parole d'un homme, mais celle du Dieu tout-puissant. » Sans doute le ministre de l'Evangile n'est qu'un homme, qu'un homme faible et pécheur ; il n'est investi d'aucun pouvoir sacerdotal ; mais Dieu l'a choisi et l'a revêtu des dons du Saint-Esprit, afin qu'il annonçât le salut à ses frères ; et lorsqu'il prêche la vérité avec la vertu qui lui vient d'en haut, le Seigneur ne dédaigne pas de l'appeler son ambassadeur ; il le place comme une sentinelle sur les murs de Sion ; il lui donne charge d'âmes, et il déclare que celui-là se rend coupable de rébellion contre le Très-Haut qui foule aux pieds le fidèle message de son fidèle serviteur. Si je parle de mon propre chef, peu importe assurément que je sois écouté ou non ; mais si je parle en ma qualité d'ambassadeur de Christ, prenez

---

(1) Exode, XVI, 8.

garde de ne pas mépriser ma voix. Si je viens à vous avec les raisonnements de la sagesse humaine, libre à chacun d'accepter ou de rejeter mes enseignements ; mais si par la puissance de l'Esprit, je vous annonce la Parole qui est descendue du ciel, vous suppliant instamment de la recevoir, souvenez-vous que si vous la rejetez, c'est aux risques et périls de vos âmes ! Car, encore une fois, ce n'est pas *nous* qui parlons, mais c'est l'Esprit de l'Eternel notre Dieu qui parle *par nous*. Oh ! qu'il est sacré, qu'il est solennel le ministère évangélique, considéré à ce point de vue ! Fils des hommes, mettez-vous bien dans l'esprit que nous ne sommes autre chose que l'écho de la voix de Dieu ! Tout ministre de l'Evangile qui a véritablement reçu vocation d'en haut ne fait que transmettre à ses frères le message qu'il a reçu de son Maître ; et il n'a garde de rien changer à ce message, car il a constamment sous les yeux cette grave exhortation de l'Apôtre : *Prends garde à toi et à l'instruction ; persévère dans ces choses ; car en faisant cela, tu te sauveras toi-même et ceux qui t'écoutent* (1), et il croit toujours entendre derrière lui une voix menaçante qui murmure à son oreille : *Si tu n'avertis pas le méchant, il mourra*

---

(1) 1 Tim., IV, 16.

dans son iniquité, mais je redemanderai son sang de ta main (1)! Oh! que ne puis-je, en ce moment même, tracer en caractères de feu, au milieu de cette grande assemblée, ce cri d'un ancien prophète : *O terre, terre, terre, écoute la parole de l'Eternel!* car en vérité je vous le dis, aussi longtemps que nous annonçons l'Evangile, pur de tout alliage, c'est comme si Dieu vous exhortait par notre ministère, et la Parole que nous prêchons a autant de droit à votre respect, que si l'Eternel lui-même vous parlait du sommet de Sinaï, au lieu de vous parler par l'humble intermédiaire de ses indignes serviteurs.

Et maintenant recueillons-nous devant cette sérieuse vérité, et que chacun de nous se pose cette question : « N'ai-je pas offensé Dieu de la manière la plus criante en négligeant les moyens de grâce qu'il a mis à ma portée? » J'en appelle à votre conscience, mes frères : que de fois ne vous êtes-vous pas tenus éloignés de la maison de Dieu, quand Dieu lui-même y faisait entendre sa voix! Qu'eussiez-vous pensé, je vous le demande, des enfants d'Israël, si, méprisant la convocation de Jéhovah, ils eussent erré dans le désert le jour du sabbat, au lieu d'aller au

---

(1) Ezéch., XXXIII, 8.

pied de la sainte montagne écouter les ordres de l'Eternel? Et pourtant c'est là ce que vous avez fait. Vous avez recherché vos aises et vos plaisirs, et négligé la maison de prières; vous avez écouté le chant de sirène de la tentation, et fermé l'oreille à la voix du Très-Haut; vous avez erré dans les sentiers tortueux du monde, au lieu de vous rendre à l'invitation de l'Eternel votre Dieu qui vous appelait dans son sanctuaire. Et alors même que vous y êtes venus, que de fois y avez-vous apporté un œil distrait, une oreille inattentive ! Vous avez entendu comme si vous n'entendiez point. L'oreille de votre corps a bien saisi quelques sons; mais l'homme intérieur, qui est en vous, a été sourd. Semblables à *l'aspic qui bouche son oreille et qui n'écoute point la voix du charmeur le plus expert en charmes* (1), vous n'avez tenu compte ni de nos prières ni de nos menaces. Bien plus : l'Esprit de Dieu lui-même, j'ose l'affirmer, a parlé une fois ou l'autre à vos consciences. N'est-il pas vrai qu'il y a eu un jour au moins dans votre vie où, assis peut-être à cette même place, sur ce même banc, vous tremblâtes en écoutant l'Evangile? Vos genoux s'entre-choquaient, vous étiez éperdus, et tandis qu'un puissant

---

(1) Ps. LVIII, 5, 6.

Boanerges tonnait contre le pécheur, lui criant de la part du Maître : *Prépare-toi à la rencontre de ton Dieu, — considère tes voies; — mets ordre à ta maison, car tu t'en vas mourir,* — il vous semblait entendre la voix, non d'un homme, mais d'un ange du ciel. Et pourtant (ô inconcevable folie!) à peine eûtes-vous franchi le seuil de la maison de Dieu, que déjà vous aviez tout oublié! Vous avez éteint l'Esprit, et contristé l'Esprit de grâce; vous avez imposé silence aux murmures de votre conscience; vous avez étouffé dès le berceau ces prières naissantes qui commençaient à se former dans vos cœurs, et noyé impitoyablement dans les distractions du monde ces jeunes et saintes aspirations qui venaient d'éclore dans vos âmes. Vous avez repoussé loin de vous tout ce qui est bon, tout ce qui est sacré. Vous êtes retournés à vos mauvaises voies; vous avez de nouveau erré sur les montagnes du péché et dans les vallées de l'iniquité. Et en agissant ainsi, savez-vous, mes amis, ce que vous avez fait? VOUS AVEZ MÉPRISÉ DIEU!.... Mépriser Dieu! Oh! si le Saint-Esprit daignait en cet instant faire sentir à chacun de vous tout ce qu'il y a de terrible dans ces deux mots, je suis assuré que du sein de cette grande assemblée, s'élèverait une voix de deuil et de lamentation, et que ce lieu de culte serait changé en un lieu de pleurs et de grands gémissements! Oh! mes frères, — avoir méprisé Dieu, — foulé aux pieds le Fils de l'homme, — traité légèrement sa croix, — rejeté les tendres invitations de son amour et les avertissements de sa grâce! quelle énormité! quel crime!... Avez-vous jamais sérieusement réfléchi à ces choses? Vous avez cru peut-être qu'en rejetant la prédication de l'Evangile vous ne méprisiez qu'un homme : pensez désormais, je vous en conjure, que c'est Christ que vous méprisez. Car Christ vous a parlé; il vous a parlé, j'ose le dire, par la bouche même de son faible serviteur qui est maintenant devant vous. Ah! oui, Dieu m'est témoin que souvent Christ a pleuré avec ces yeux et parlé avec ces lèvres! Dieu m'est témoin que je n'ai recherché qu'une seule chose parmi vous : le salut de vos âmes. Tantôt, par des paroles rudes et sévères, j'ai voulu vous contraindre à chercher un refuge au pied de la croix; tantôt, par des accents émouvants et tendres, j'ai essayé de vous gagner à mon Rédempteur. Et était-ce moi qui vous parlais alors? Non! c'était Jésus qui vous parlait par moi. C'était lui qui vous criait : « Regardez *à moi*, vous tous les bouts de la terre, et soyez sauvés. » C'était lui qui vous disait : « Venez *à moi*, vous tous qui êtes travaillés et chargés, et je vous soulagerai! » C'était lui qui vous avertissait que vous péririez si vous négligiez un si grand salut. Si donc vous avez ouï ces appels, et que vous les ayez oubliés ; si vous avez reçu ces invitations et que vous les ayez refusées, souvenez-vous que vous avez méprisé, non pas nous, mais notre Maître ; et malheur à vous, oui, vous dis-je, malheur à vous, à moins que vous ne vous repentiez, car c'est une chose terrible que de *mépriser la voix de celui qui nous parle des cieux* (1) !

II.

Mais passons au second point de notre sujet, qui est celui-ci : LA RÉJECTION DE L'EVANGILE AGGRAVE LA CULPABILITÉ DE L'HOMME.

Et d'abord, un mot d'explication est nécessaire, sans quoi ma pensée pourrait être mal comprise.

Il est des personnes qui, étant allées dans la maison de Dieu, ont été tellement saisies par le sentiment de leurs péchés, qu'elles n'osent y retourner ; et Satan a même fini par leur persuader qu'il est de leur devoir de fuir toute occasion d'entendre l'Evangile, « car, leur dit-il, plus vous l'entendrez, plus sévère sera votre condamnation. » C'est une erreur, mes amis.

---

(1) Héb., XII, 25.

Non, vous ne risquez pas d'aggraver votre condamnation par le fait seul que vous allez dans la maison de Dieu; vous l'aggraveriez bien plutôt en n'y allant pas; car en vous en tenant éloignés, vous rejetez deux fois le Seigneur : vous le rejetez matériellement aussi bien que spirituellement. Non-seulement, comme le paralytique qui était couché auprès du réservoir de Béthesda, vous n'entrez point dans les eaux de la grâce, mais encore vous ne voulez point, comme lui, vous tenir auprès du réservoir; en d'autres termes, vous refusez de vous placer sous l'influence de la Parole de Dieu; c'est pourquoi, vous amassez sur votre tête une double mesure de responsabilité. Je le répète : la simple audition de l'Evangile n'aggrave pas le péché de l'homme ; ce qui l'aggrave, c'est la réjection consciente et volontaire de cet Evangile. Ainsi, tout homme qui après avoir écouté la bonne nouvelle du salut, s'en va pour rire et se moquer de ce qu'il vient d'entendre, ou bien qui, après avoir reçu de sérieuses impressions, permet aux inquiétudes et aux plaisirs de la vie d'étouffer la bonne semence dans son cœur, un tel homme accroît sa culpabilité de la manière la plus effrayante.

Mais comment le fait-il? De deux manières. D'abord, *il se rend coupable d'un nouveau péché*, d'un péché qu'il n'avait jamais commis auparavant. Qu'on m'amène un Hottentot, un habitant de Kamschatka, un sauvage enfant des déserts, auquel n'est jamais parvenu l'Evangile de Jésus. Il se peut que cet homme ait commis tous les forfaits qui figurent dans le catalogue du crime ; toutefois je connais un péché dont il est innocent : il n'a jamais rejeté la Parole de Christ, puisqu'il n'a jamais eu l'occasion de la connaître. Mais quant à vous, mes amis, qui êtes placés sous l'influence directe de l'Evangile, vous avez par cela même une nouvelle occasion d'offenser Dieu, et chaque fois que vous avez repoussé ses appels, sachez-le bien, vous avez ajouté un péché de plus à la liste déjà si longue de vos transgressions. — Je le sais, de telles paroles sonnent mal aux oreilles de bien des gens. Souvent, j'ai été repris par certains hommes qui se sont détournés de la vérité, parce que j'enseigne que la simple réjection de Christ constitue un péché. Mais que m'importent les attaques des ennemis de l'Evangile ? Que m'importent leurs injures ? J'ai pour moi la Parole de Dieu, et cela me suffit. Oui, la responsabilité de l'homme est clairement enseignée dans la Bible, et je ne pense pas qu'un ministre de Christ puisse être net du sang des âmes confiées à ses soins, s'il ne rend de fréquents et solennels témoignages à cette vérité capitale.

Quand l'Esprit de vérité sera venu, il convaincra le monde de péché, de justice et de jugement : de péché, parce qu'ils n'ont pas cru en moi. — Or, voici la cause de la condamnation; c'est que la lumière est venue dans le monde, et que les hommes ont mieux aimé les ténèbres que la lumière. — Celui qui ne croit point est déjà condamné, parce qu'il n'a pas cru au nom du Fils unique de Dieu. — Si je n'eusse pas fait parmi eux les œuvres qu'aucun autre n'a faites, ils n'auraient point de péché; mais maintenant, ils les ont vues, et ils ont haï et moi et mon Père. — Malheur à toi, Chorazin! malheur à toi, Bethsaïda! Car si les miracles qui ont été faits au milieu de vous, avaient été faits dans Tyr et dans Sidon, il y a longtemps qu'elles se seraient repenties en prenant le sac et la cendre; c'est pourquoi Tyr et Sidon seront traitées moins rigoureusement au jour du jugement que vous. — Il nous faut faire une plus grande attention aux choses que nous avons entendues, de peur que nous les laissions écouler; car si la parole qui a été annoncée par les anges a eu son effet, et si toute transgression et toute désobéissance a reçu une juste punition, comment échapperons-nous si nous négligeons un si grand salut? — Si quelqu'un avait violé la loi de Moïse, il mourait sans miséricorde sur le témoignage de deux ou de trois personnes; combien plus grand croyez-vous que doive être le supplice dont sera jugé digne celui qui aura foulé aux pieds le Fils de Dieu, et tenu pour une chose profane le sang de l'alliance, par lequel il avait été sanctifié, et qui aura outragé l'Esprit de la grâce (1)? — Vous le voyez, mes frères, je cite textuellement l'Ecriture; or, si ces divers passages ne signifient point que la réjection de Christ est un péché, et le péché qui, par-dessus tous les autres, rend l'âme humaine passible de la perdition éternelle; si, dis-je, ils n'ont point ce sens, j'affirme qu'ils n'en ont absolument aucun, mais qu'ils sont des lettres mortes dans la Parole de Dieu. Assurément l'adultère, le meurtre, le larcin, le mensonge, tous ces péchés sont mortels et damnables; toutefois, la repentance peut les effacer par les mérites du sang de Jésus. Mais une âme qui rejette Christ est perdue sans espoir. Le meurtrier, le voleur, l'intempérant peuvent entrer dans le royaume des cieux, si, haïssant sincèrement leurs iniquités, ils saisissent la croix de Christ; mais tout homme qui ferme son cœur au Seigneur Jésus, qu'il soit un grand pécheur ou un homme vertueux selon le monde, sera perdu sans ressource.

(1) Jean, XVI, 8, 9. — Jean, III, 19, 18. — Jean, XV, 24. — Luc, X, 13, 14. — Héb., II, 1, 3. — Héb., X, 28, 29.

Et considérez, je vous prie, mes chers auditeurs, combien est odieux le péché que vous commettez, en repoussant Christ. On peut dire avec vérité qu'il contient dans ses entrailles tous les autres péchés. Et d'abord, j'y vois le meurtre : car si un criminel sur l'échafaud refuse la grâce qui lui est offerte, ne devient-il pas son propre meurtrier? J'y vois l'orgueil : car si vous vous détournez du Sauveur, c'est votre cœur orgueilleux qui en est cause. J'y vois la rébellion : car vous faites la guerre à Dieu en méprisant son Fils. J'y vois le crime de haute trahison : car vous vous insurgez contre votre Souverain légitime, vous prenez les armes contre Celui qui a été sacré Roi de toute la terre. — Oh! mes frères, je vous en supplie, réfléchissez à votre conduite. Quoi! le Seigneur Jésus est descendu du ciel, — il a été cloué sur un bois infâme; — là, il est mort au milieu d'indicibles angoisses, et du haut de cette croix maudite, il abaisse sur vous un regard d'amour, en vous disant : « Venez à moi vous tous qui êtes travaillés et chargés! » Et vous osez le mépriser encore! et vous refusez d'écouter ses appels! et vous passez à côté de lui avec indifférence! Ah! n'infligez-vous pas à mon Sauveur la plus cruelle des blessures? et ne faites-vous pas preuve de l'ingratitude la plus insigne, la plus révoltante, la plus diabolique en vous détournant de Celui qui a donné sa vie pour vous ?... Oh ! *si vous vouliez être sage ! si vous vouliez comprendre ceci ! si vous considériez votre dernière fin !*

Mais il y a plus. En rejetant Christ, non-seulement vous ajoutez un nouveau péché à tous ceux que vous avez déjà commis, mais encore *vous rendez ceux-ci beaucoup plus graves.* Il ne peut pas faire le mal à aussi bon marché qu'un autre, l'homme qui a été placé sous l'influence de l'Evangile. Lorsque des personnes sans lumière et sans intelligence spirituelle offensent Dieu, leur conscience ne les reprend pas toujours ; aussi leur culpabilité n'est-elle pas aussi grande que celle de l'âme qui pèche étant éclairée. As-tu volé avant d'entendre la Parole de Dieu ? tu as mal fait ; mais vole après avoir entendu cette Parole, et tu seras dix fois plus coupable. As-tu menti avant de connaître l'Evangile ? tout menteur aura sa part dans l'étang de feu ; mais continue à mentir après l'avoir connu, et il semble en vérité que pour toi la fournaise de la géhenne doive être chauffée sept fois autant que de coutume. Celui qui pèche étant dans l'ignorance est à quelque degré excusable ; mais celui qui pèche contre la lumière et la connaissance, pèche dans les circonstances les plus aggravantes. Rejetez Christ, et, du même coup, vous noircissez tous vos autres péchés. Le mépris de Christ est comme la lime à l'aide de laquelle le pécheur révolté aiguise la hache, le coutre et l'épée dont il se sert pour combattre le Très-Haut. Mieux vous connaissez Christ, plus votre culpabilité grandit et augmente si vous le rejetez. Telle est, mes frères, la vérité de Dieu. Vérité solennelle, vérité saisissante, et que les ministres de l'Evangile ne devraient jamais annoncer sans être émus jusqu'au fond de l'âme. Oh! qu'il est sérieux surtout d'avoir un tel message à vous faire entendre, à vous, mes chers auditeurs, qui de tous les hommes vivant sous le soleil, êtes peut-être ceux auxquels les paroles de mon texte s'appliquent avec le plus de force! Oui, vous dis-je, s'il est des âmes dans le monde auxquelles il sera beaucoup redemandé, ce sont les vôtres! Sans doute, vous n'êtes pas les seuls qui jouissiez de grands priviléges; vous n'êtes pas les seuls qui ayez entendu prêcher l'Evangile avec pureté et avec force; mais, j'en atteste le Dieu vivant, ce Dieu qui au dernier jour jugera entre vous et moi, il n'est personne sur la terre qui ait plus reçu que vous. De toutes les puissances de mon être, je me suis efforcé d'être fidèle envers vos âmes. Jamais je n'ai cherché, en employant des mots sonores ou un langage technique, à rehausser ma propre sagesse. Je vous ai parlé clairement, nettement, familièrement ; et si parfois, il est échappé de mes lèvres un mot qui ne fût pas à la portée de tous, c'est à mon insu ou par mégarde. Je vous ai annoncé l'Evangile dans toute sa simplicité. Jamais, je puis le dire, je ne vous ai parlé avec froideur. Comme les anciens prophètes, chaque fois que j'ai monté les degrés de la chaire, j'aurais pu m'écrier : *La charge de l'Eternel, la charge de l'Eternel est sur moi!* car mon cœur était gros de parler, et mon âme bouillonnait au dedans de moi ; et alors même que j'ai prêché avec faiblesse, si mes paroles étaient rudes et mal choisies, du moins puis-je me rendre le témoignage qu'elles partaient de l'abondance de mon cœur. J'ai répandu devant vous mon âme tout entière. J'ai essayé de tous les moyens pour vous rendre attentifs aux choses de Dieu ; et si en bouleversant le ciel et la terre, j'avais cru trouver un mot qui pût vous gagner à mon Sauveur, Dieu sait que j'aurais tenté de le faire. Je vous ai annoncé tout le conseil de mon Maître ; je vous ai repris sans ménagements ; je n'ai point fait usage de mots couverts. J'ai déclaré à ce siècle ses forfaits, et à chacun de vous ses iniquités. Je n'ai eu garde de mitiger la Bible pour plaire aux goûts charnels des hommes. Quand Dieu a dit : *Damner*, j'ai dit : *Damner*; je n'ai point remplacé ce mot qui froisse les oreilles délicates de notre génération, par celui plus doux de *condamner*. J'ai appelé les choses par leur vrai nom ; je n'ai ni voilé ni déguisé la vérité ; mais à toute conscience humaine, je me suis efforcé, comme en présence de Dieu, d'exposer le salut avec hardiesse, avec puissance, avec ferveur et avec zèle. Je n'ai eu honte, ni d'élever bien haut les glorieuses doctrines de la grâce (quoique en cela faisant je me sois attiré les injures des ennemis de la croix), ni de prêcher comme aujourd'hui la solennelle responsabilité de l'homme (quoiqu'une autre caste de gens m'ait mis à l'index pour cette raison). Et Dieu sait, mes chers auditeurs, que si je parle de cette manière, ce n'est point pour me glorifier ; c'est uniquement afin de vous faire rentrer en vous-mêmes, et afin de vous prouver que vous êtes les plus coupables des hommes si vous rejetez l'Evangile. Car, encore une fois, cet Evangile, vous le connaissez ; il vous est annoncé en cet instant même ; si donc vous persistez à mépriser Christ, souvenez-vous que vous amassez sur vos têtes une mesure toujours plus grande de la colère de Dieu.

III.

Et maintenant développons notre troisième proposition.

La prédication de l'Evangile de Christ, avons-nous dit, enlève toute excuse a ceux qui l'ont entendu et rejeté. Hélas, combien toute excuse est vaine devant l'œil de Celui qui sonde toutes choses ! Dans le grand jour de la tempête de la colère de Dieu, malheur à l'âme qui n'aura pour se mettre à couvert que le chétif abri d'une excuse ! Néanmoins, je le reconnais, une excuse vaut mieux que rien. Et de même qu'un homme qui n'aurait ni asile ni refuge, s'estimerait bien heureux, par la pluie et le froid, de pouvoir du moins s'envelopper dans un manteau, de même toute conscience qui se sent coupable est bien aise, à défaut de mieux, de rassembler autour d'elle quelques misérables lambeaux d'excuses. *Mais maintenant*, dit Jésus-Christ, — maintenant que je suis venu à vous et que je vous ai parlé, — *maintenant vous n'avez plus d'excuse de vos péchés*. Voyageur égaré, tu devras affronter la tempête sans le vêtement qui te protégeait. Ame coupable, tu devras paraître devant ton Juge sans le plus léger voile pour atténuer tes iniquités : dépouillée, découverte, démasquée, tu es laissée absolument sans excuse.

Pour mieux vous faire saisir cette importante vérité, je vais passer en revue, mes chers amis, quelques-unes des excuses derrière lesquelles l'homme se plaît à se retrancher, et nous verrons ce qu'elles deviennent en présence de la fidèle prédication de l'Evangile.

Et d'abord, l'excuse qui se retrouve le plus souvent dans la bouche du pécheur, est celle-ci : « Quand j'ai commis telle ou telle iniquité, j'ignorais que je faisais mal. » Il est possible que le païen ait quelque droit d'alléguer cette excuse, mais quant à vous, mes frères, je soutiens que vous n'en avez aucun. Par sa loi sainte, Dieu vous a fait solennellement connaître ce qui est mal. Vous savez les dix commandements; vous avez lu aussi le commentaire qu'en a fait notre Maître; vous n'ignorez pas qu'il a étendu et spiritualisé la loi morale, et qu'il nous a appris, par exemple, que le septième commandement : *Tu ne commettras point adultère*, défend non-seulement tout acte impur, mais toute pensée ou tout regard de convoitise. Si le farouche Indien commet un meurtre, il est, jusqu'à un certain point, excusable : je ne doute pas que sa conscience ne lui crie qu'il fait mal de répandre le sang de son frère, mais ses livres sacrés lui enseignent qu'il fait bien ; c'est pourquoi il a une ombre d'excuse. De même lorsque le mahométan se livre sans contrainte à la volupté, je ne doute pas qu'une voix intérieure ne le condamne ; toutefois, puisque son Coran légitime l'impureté, on peut admettre en sa faveur quelques circonstances atténuantes. Mais vous qui faites profession de croire à la Bible, vous qui la possédez dans vos maisons et qui n'avez qu'à sortir dans vos rues pour entendre annoncer l'Evangile, quelle excuse semblable, je vous le demande, pourriez-vous faire valoir ? Ne péchez-vous pas avec la loi divine affichée, en quelque sorte, sur la muraille devant vos yeux ? Ne violez-vous pas volontairement les ordres bien connus de Celui qui a parlé des cieux, et qui vous a parlé directement à vous-mêmes ?

« Mais, dira un autre, lorsque j'ai péché je ne savais pas à quel sévère châtiment je m'exposais. » Vous ne le saviez pas, mon cher auditeur ! Et à qui la faute, je vous prie ? L'Evangile ne vous a-t-il pas averti ? Jésus-Christ ne vous a-t-il pas dit et redit que ceux qui ne veulent pas le recevoir seront jetés dans les ténèbres de dehors, dans le lieu des pleurs et des grincements de dents ? Ne vous a-t-il pas déclaré expressément que les méchants s'en iront aux peines éternelles, et les justes à la vie éternelle ? Ne vous a-t-il point parlé lui-même et du ver qui ne meurt point et du feu qui ne s'éteint point ? Et vos pasteurs, — (si du moins ils sont fidèles), — ne vous ont-ils pas fait entendre à leur tour ces redoutables vérités ? Ah ! c'est en vain que vous essaieriez de le nier : vous avez péché, sachant très-bien que vous perdiez votre âme ! Vous avez bu la coupe empoisonnée, sachant très-bien que la mort éternelle était au fond ; vous l'avez vidée jusqu'à la lie, sachant très-bien que dans chaque goutte de cette coupe brûlait déjà le feu de l'enfer ! Vous avez détruit votre âme les yeux ouverts. *Comme un bœuf qui s'en va à la boucherie, et comme un fou qui s'en va aux ceps pour être châtié* (1), vous avez marché tout droit à votre ruine ; comme l'agneau qui lèche le couteau de l'égorgeur, vous avez caressé les instruments de votre perte ; et vous avez fait tout cela, je le répète, sciemment, volontairement, avec une pleine connaissance de cause : c'est pourquoi vous êtes sans excuse.

« Il est vrai que je connais la loi de Dieu, dira-t-on encore ; il est vrai aussi qu'en faisant le mal je savais à quoi je m'exposais ;

---

(1) Prov., VII, 22.

mais j'ignore ce que je dois faire pour être sauvé. » Y a-t-il ici quelqu'un qui ait l'audace de présenter une telle excuse ? En vérité, il faudrait qu'il eût un front d'airain ! Depuis dix, vingt, trente, quarante ou cinquante années, la plupart d'entre vous entendent la prédication de l'Evangile. Ces mots : « Crois et vis ! crois et vis ! » retentissent chaque jour à vos oreilles. Comment donc oseriez-vous dire : « Nous ne connaissons point le chemin du salut ? » Dès l'âge le plus tendre vous avez été placés sous l'influence de la vérité. Le doux nom de Jésus est un des premiers mots que votre langue enfantine ait appris à bégayer. Vous avez sucé pour ainsi dire le lait du saint Evangile avec le lait de votre mère. Et pourtant, malgré tous ces priviléges, malgré toutes ces faveurs, vous n'avez jamais cherché Christ. Oh ! prenez garde, je vous en conjure ! « Connaissance est puissance, » dit un proverbe humain, et, appliqué aux choses de la terre, cela peut être vrai ; mais hélas ! pour ce qui est des choses de Dieu, connaissance est *malheur*, malheur, MALHEUR, à moins que la foi ne vienne s'y joindre ! Oui, vous dis-je, malheur à l'homme qui connaît le bien et qui ne le fait pas, car la colère de Dieu tombera de tout son poids sur son âme !

Mais il me semble entendre une autre excuse.

« Je conviens, dit un de mes auditeurs, que l'Evangile m'a été annoncé; mais ce qui m'a empêché de le prendre au sérieux, c'est que je n'ai jamais vu personne le mettre en pratique. » Je conviens, à mon tour, que dans la bouche de quelques-uns cette excuse peut avoir une certaine valeur; mais pour le plus grand nombre, j'affirme qu'elle est fausse et sans fondement. Ah! homme du monde, tu prends plaisir à critiquer les misères des chrétiens. Tu dis: « Ils sont en contradiction avec leurs principes; leur vie n'est pas telle qu'elle devrait être; » — et en ceci, hélas! tu ne dis que trop vrai..... Cependant, interroge ton passé, cherche dans tes souvenirs, et dis-moi si tu n'as jamais connu un seul chrétien dont tu aies été forcé d'admirer le caractère. C'était peut-être ta mère, la mère qui te donna le jour. Ah! n'est-il pas vrai, qu'il y a toujours eu dans la douce figure, dans la sainte vie de celle qui t'enfanta, un problème que tu n'as jamais pu résoudre, un écueil devant lequel ton incrédulité a été contrainte à s'arrêter ? Peut-être, plus d'une fois dans ta vie, as-tu été sur le point de rejeter entièrement l'Evangile; mais dans ces moments de tentation, l'image vénérée de ta mère s'est dressée devant toi, et tu as été vaincu ! Ne te rappelles-tu pas en remontant jusqu'à l'aube de tes souvenirs, — ne te rappelles-tu pas que souvent en ouvrant tes yeux au matin, tu rencontrais le regard humide de ta mère attaché sur toi avec amour, et tu l'entendais murmurer tout bas : « Dieu te bénisse, mon enfant ! Puisses-tu vivre pour aimer ton Sauveur. » Ton père te reprenait souvent ; elle, presque jamais ; mais par des paroles pleines de tendresse, elle cherchait à toucher ton cœur. Souviens-toi de la petite chambre haute où elle se retirait avec toi, et entourant ton cou de ses bras, te consacrait à Dieu et priait le Seigneur Jésus de te sauver dès les jours de ta jeunesse. Souviens-toi de la lettre qu'elle glissa dans ta main, de la Bible dans laquelle elle écrivit ton nom, lorsque tu t'éloignas du toit paternel. Souviens-toi surtout de son affliction lorsqu'elle apprit que tu commençais à te plonger dans les plaisirs du monde, et du douloureux regard qu'elle attacha sur toi la dernière fois que tu la quittas. « Mon fils, » te dit-elle en étreignant ta main, « si tu marches dans les voies de l'iniquité, tu feras descendre mes cheveux blancs avec douleur au sépulcre. » Elle mourut sans que tu la revisses, mais sur son lit de mort elle pensa à toi, et au moment d'expirer, elle murmurait encore : « Oh ! si seulement je savais que mon fils se convertît à Dieu, je m'en irais parfaitement heureuse!... » Eh bien, jeune homme, ne sais-tu pas que ta mère, du moins, n'était pas une hypocrite? Peux-tu douter que sa piété ne fût une chose réelle? Tu pouvais, il est vrai, te moquer de ton pasteur, tu pouvais dire qu'*il faisait son métier;* mais de ta mère, tu ne pouvais te moquer : elle était chrétienne, et ton esprit sceptique lui-même était forcé de l'avouer. Que de fois ne supporta-t-elle pas ton humeur irascible et ne répondit-elle que par la douceur à tes paroles brusques! car c'était une créature angélique que ta mère; elle semblait en vérité trop pure pour ce monde; et quoi que tu puisses avoir oublié, sûrement tu te souviens de cela, jeune homme! Or, je te le demande, un tel exemple ne t'enlève-t-il pas toute excuse de ton péché? Jésus-Christ t'a parlé par la vie de ta mère; tu as eu sous les yeux une preuve vivante de la réalité du christianisme. Si donc après cela tu persistes à le rejeter, quelle ne sera pas la rigueur de ta condamnation!

Mais ici je prévois une objection. Plusieurs de ceux qui m'écoutent me répondront qu'ils n'ont pas eu une telle mère. « Notre première école, me diront-ils, a été la rue; le premier exemple dont nous nous souvenions, celui d'un père blasphémateur. » Cela peut être, mes amis; mais souvenez-vous, je vous prie, qu'il est un exemple parfait, un modèle accompli, savoir, Christ; et que ce modèle, si vous ne l'avez pas contemplé de vos yeux, vous avez pu le voir dans sa Parole. Oui, Jésus-Christ, l'Homme de Nazareth, a été un homme parfait; *il n'a point commis de péché, et dans sa bouche il ne s'est trouvé aucune fraude* (1). Si donc l'excellence chrétienne ne vous a jamais été démontrée par la vie des disciples, elle l'a été du moins par la vie du Maître; par conséquent, en avançant cette excuse, vous avancez un mensonge; car l'exemple de Christ, les œuvres de Christ, aussi bien que les paroles de Christ, vous laissent sans excuse de votre péché.

Enfin, quelques-uns de vous me diront peut-être : « Nous avons certainement entendu bien des appels, mais ces appels n'ont jamais trouvé le chemin de notre conscience; nous avons souvent écouté les ministres de l'Evangile, mais ils n'ont jamais fait d'impression sur nous. » Ah! mes amis, ou je me trompe singulièrement, ou il en est bien peu parmi vous qui puissent avec vérité tenir ce langage. Jeune homme et jeune fille! je me lèverai en témoignage contre vous au jour du jugement, car je sais que vos con-

---

(1) 1 Pierre, II, 22.

sciences ont été atteintes. N'ai-je pas vu, il n'y a qu'un instant, des larmes silencieuses, les larmes, je l'espère, de la repentance, s'échapper de vos yeux? Et quant à vous, vieillards, qui aujourd'hui, hélas! êtes si difficiles à émouvoir, vous n'avez pas toujours été ainsi. Il fut un temps où votre âme était capable de recevoir des impressions. Oh! souvenez-vous, vieillards, que les péchés de votre jeunesse consumeront vos os, si vous vous êtes obstinés à rejeter l'Evangile. Maintenant je le sais, votre vieux cœur est comme blasé; mais vous n'en êtes que plus inexcusables, car il était sensible autrefois..... et même à présent, n'est-il pas vrai, pauvres vieillards, qu'il n'est pas complètement endurci? — Non, j'en suis convaincu, pas une des âmes qui m'écoutent ne peut dire qu'elle n'a jamais été émue par la prédication de l'Evangile. Dans ce moment même, j'ose affirmer que plusieurs d'entre vous soupirent après la solitude de leur chambre, car ils sont si troublés par le sentiment de leurs péchés, qu'ils brûlent de pouvoir, en toute liberté, répandre leurs cœurs devant Dieu. Mais, hélas! que dureront ces émotions, ce repentir, ces larmes?...

On faisait remarquer un jour à un prédicateur éminent quel étonnant spectacle présentait un auditoire tout en larmes. « Je connais une chose bien autrement étonnante, répondit celui-ci; c'est la facilité avec laquelle les gens oublient ce qui les a fait pleurer dès qu'ils ont franchi le seuil du temple. » Est-ce là ce que vous allez faire, mes amis ? Je ne sais ! Quoi qu'il en soit, souvenez-vous que l'Esprit de Dieu a contesté avec vos âmes. Souvenez-vous qu'aujourd'hui encore le Seigneur a comme placé une barrière sur vos pas; il a creusé un fossé au travers de votre chemin; il a élevé un signal d'alarme devant vos yeux et vous a crié : « Fils des hommes, prenez garde, prenez garde, prenez garde ! vous vous précipitez tête baissée dans les voies de la perdition ! » Et il m'a envoyé, moi son serviteur, pour vous avertir de votre danger. Et c'est en son nom que je vous dis à tous : « Arrêtez, arrêtez, arrêtez ! Ainsi a dit l'Eternel : Considérez vos voies; retournez, retournez, convertissez-vous; et pourquoi mourriez-vous, ô maison d'Israël ? » Mais si vous repoussez ce nouvel appel de mon Maître, que vous dirai-je, ô pécheurs?.... Qu'il en soit comme vous le voulez ! Si vous étouffez volontairement ces étincelles de la grâce divine, si vous éteignez ces premières lueurs de l'Esprit saint, si vous êtes résolus à vous perdre pour l'éternité, qu'il en soit comme vous le voulez ! Seulement rappelez-vous que je suis net du sang de vous tous ! C'est à vous-mêmes que vos âmes seront redemandées; c'est vous seuls qui serez responsables devant Dieu de votre rébellion et de votre incrédulité.

IV.

Il ne me reste plus que quelques paroles à ajouter, mais ces paroles sont terribles au plus haut point; car je dois, au nom de mon Maître, prononcer UN VERDICT DE CONDAMNATION. Je dois déclarer solennellement que le sort le plus effroyable attend tous ceux qui vivent et qui meurent en rejetant Christ. Oui, une complète, une irrémédiable destruction les enveloppera infailliblement. S'il y a des degrés dans les peines éternelles, sans contredit, le plus haut degré sera réservé à toute âme qui n'aura pas voulu profiter des invitations de Christ. N'avez-vous pas, mes frères, remarqué ce passage de l'Evangile, où il est dit que le serviteur infidèle, celui qui a passé son temps à battre ses compagnons de service, à manger, à boire et à s'enivrer aura sa portion... (avec qui, pensez-vous?) — *avec les incrédules!* Comme si l'enfer était tout particulièrement l'héritage des incrédules! Comme si l'abîme avait été creusé, non pas tant pour le fornicateur, pour le blasphémateur, pour l'intempérant, que pour celui qui méprise Christ!

C'est qu'en effet, la réjection de Christ constitue le péché essentiel, le vice primordial. Lorsque les pécheurs comparaîtront en jugement, leurs autres iniquités les suivront, mais celle-là les précèdera. — Mes frères, transportez-vous par la pensée à cet instant suprême, à ce jour du jugement qui approche. Il n'y a plus de temps; le son de la dernière trompette a retenti dans l'espace. Nous sommes tous rassemblés, les vivants et les morts. Une foule consternée et anxieuse se presse dans les rues. Plus d'affaires de bourse maintenant, plus d'opérations commerciales; le marchand abandonne sa boutique, le prince son palais. Chacun est dans l'attente; chacun sent que le grand jour de l'échéance est enfin venu, et qu'il va falloir régler ses comptes pour l'éternité. Un silence solennel règne de toutes parts. Pas un son, pas une voix ne se fait entendre. Toute langue est muette, tout cœur est défaillant.... Soudain, une grande nuée blanche descend majestueusement du ciel. Sur cette nuée est assis quelqu'un semblable au Fils de l'homme. Tout œil le voit, — et alors, oh! alors, de la terre qui tressaille jusqu'en ses fondements, s'élève une immense, une formidable clameur. « C'est lui ! c'est lui ! » répètent toutes les bouches. Mais à ce cri unanime succède bientôt un double chœur; chœur des rachetés qui chantent avec ravissement : « Alléluia, alléluia, alléluia ! Gloire à toi, ô Fils de Dieu ! » — et chœur de ceux qui ont méprisé Jésus, dont les sanglots et les lamentations retentissent dans les airs en notes sourdes et lugubres. Ecoutez ! Que disent les malheureux ? il me semble distinguer leurs paroles, à mesure qu'elles tombent de leurs bouches, graves et lentes comme les tintements d'un glas funèbre. « *Rochers, tombez sur nous*, disent-ils ; *montagnes, cachez-nous de devant la face de Celui qui est assis sur le trône !...* »

Mon auditeur inconverti, seras-tu de ceux qui pousseront ce cri de désespoir ? Question saisissante et sérieuse entre toutes ! Je suppose, pour un moment, que tu aies quitté la vie dans ton impénitence, et que, par conséquent, tu sois au nombre des infortunés qui salueront la venue du Seigneur par des pleurs et des grincements de dents. Oh ! quelle ne sera pas alors ta terreur ! Ton visage livide, tes genoux tremblants ne seront rien, comparés à l'effroi sans pareil qui remplira ton cœur, quand *tu seras ivre, mais non pas de vin*, quand tu chancelleras dans l'étourdissement de la peur, quand tu t'abattras dans la poussière pour cacher ton épouvante ! Car le Juge est là, — il approche, — il avance, — et maintenant l'heure du grand triage a sonné. « Rassemblez mon peuple des quatre vents des cieux, mes élus en qui mon âme prend plaisir, » dit le Seigneur. Aussitôt cet ordre est exécuté. Puis on entend ces mots : « Ramassez l'ivraie, et la liez en faisceaux pour être brûlée. » Et on te ramasse, ô pécheur, et tu es lié dans le faisceau, et il ne reste plus qu'à te livrer au feu. Mais où est l'étincelle qui doit allumer le bûcher ? L'ivraie doit être brûlée, mais d'où viendra la flamme qui l'embrasera ? La flamme ? elle jaillit de la bouche même du souverain Juge, et des mots tels que ceux-ci la composent : *Retirez-vous de moi, maudits, et allez au feu éternel, préparé au diable et à ses anges* (1) ! Hésites-tu, ô pécheur ? « *Allez!* » répète ton Juge. — Implores-tu sa bénédiction ? « Tu es *maudit!* » — Veux-tu fuir ? « *Le feu éternel* est devant toi ! » — Demandes-tu grâce ? « Le temps de grâce est passé, répond Christ. *Parce que j'ai crié et que vous avez refusé d'ouïr; parce que j'ai étendu ma main, et qu'il n'y a eu personne qui y prît garde; aussi je me rirai de votre calamité, je me moquerai quand votre effroi surviendra* (2) ! Allez, vous dis-je, au feu qui ne s'éteint point ! » — Et tu y vas !.... Et quelles sont les

---

(1) Matth., XXV.
(2) Prov., I, 24, 26.

pensées qui assiégent ton cœur? « Oh! plût à Dieu que je ne fusse jamais né! t'écries-tu avec désespoir; plût à Dieu que l'Evangile ne m'eût jamais été annoncé, car je n'aurais pas commis le crime de le rejeter! » Ah! c'est alors, pécheur, que tu sentiras au fond de ta conscience la morsure du ver qui ne meurt point. « Je connaissais le bien, diras-tu, mais j'ai fait le mal. J'ai semé le vent, il est juste que je moissonne la tempête. Dieu a mis des entraves sur ma route, mais j'ai passé outre; il m'a appelé, mais j'ai fermé mon oreille; il m'a supplié, mais j'ai repoussé ses avances miséricordieuses. Oh! pensée de toutes les pensées la plus poignante et la plus amère! j'ai été le meurtrier de mon âme! Je suis perdu, perdu, perdu! et perdu par ma propre faute! J'ai repoussé l'Evangile de Christ, je suis l'artisan de mon éternelle ruine! »

En sera-t-il ainsi de toi, mon cher auditeur, en sera-t-il ainsi de toi? A Dieu ne plaise! Oh! puisse le Saint-Esprit t'attirer irrésistiblement vers Jésus, car tu es trop vil pour céder, je le sais, à moins qu'une force divine ne t'y contraigne. Toutefois, j'espère pour toi, mon frère. N'entends-je pas ta voix murmurer en cet instant même : *Que faut-il que je fasse pour être sauvé?* Je vais te le dire, pauvre âme : *crois au Seigneur Jésus-Christ et tu seras sauvé.* Il n'y a pas d'autre moyen de salut que la foi en Christ. *Celui qui croira et qui sera baptisé, sera sauvé; mais celui qui ne croira point sera condamné :* tel est l'enseignement de l'Ecriture.

Oh! pécheurs, regardez donc à Jésus! voyez: Il est là suspendu à la croix, il souffre et il meurt pour vous..... Regardez à lui et vous vivrez.

> Nul ne peut rendre Dieu propice
> Que Jésus-Christ le Rédempteur;
> Son sang offert en sacrifice,
> Voilà la rançon du pécheur (1)!

Fussiez-vous même les plus vils, les plus souillés, les plus dégradés des hommes, venez, venez à Christ. Fussiez-vous l'écume, le rebut, les balayures de la société, Jésus vous invite à venir à lui. Il n'est pas jusqu'aux âmes dont Satan ne veut plus, que mon Sauveur ne soit prêt à recevoir. Oh! venez donc à lui, qui que vous soyez, tels que vous êtes, et vous obtiendrez miséricorde! — Mais si vous endurcissez vos cœurs, tremblez! oui, je vous le dis, tremblez!

> Car Dieu, de sa gloire jaloux,
> Dira, dans son juste courroux :

---

(1) *Chants chrétiens.*

« J'ai cette parole jurée,
Que jamais ce peuple endurci,
Puisqu'il me résistait ainsi,
Dans mon repos n'aurait entrée (1) ! »

(1) Ps. XCV.

APPEL AUX INCONVERTIS.

> Tous ceux qui s'attachent aux œuvres de la loi sont sous la malédiction ; car il est écrit : Maudit est quiconque ne persévère pas dans toutes les choses qui sont écrites au livre de la loi pour les faire (Gal., III, 10).

Mon cher auditeur, es-tu converti ou ne l'es-tu pas? De ta réponse à cette question dépend la manière dont je m'adresserai à toi en ce jour. Veuille, je t'en supplie, au nom de ton âme, oublier pour quelques instants que tu te trouves dans un lieu de culte, écoutant un ministre de l'Evangile qui prêche à un nombreux auditoire. Essaie de te figurer que tu es assis dans ta maison, dans ton cabinet, et que je suis debout à ton côté, ta main dans ma main, m'entretenant seul à seul avec toi ; — car c'est ainsi que je désire parler en ce moment à chacun de ceux qui m'écoutent. — Je te réitère donc, mon cher auditeur, la question souverainement importante et solennelle que je t'ai déjà posée, et je te conjure d'y répondre comme en présence de Dieu. Es-tu en Christ ou hors de Christ ? As-tu cherché un refuge auprès de celui qui est l'unique espoir des pécheurs ? ou bien es-tu encore étranger à la république d'Israël, éloigné de Dieu, et en dehors des promesses de son saint Evangile ? Voyons, mon frère, pas d'hésitations, pas de faux fuyants; sois de bonne foi, et que ta conscience réponde OUI OU NON à ma demande. Car, de deux choses l'une : ou tu es sous le poids de la colère de Dieu, ou tu es délivré de cette colère. Il n'y a point d'autre alternative. Oui, tu es dans cet instant même héritier de la malédiction divine, ou héritier du royaume de la grâce : lequel de ces deux états est le tien ? C'est à toi à prononcer. Et qu'il n'y ait point de « *si* » et de « *peut-être* » dans ta réponse; mais qu'elle soit nette, loyale, catégorique. Que si tu étais encore dans le vague à cet égard, je t'en supplie, ne donne point de repos à ton âme jusqu'à ce que ce vague soit dissipé. Surtout, ne te hâte pas d'interpréter le doute à ton profit; considère-le bien plutôt comme une forte présomption contre toi. Il est plus probable, crois-le, que la vérité se trouve du mauvais côté que du bon. Maintenant donc, ô mon frère, place ton âme dans la balance; et si un plateau ne pèse pas évidemment plus que l'autre, mais que tous deux se maintiennent à peu près en équilibre, de telle sorte que tu sois obligé de dire : « *Je ne sais lequel l'emporte...* » souviens-toi que mieux vaut résoudre de suite la question en mal (quelque terrible que soit cette extrémité), que de la résoudre en bien, au risque de te séduire toi-même et de continuer à vivre dans une présomptueuse sécurité, jusqu'à ce que tu reconnaisses enfin ta fatale illusion dans l'abîme de l'enfer. Peux-tu donc, une main posée sur la Parole de Dieu et l'autre sur ton propre cœur, lever en cet instant ton regard vers le ciel et dire dans une humble assurance : « Je sais une chose, c'est que j'étais aveugle et que maintenant je vois ; je sais que je suis passé de la mort à la vie ; je suis le premier des pécheurs, mais Jésus est mort pour moi ; et à moins que je ne m'abuse de la manière la plus terrible, je suis dès à présent un racheté de Christ, un monument de la grâce de Dieu ? » Peux-tu, te dis-je, en toute bonne conscience, me faire cette réponse ? S'il en est ainsi, ô mon frère, paix te soit en notre Seigneur ! Que la bénédiction du Très-Haut repose sur ton âme ! Ne crains point ; les paroles que nous allons méditer n'ont plus de foudres pour toi. Lis plutôt le verset 13e du chapitre auquel j'ai emprunté mon texte, et tu y trouveras la confirmation glorieuse de tes espérances : *Christ a été fait malédiction pour nous, car il est écrit : Maudit est quiconque est pendu au bois.* Si donc il est vrai que tu sois un enfant de Dieu, converti et régénéré, je le répète, tu n'as rien à craindre, car Christ a été maudit à ta place.

Mais j'ai la solennelle conviction que la grande majorité de cette assemblée ne pourrait me faire une semblable réponse; et toi en particulier, mon cher auditeur — (car je veux continuer à m'adresser personnellement à toi), — tu n'oserais, n'est-il pas vrai? tenir ce langage, car tu es étranger à l'alliance de grâce. Tu n'oserais mentir à Dieu et à ta conscience, c'est pourquoi tu dis avec une franchise qui t'honore : « Je sais que je n'ai jamais été régénéré; je suis aujourd'hui ce que j'ai été de tout temps. » C'est donc avec toi que j'ai affaire, ô homme ! et je t'adjure, par Celui qui doit juger les vivants et les morts, par Celui devant lequel toi et moi devrons bientôt comparaître, — je t'adjure d'écouter avec attention ce que j'ai à te dire de la part du Seigneur, te souvenant que cet appel est peut-être le dernier qu'il te sera donné d'entendre ! Et je t'adjure aussi, ô mon âme, de parler avec fidélité à ces hommes mortels qui t'entourent, de peur qu'au dernier jour le sang de leurs âmes ne soit trouvé dans les pans de ta robe, et que toi-même tu ne sois réprouvée !...

O Seigneur, rends-nous tous sérieux et recueillis,

et veuille nous donner, en ce moment, des oreilles qui entendent, une mémoire qui retienne, et une conscience qui soit touchée par ton Esprit, pour l'amour de Jésus !

Nous diviserons ce discours en trois parties : en premier lieu, NOUS JUGERONS L'ACCUSÉ ; en deuxième lieu, NOUS PRONONCERONS SA SENTENCE ; et enfin, s'il se reconnaît coupable et qu'il se repente (mais seulement à ces conditions), NOUS LUI ANNONCERONS LA DÉLIVRANCE.

I.

Et d'abord, procédons AU JUGEMENT DE L'ACCUSÉ.

Mon texte est ainsi conçu : *Maudit est quiconque ne persévère pas dans toutes les choses qui sont écrites au livre de la loi pour les faire.* Homme inconverti, je te le demande, es-tu coupable ou non coupable ? As-tu persévéré dans toutes les choses qui sont écrites au livre de la loi ? En vérité, il me semble presque impossible que tu oses soutenir ton innocence ; mais je veux supposer pour un moment que tu aies le triste courage de le faire ; je veux supposer que tu dises hardiment : « Oui, j'ai persévéré dans tous les commandements de la loi. » — C'est ce que nous allons examiner, mon cher auditeur ; et avant tout, permets-moi de te demander si tu connais cette loi que tu prétends avoir accomplie? Je vais t'en donner un simple aperçu, un aperçu que j'appellerai *extérieur*, mais souviens-toi qu'elle possède un sens intérieur et spirituel infiniment plus étendu que son sens littéral. Ecoute donc le premier commandement de la loi :

TU N'AURAS POINT D'AUTRE DIEU DEVANT MA FACE.

Quoi! N'as-tu jamais rien aimé plus que ton Créateur? Lui as-tu toujours donné la première place dans tes affections? Ne t'es-tu pas fait un Dieu, ou de ton ventre, ou de ton commerce, ou de ta famille, ou de ta propre personne? Oh! sûrement tu n'oserais nier que ce premier commandement ne te condamne!

Et le second, l'as-tu mieux observé?

TU NE TE FERAS POINT D'IMAGE TAILLÉE, NI AUCUNE RESSEMBLANCE DES CHOSES QUI SONT LA-HAUT DANS LES CIEUX, OU ICI-BAS SUR LA TERRE, NI DANS LES EAUX PLUS BASSES QUE LA TERRE.

Quoi! n'as-tu jamais courbé le front devant la créature? N'as-tu jamais élevé quelque objet terrestre à la place de Dieu? Pour ma part, je le reconnais à ma honte, j'ai eu bien des idoles dans ma vie; et si ta conscience parle avec sincérité, je suis assuré qu'elle te dira, à toi aussi : « O homme ! tu as été un adorateur de Mammon, un adorateur de tes sens; tu t'es prosterné devant ton argent et ton or; tu t'es incliné devant les honneurs et les dignités; tu t'es fait un Dieu de ton intempérance, un Dieu de tes convoitises, un Dieu de ton impureté, un Dieu de tes plaisirs ! »

Et le troisième commandement,

TU NE PRENDRAS POINT LE NOM DE L'ÉTERNEL TON DIEU EN VAIN,

oserais-tu soutenir que tu ne l'as point violé? Si tu n'as jamais proféré de jurements grossiers, de paroles blasphématoires, n'as-tu pas du moins employé irrévérencieusement le nom de Dieu dans tes conversations ordinaires? Dis : as-tu toujours sanctifié ce nom, trois fois saint? Ne l'as-tu jamais prononcé sans nécessité? N'as-tu jamais lu le Livre de Dieu avec distraction et légèreté? N'as-tu jamais écouté la prédication de l'Evangile sans recueillement et sans respect? Oh! sûrement, ici encore tu ne peux que t'avouer coupable.

Et quant au quatrième commandement qui se rapporte à l'observation du sabbat,

SOUVIENS-TOI DU JOUR DU REPOS POUR LE SANCTIFIER,

est-il personne d'assez effronté pour dire qu'il ne l'a pas transgressé? O homme, mets donc ta main sur ta bouche, et reconnais que ces quatre commandements suffiraient à eux seuls pour te convaincre de péché et pour attirer sur toi la juste colère de Dieu !

Mais continuons notre examen.

HONORE TON PÈRE ET TA MÈRE.

Quoi ! prétends-tu ne pas être coupable sur ce point? N'as-tu jamais désobéi dans ta jeunesse? N'as-tu jamais regimbé contre l'amour de ta mère, ni méprisé l'autorité de ton père ? Feuillette les pages de ton passé : vois si dans ton enfance, ou même dans ton âge mûr, tu as toujours parlé à tes parents comme tu aurais dû le faire; vois si tu les a toujours traités avec l'honneur auquel ils ont droit et que Dieu t'a commandé de leur rendre.

TU NE TUERAS POINT.

Il est possible, mon cher auditeur, que tu n'aies point violé *la lettre* de ce commandement; il est possible que tu n'aies point ôté la vie à un de tes semblables; mais ne t'es-tu jamais laissé dominer par la colère? Or, la Parole de Dieu déclare expressément que *celui qui se met en colère contre son frère est un meurtrier* (1). Juge, après cela, si tu es coupable, oui ou non.

TU NE COMMETTRAS POINT ADULTÈRE.

Peut-être as-tu commis des choses abominables, et t'es-tu plongé, aujourd'hui même, dans les honteuses voluptés de la luxure; mais en admettant que tu aies vécu dans une chasteté parfaite, peux-tu dire, ô mon frère, que tu n'aies rien à te reprocher par rapport à ce commandement, lorsque tu te places en présence de ces solennelles paroles du Maître : *Quiconque regarde une femme pour la convoiter, il a déjà commis adultère avec elle dans son cœur* (2)? Aucune pensée lascive n'a-t-elle traversé ton esprit? Aucun désir impur n'a-t-il souillé ton imagination?.... Oh! sûrement, sûrement, si ton front n'est pas d'airain, si ta conscience n'est pas entièrement cautérisée, ta réponse à ces questions ne saurait être douteuse!

(1) 1 Jean, III, 15.
(2) Matth., V, 28.

TU NE DÉROBERAS POINT.

N'as-tu jamais dérobé? Peut-être, ce matin même, as-tu commis un vol, et te trouves-tu ici, au milieu de la foule, chargé encore du produit de ton larcin; mais quand même tu serais d'une probité exemplaire, cependant, n'y a-t-il pas eu certains moments dans ta vie, où tu as éprouvé un secret désir de faire tort à ton prochain? Je vais plus loin : n'as-tu jamais commis dans l'ombre et le silence quelques-unes de ces fraudes qui, pour ne pas tomber sous le coup de la loi de ton pays, n'en sont pas moins autant d'infractions manifestes à la sainte loi de Dieu?

Et qui de nous aurait l'audace d'affirmer qu'il a parfaitement obéi au neuvième commandement?

TU NE DIRAS POINT DE FAUX TÉMOIGNAGE CONTRE TON PROCHAIN.

Ne nous sommes-nous jamais fait l'écho de la calomnie? n'avons-nous pas souvent dénaturé les intentions de nos semblables, ou mal interprété leurs desseins?

Et le dernier commandement,

TU NE CONVOITERAS POINT,

où est-il l'homme qui ne l'ait pas foulé aux

pieds? Combien de fois n'avons-nous pas souhaité plus que Dieu ne nous avait donné? Combien de fois nos cœurs charnels n'ont-ils pas soupiré après des biens que le Seigneur dans sa sagesse avait jugé bon de nous refuser? Ah! mes amis, soutenir notre innocence en face de la loi de Dieu, ne serait-ce pas, je vous le demande, faire acte de véritable folie? et ne semble-t-il pas que la simple lecture de cette loi sainte, devrait suffire (moyennant la bénédiction de l'Esprit) pour nous arracher ce cri d'humiliation et de pénitence : « Nous sommes coupables, Seigneur, nous sommes coupables en tous points? »

Mais j'entends quelqu'un me dire : « Non, je ne veux pas me reconnaître coupable. Assurément, je ne prétends pas avoir *persévéré dans toutes les choses qui sont écrites au livre de la loi*, mais du moins, j'ai fait ce que j'ai pu. » C'est faux, ô homme! Ou tu te fais illusion, ou tu mens à la face de Dieu! Non, tu n'as pas fait tout ton possible pour persévérer dans le bien. Dans mille circonstances de ta vie tu aurais pu agir mieux que tu n'as agi. Quoi! ce jeune homme oserait-il affirmer qu'il fait son possible pour plaire à Dieu, quand je le vois *s'asseoir au banc des moqueurs*, et insulter son Créateur jusque dans son sanctuaire? Quoi! tous, tant que nous sommes ici, n'aurions-nous pu, si nous l'avions voulu, résister à telle tentation, ou éviter telle chute dont le souvenir nous condamne? Si nous n'étions pas libres d'échapper au mal, sans doute nous serions excusables d'y tomber; mais lequel de nous n'est pas forcé de reconnaître qu'il y a eu dans sa vie des moments solennels, où, appelé à choisir entre le bien et le mal, il a résolûment choisi le mal et tourné le dos au bien, marchant ainsi, — le sachant et le voulant, — dans le chemin qui conduit à l'enfer?

« Ah! s'écrie une autre personne, il est vrai que j'ai enfreint la loi de Dieu; mais, en définitive, je vaux bien ceux qui m'entourent; je ne suis pas plus mauvais que bien d'autres. » — Pauvre argument que celui-là, mon cher auditeur, ou plutôt argument qui, par le fait, n'en est pas un. Tu n'es pas, je veux le croire, plus mauvais que le reste des hommes; mais, je te prie, en quoi cela t'avance-t-il? Sera-ce une chose moins terrible d'être damné en compagnie que d'être damné seul? Lorsque, au dernier jour, Dieu dira aux méchants : *Allez, vous maudits, au feu éternel!* crois-tu que cette effroyable sentence te semble plus douce, parce qu'elle s'adressera à des milliers de créatures aussi bien qu'à toi? Si le Seigneur précipitait une nation entière en enfer, chaque individu de la foule sentirait aussi vivement le poids de ce châtiment que s'il était seul à le porter. Dieu n'est pas comme les juges de la terre : si les tribunaux étaient encombrés d'accusés, peut-être seraient-ils tentés de passer légèrement sur plus d'une procédure ; mais le Très-Haut n'agira point ainsi. Infini dans toutes ses facultés, le grand nombre de criminels ne sera point un obstacle pour lui. Il se montrera aussi juste, aussi inflexible à ton égard que s'il n'existait d'autre pécheur que toi. — D'ailleurs, qu'as-tu à faire, je te prie, avec les péchés d'autrui ? Tu n'en es point responsable, car chacun portera son propre fardeau. Dieu te jugera selon tes œuvres et non selon celles des autres. Les manquements de la femme de mauvaise vie peuvent être plus grossiers que les tiens, mais il ne te sera pas demandé compte de ses iniquités. Le crime du meurtrier peut l'emporter de beaucoup aux yeux du monde sur tes propres transgressions, mais tu ne seras pas condamné pour le meurtrier. Mets-toi bien dans l'esprit, ô homme ! que la religion est une affaire toute entre Dieu et toi ; c'est pourquoi, je t'en conjure, regarde à ton propre cœur et non à celui de ton prochain.

Mais j'entends un autre de mes auditeurs s'exprimer ainsi : « Quant à moi, je me suis souvent efforcé de garder les commandements de Dieu, et à certaines époques de ma vie, je crois y être parvenu : cela ne suffit-il point pour me mettre à l'abri de la malédiction ? » Pour te répondre, mon frère, permets-moi de te relire la sentence contenue dans mon texte : « Maudit est quiconque *ne persévère pas* dans toutes les choses qui sont écrites au livre de la loi pour les faire. » Ah ! ne te persuade point que le Seigneur confonde jamais les couleurs fiévreuses d'une irrésolution maladive avec la santé de l'obéissance. Ce n'est point une observation passagère et intermittente de ses commandements qu'il acceptera au jour du jugement; non, il faut *persévérer* à faire sa volonté. Si donc, dès ma plus tendre enfance, jusqu'à l'heure où mes cheveux blancs descendent au sépulcre, ma vie n'est point un accomplissement incessant de la loi de Dieu, je serai condamné ! Si dès l'instant où mon intelligence m'éclairant de ses premiers rayons, je deviens un être responsable, jusqu'au jour où, comme un épi mûr, je suis recueilli dans les greniers éternels, je n'observe point dans leur entier toutes les ordonnances de mon Maître, le salut par les œuvres est impossible pour moi, et, sur ce terrain, je serai infailliblement perdu ! N'espère donc pas, ô homme ! qu'une obéissance vacillante et sans suite sauvera ton âme. Tu n'as point *persévéré* dans toutes les choses qui sont écrites au livre de la loi : par conséquent tu es condamné.

« Mais, objecte un autre, s'il y a plusieurs points de la loi que j'ai transgressés, je n'en suis pas moins très-vertueux. » Je te l'accorde, mon frère. Je veux supposer qu'en effet tu as été à bien des égards un modèle de vertu ; je veux supposer que tu es pur de bien des vices. Mais relis mon texte (et souviens-toi que ce n'est pas ma parole mais celle de Dieu que tu vas lire) : « Maudit est quiconque ne persévère pas *dans toutes les choses* qui sont écrites au livre de la loi. » Il n'est pas dit, remarque-le, *dans certaines choses*, mais : *dans toutes les choses.* Or, je te le demande, as-tu pratiqué toutes les vertus? as-tu évité tous les vices? Tu dis peut-être pour ta défense : « Je ne suis point un intempérant. » Soit ; mais tu n'en seras pas moins damné si tu as été un fornicateur. — « Je n'ai jamais commis d'impureté, » t'écries-tu. Soit encore : mais si tu as profané le sabbat, tu as encouru la malédiction. — Me réponds-tu qu'à cet égard tu es également sans reproche? Je réplique que si tu as pris le nom de Dieu en vain, cette seule transgression suffit pour te condamner. Sur un point ou sur un autre, la loi de Dieu t'atteindra indubitablement. Mais il y a plus : non-seulement j'affirme (et ta conscience l'affirme aussi, j'en suis certain) que tu n'as point persévéré *dans toutes les choses* qui sont écrites au livre de la loi, mais encore je soutiens que tu n'as pas persévéré à garder dans son entier *un seul* des commandements de Dieu. *Le commandement est d'une grande étendue*, a dit le Psalmiste (1), et pas un homme sur la terre n'est parvenu à en sonder les profondeurs. Ce n'est point seulement l'acte extérieur qui nous rend passibles des peines éternelles : la pensée, l'imagination, la conception du péché suffit pour perdre l'âme. — Et souvenez-vous, mes chers amis, que cette doctrine, qui peut, j'en conviens, vous sembler dure, n'est pas de moi : elle est de Dieu. N'eussiez-vous jamais transgressé *de fait* la loi divine, cependant si votre cœur a conçu de mauvaises pensées ou nourri de mauvais désirs, vous avez mérité l'enfer. Eussiez-vous vécu depuis votre naissance jusqu'à cette heure dans une cellule inaccessible, loin de tout être humain, et que par conséquent il vous eût été physiquement impossible de commettre, soit un acte impur, soit un meurtre, soit une injustice, les imaginations

---

(1) Ps. CXIX, 96.

de votre cœur dépravé suffiraient à elles seules pour vous bannir à tout jamais de la présence de Dieu. Non! il n'est pas une âme dans cette grande assemblée qui puisse espérer d'échapper à la condamnation de la loi! Tous, depuis le premier jusqu'au dernier, nous devons courber notre front devant Dieu, en nous écriant d'une même voix : « Nous sommes coupables, Seigneur, nous sommes coupables!.... » Lorsque je te contemple, ô loi! ma chair frémit, mon esprit est éperdu! Lorsque j'entends gronder ton tonnerre, mon cœur se fond comme de la cire au-dedans de moi! Comment pourrais-je soutenir ta présence? Comment pourrais-je désarmer ta justice? Sûrement, si, au dernier jour, je dois comparaître à ta barre, je ne saurais me soustraire à la condamnation, car ma conscience elle-même sera mon accusateur!

Mais je crois superflu d'insister davantage sur ce point. O toi qui es hors de Christ et sans Dieu dans le monde, n'es-tu pas convaincu que tu es sous le coup de la colère divine? Arrière de nous, folles illusions! tombez, masques menteurs! Jetons au vent nos vaines excuses; et reconnaissons qu'à moins que nous ne soyons couverts du sang et de la justice de Christ, la malédiction contenue dans mon texte ferme à chacun de nous individuellement la porte des cieux et ne nous laisse rien à attendre que les flammes de la perdition.

II.

L'accusé est donc jugé et reconnu coupable; maintenant SA SENTENCE DOIT ÊTRE PRONONCÉE.

En général, les ministres de Dieu aiment peu cette tâche. Pour ma part, je l'avoue, je préférerais prêcher vingt sermons sur l'amour de Christ qu'un seul comme celui-ci. Au reste, il est rare que je choisisse des sujets de ce genre, vu qu'il ne me paraît pas nécessaire de les traiter souvent; néanmoins, si je ne les traitais jamais, si je laissais toujours les menaces divines reléguées à l'arrière-plan, je sens que mon Maître ne pourrait bénir la prédication de son Evangile; car il veut que la loi et la grâce soient annoncées tour-à-tour dans une certaine mesure, et que chacune conserve la place qui lui est propre. Ecoutez-moi donc, mes frères, tandis que, la douleur dans l'âme, je prononcerai la sentence portée contre tous ceux d'entre vous qui n'appartiennent pas à Christ. — Pécheur inconverti! tu es *maudit!* maudit en cet instant même! Tu es maudit, — non par quelque soi-disant magicien dont le prétendu sortilége ne peut effrayer que les ignorants, — non par quelque monarque terrestre qui pourrait tout au plus faire périr ton corps et ravager tes biens, — mais maudit par ton Créateur ! maudit par le Monarque des cieux ! Maudit !... Oh ! quel mot que celui-là ! Quelle chose affreuse qu'une malédiction, de quelque part qu'elle vienne ! Et la malédiction d'un père, qu'elle doit être affreuse entre toutes ! On a vu des parents qui, réduits au désespoir par la conduite d'un fils rebelle et dénaturé, ont levé leurs mains vers le ciel, en prononçant sur ce fils la plus terrible, la plus accablante des malédictions. A Dieu ne plaise que j'approuve cet acte ! je reconnais au contraire qu'il est aussi téméraire qu'insensé ; mais quelque blâme qu'on puisse infliger à l'acte en lui-même, il n'en reste pas moins vrai que la malédiction d'un père imprime sur celui qui l'a méritée une honteuse, une ineffaçable flétrissure. Oh ! j'ai peine à me représenter ce que mon âme éprouverait si j'avais été maudit par celui qui m'engendra ! Sûrement, mon ciel serait voilé de ténèbres ; le soleil ne brillerait plus sur ma vie. Mais être maudit de Dieu !... oh ! pécheurs, les paroles me manquent pour vous dire ce qu'est cette malédiction !...

Mais je vous entends me répondre : « S'il est vrai que nous ayons encouru la malédiction divine, du moins nous n'en sentirons pas les effets pendant notre vie ; c'est une affaire qui regarde un avenir encore bien éloigné ; aussi ne nous inquiète-t-elle que peu. » Tu te trompes, ô âme, tu te trompes ! *Dès à présent* la colère de Dieu demeure sur toi. Tu ne connais pas encore, il est vrai, la plénitude de la malédiction, mais tu n'en es pas moins maudite à cette heure même. Tu n'es pas encore en enfer ; le Seigneur ne t'a pas définitivement fermé les entrailles de ses compassions et rejetée pour toujours ; mais tu n'en es pas moins sous le coup de la loi. Ouvre le livre du Deutéronome ; lis les menaces adressées au pécheur, et vois si la malédiction de Dieu n'est pas représentée comme une chose immédiate, actuelle, présente (1). *Tu seras maudit dans la ville*, est-il écrit, — c'est-à-dire dans le lieu de ton habitation, de ton travail, de tes affaires ; *tu seras maudit dans les champs*, — c'est-à-dire dans ces lieux mêmes où tu vas chercher le délassement, le repos et le plaisir ; *ta corbeille sera maudite et ta maie ; le fruit de ton corps sera maudit et le fruit de ta terre ; la portée de tes vaches et les brebis de ton troupeau ; maudit seras-tu à ton entrée et maudit à ta sortie !*

Il est des hommes sur lesquels la malédiction divine semble s'appesantir d'une manière visible.

---

(1) Deut., XXVIII, 15-19.

Tout ce qu'ils font est maudit. S'ils acquièrent des richesses, la malédiction s'attache à ces richesses; s'ils bâtissent des maisons, la malédiction s'attache à ces maisons. Voyez l'avare : il est maudit dans ses trésors, car son âme est tellement rongée par la cupidité et la convoitise, qu'il ne peut jouir de ses trésors mêmes. Voyez l'intempérant : *sa corbeille et sa maie* sont maudites à la lettre, puisque son palais, blasé par les boissons enivrantes, ne peut plus jouir d'aucun aliment. Il est aussi maudit *à son entrée et à sa sortie,* car dès qu'il passe le seuil de sa propre maison, ses enfants courent se cacher, tellement est grande la frayeur qu'il leur inspire. Et il sera maudit un jour *dans le fruit de son corps,* car quand ses fils avanceront en âge, ils suivront vraisemblablement l'exemple de leur père ; ils se livreront aux mêmes excès que lui ; ils jureront comme il jure ; ils s'aviliront comme il s'est avili. Aujourd'hui le malheureux cherche peut-être à se persuader qu'il peut sans grand inconvénient s'enivrer et blasphémer tant que bon lui semble ; mais quelle douleur aiguë traversera sa conscience — (si toutefois il lui reste encore une conscience) — lorsqu'il verra ses fils marcher sur ses honteuses traces ! — Oui, je le répète, la malédiction divine accompagne d'une manière visible certains vices ; mais quoiqu'elle ne soit pas toujours également apparente, elle n'en pèse pas moins en réalité sur toute transgression de la loi. Toi donc, pécheur, qui vis sans Dieu, sans Christ, étranger à la grâce de Jésus, tu es maudit, sache-le, — maudit quand tu t'assieds, maudit quand tu te lèves ! Maudit est le lit où tu couches; maudit, le pain que tu manges; maudit, l'air que tu respires ! Tout est maudit pour toi. Quoi que tu fasses et où que tu ailles, tu es un être maudit !... O effrayante pensée ! En ce moment même, je n'en puis douter, j'ai devant moi un grand nombre de créatures immortelles qui sont maudites de Dieu ! Hélas ! pourquoi faut-il qu'un homme parle ainsi à ses frères? Mais quelque pénible que soit ce devoir, comme ministre de Christ, je suis tenu de le remplir, sans quoi je serais infidèle envers vos âmes qui périssent. Ah ! plaise à Dieu qu'il y ait dans cette assemblée quelque pauvre âme qui, saisie d'effroi, s'écrie : « Il est donc vrai? je suis maudite ! maudite de Dieu et de ses saints anges; maudite sur la terre et dans le ciel; maudite ! maudite ! toujours maudite ! » Oh ! je suis convaincu que si nous voulions prendre au sérieux ce seul mot : MAUDIT, — il n'en faudrait pas davantage pour donner le coup de mort à notre indifférence et à notre torpeur spirituelles !

Mais j'ai plus que cela à te dire, mon cher auditeur. Si tu es impénitent et incrédule, je dois t'avertir que la malédiction qui t'enveloppe actuellement n'est rien comparée à celle qui fondra sur toi ci-après. Tu le sais, dans quelques courtes années il nous faudra mourir. Oui, jeune homme, bientôt toi et moi nous vieillirons; ou peut-être, bien avant d'avoir atteint la vieillesse, nous étendrons-nous sur notre couche pour ne plus nous relever. Nous nous réveillerons de notre dernier assoupissement, et nous entendrons murmurer autour de nous que notre dernière heure va sonner. L'homme de l'art consultera une dernière fois notre pouls, puis il dira à notre famille éplorée qu'il n'y a plus d'espoir! Et nous serons là couchés, immobiles et sans force. Et rien ne viendra rompre le lugubre silence de la chambre mortuaire, si ce n'est le bruit monotone de la pendule ou les sanglots de notre femme et de nos enfants. Et il nous faudra mourir!... Oh! qu'elle sera solennelle cette heure où nous serons aux prises avec le grand ennemi du genre humain : la mort! Déjà le râle déchire notre poitrine; c'est à peine si nous pouvons articuler une parole; nos yeux se vitrent; la mort a posé son doigt glacé sur ces flambeaux de notre corps et les a éteints pour jamais; nos mains refusent de se soulever, —

nous sommes au bord du sépulcre! Moment décisif, moment solennel entre tous les moments de la vie, que celui où l'âme entrevoit sa destinée, où, comme à travers les fentes de sa prison d'argile, elle découvre le monde à venir! Oh! quelle langue humaine pourrait exprimer ce qui se passera dans le cœur de l'inconverti lorsqu'il se verra en face du tribunal de Dieu, qu'il entendra les foudres de la colère éternelle gronder à ses oreilles et qu'il sentira qu'entre l'enfer et lui il n'y a plus que l'intervalle d'un moment! Qui pourrait décrire la terreur inexprimable dont seront saisis les pécheurs lorsqu'ils se trouveront en présence de réalités à l'existence desquelles ils n'avaient point voulu croire?... Ah! moqueurs qui m'écoutez! vous pouvez rire tout à votre aise aujourd'hui des choses de Dieu. Vous pouvez, en sortant de cette enceinte, plaisanter sur ce que vous venez d'entendre, tourner en ridicule le prédicateur et vous égayer à ses dépens. Mais attendez que vous soyez couchés sur votre lit de mort, — et vous ne rirez plus, je vous le garantis! Maintenant que le rideau est baissé, que l'avenir est caché à vos regards, il vous est facile de vous moquer de cet avenir; mais lorsque le Seigneur lèvera le rideau et que les horizons éternels se dérouleront devant vos yeux, vous n'aurez plus le courage de rire. Le roi Achab, assis sur son trône, entouré de courtisans, rit du prophète Michée; mais je ne sache pas qu'Achab rît encore de Michée, quand une flèche ennemie, pénétrant par une jointure de sa cuirasse, l'eût blessé mortellement (1). Les contemporains de Noé riaient, eux aussi, du vénérable vieillard qui leur annonçait que l'Eternel allait détruire le monde par un déluge : ils l'appelaient, sans nul doute, un rêveur, un visionnaire, un insensé. Mais que devinrent vos dédains et vos sarcasmes, ô sceptiques, lorsque Dieu fit descendre du ciel de formidables cataractes, que les fontaines du grand abîme furent ouvertes, et que l'univers fut entièrement submergé? Alors vous reconnûtes, mais trop tard, que Noé avait dit vrai. Et vous de même, pécheurs qui vous trouvez dans cet auditoire, lorsque vous serez sur le point d'être lancés dans l'éternité, je ne pense pas que vous riiez encore de moi et de la parole que je vous annonce. Vous direz bien plutôt en vous-mêmes : « Je me souviens qu'à telle époque, j'entrai un jour par curiosité dans tel lieu de culte; j'y entendis un homme qui parlait d'une manière fort solennelle; sur le moment je ne le goûtai guère; toutefois je ne pouvais me défendre de

---

(1) 1 Rois, XXII.

la pensée qu'il disait vrai et qu'il me voulait du bien. Oh! que n'ai-je écouté ses appels! que n'ai-je profité de ses avis! que ne donnerais-je pas pour l'entendre de nouveau! » — Il y a peu de temps qu'un cas tout semblable est parvenu à ma connaissance. Un homme qui maintes fois m'avait couvert de railleries et d'injures, étant allé un dimanche en partie de plaisir, ne revint chez lui que pour mourir. Le lundi matin, sentant sa fin approcher, que pensez-vous qu'il fît? Il envoya quérir en toute hâte le serviteur de Dieu qui vous parle en ce moment, celui-là même qu'il avait tant de fois insulté! Il voulait qu'il lui indiquât le chemin du ciel, qu'il vînt lui parler du Sauveur. Je m'y rendis avec empressement et avec joie; mais, hélas! qu'elle est triste la tâche de parler à un profanateur du sabbat, à un contempteur de l'Evangile, à un homme qui a passé sa vie au service de Satan et qui touche à son heure dernière! Et en effet, le malheureux mourut bientôt. Il mourut sans Bible dans sa maison, sans prière pour recommander son âme à Dieu, si ce n'est celle que je prononçai au chevet de son lit... Oh! mes chers amis, croyez-le : c'est une chose terrible que de mourir sans Sauveur! Souvent, après avoir assisté aux derniers moments de quelque pauvre pécheur, touchant le salut duquel je n'avais que peu d'espoir, je suis revenu chez moi l'âme brisée, le cœur navré, pensant en moi-même : « Mon Dieu ! que ne puis-je prêcher les insondables richesses de Christ, à chaque heure, à chaque instant du jour, afin que les âmes puissent regarder à lui avant qu'il soit trop tard ! » Puis, j'ai pensé au peu de zèle, au peu d'amour, au peu de ferveur avec lequel j'ai tant de fois annoncé les compassions de mon Maître, et j'ai pleuré, — oui, j'ai pleuré amèrement en sentant que je ne presse pas les âmes comme je devrais le faire, c'est-à-dire avec instance et avec larmes, de fuir la colère à venir !

LA COLÈRE A VENIR ! LA COLÈRE A VENIR ! oh ! mes chers auditeurs, mettez-vous bien dans l'esprit, je vous en conjure, que ce n'est point là un vain mot. Les choses dont je vous parle ne sont ni des rêves, ni des mensonges, ni des chimères, ni *des fables semblables à celles des vieilles*. Ce sont des vérités, et vous les connaîtrez bientôt, chacun pour son propre compte. Oui, pécheur, toi qui n'as *point persévéré dans toutes les choses qui sont écrites au livre de la loi*, et qui n'as point cherché un refuge auprès de Christ, le jour approche où les choses invisibles deviendront pour toi de redoutables, de vivantes réalités. Et alors, oh ! alors, que feras-tu ? *Après la mort suit le jugement.*

> Un jour Jésus, du trône de sa gloire,
> Viendra juger les vivants et les morts.

Essaie de te représenter *ce grand et illustre jour du Seigneur*. L'horloge du temps a sonné sa dernière heure. Les âmes des réprouvés vont entendre leur arrêt définitif. Ton corps, ô pécheur, s'élance hors du sépulcre; tu ouvres ton linceul et tu regardes.... Mais quel est ce bruit terrible, ce bruit formidable qui ébranle les colonnes de la terre et qui fait chanceler le ciel même? C'est la trompette de l'archange, la trompette de l'archange qui retentit jusqu'aux extrémités du globe, appelant tous les hommes en jugement! Tu écoutes et tu frémis. Soudain une voix se fait entendre, voix qui est saluée par les uns avec des cris de désespoir, par les autres avec des chants d'allégresse. « Voici, il vient — il vient — il vient; et tout œil le verra! » Et un trône, blanc comme l'albâtre, apparaît sur une nuée du ciel; et sur ce trône est assis quelqu'un environné de majesté. C'est lui! C'est l'Homme qui mourut au Calvaire! Je vois ses mains percées, — mais quel changement dans son apparence! Plus de couronne d'épines, plus de sceptre dérisoire. Autrefois, il comparut à la barre de Pilate; maintenant le monde entier comparait à la sienne. Mais écoutons! la trompette retentit de nouveau; le Juge ouvre le livre; tout est silence dans le ciel; tout est silence sur la terre. « Rassemblez mes élus des quatre vents, mes rachetés des extrémités du monde. » Aussitôt les anges obéissent. Comme un éclair, leurs ailes fendent la foule. Ici, sont les justes, réunis à la droite de leur Maître; et toi, pécheur, tu es laissé à la gauche, — tu es laissé pour soutenir les ardeurs dévorantes de la colère éternelle. Les harpes célestes font entendre de douces mélodies, mais elles ne sont pas douces pour toi. Les anges répètent en chœur : « *Venez, vous bénis du Père, possédez en héritage le royaume qui vous a été préparé dès la création du monde;* » mais cette ineffable salutation ne te concerne point. Et maintenant, sur la face du Seigneur s'amassent des nuages de courroux; la foudre est sur son front; des éclairs jaillissent de ses yeux. Il te regarde, toi, qui l'as méprisé; toi, qui t'es joué de sa grâce, qui t'es ri de sa miséricorde, qui as profané le jour de son repos, qui t'es moqué de sa croix, qui n'as pas voulu qu'il régnât sur ton âme! Il te regarde, — et d'une voix plus éclatante que dix mille tonnerres, il s'écrie : « *Retirez-vous de moi, maudits!* » Et puis.... Mais non!... Je ne veux pas te suivre plus loin! Je ne veux parler ni du ver qui ne meurt point, ni du feu qui ne s'éteint point; je ne veux décrire ni les souffrances du corps, ni les tortures de l'âme. Qu'il me suffise de vous dire, pécheurs inconvertis, que l'enfer est terrible, que le sort des réprouvés est effroyable... Oh! fuyez donc, fuyez la colère à venir! Et fuyez-la sans délai; fuyez-la dès aujourd'hui, de peur qu'étant surpris par la mort, vous ne vous trouviez transportés tout d'un coup au milieu des horreurs indicibles de la perdition éternelle! *Maudit est quiconque ne persévère pas dans toutes les choses qui sont écrites au livre de la loi pour les faire.*

III.

Mais, Dieu soit béni, nous avons maintenant une tâche plus douce à remplir. Nous venons, au nom de notre Maître, ANNONCER LA DÉLIVRANCE à tout pécheur qui se repent.

« Prédicateur de l'Evangile, tu nous as tous condamnés, » me dites-vous. Cela est vrai, mes chers auditeurs; toutefois, ce n'est point moi, c'est Dieu qui condamne. Je puis le dire à la face du ciel : je vous aime tous, individuellement, comme un frère aime ses frères. Si je vous parle avec sévérité, c'est uniquement pour votre bien. Mon cœur, mon âme tout entière sont émus de compassion envers vous; et dans mes paroles les plus dures en apparence, il y a en réalité plus d'amour que dans les discours mielleux et agréables de ceux qui vous disent : *Paix, paix! quand il n'y a point de paix.* Oh ! ne croyez pas que je prenne plaisir à prêcher comme je l'ai fait aujourd'hui. Non, Dieu m'en est témoin, je préfère mille fois vous entretenir de Jésus, de sa douce et glorieuse personne, de sa grâce et de sa justice parfaite; aussi, ai-je à cœur, avant de terminer, de vous faire entendre des paroles de paix. — Approche donc, mon frère; donne-moi ta main, et écoute le message de grâce que je t'apporte. Te sens-tu coupable, condamné, maudit? Dis-tu en cet instant même : « O Dieu ! je reconnais que tu serais juste si tu faisais tomber sur moi tout le poids de ta malédiction ? » Comprends-tu que bien loin de pouvoir jamais être sauvé à cause de tes bonnes œuvres, tu es entièrement perdu à cause de tes péchés ? Et as-tu une haine profonde pour le mal? Te repens-tu sincèrement ? S'il en est ainsi, chère âme, laisse-moi te dire où tu trouveras la délivrance.

Hommes-frères! sachez tous ceci : Jésus-Christ, de la postérité de David, a été crucifié, il est mort et a été enseveli. Maintenant, il est ressuscité, il s'est assis à la droite de Dieu et il intercède même pour nous. Il est venu dans le monde pour sauver les pécheurs par sa mort. Voyant que les pauvres enfants d'Adam étaient assujettis à la malédiction, il s'est chargé lui-même de cette malédiction et les en a ainsi délivrés. Si donc Dieu a maudit Christ à la place de tel ou tel homme, il est impossible qu'il maudisse cet homme de nouveau. — « Mais Christ a-t-il été maudit *pour moi?* » me demande quelqu'un. A cela je réponds : Dieu le Saint-Esprit t'a-t-il fait voir ton péché ? t'en a-t-il fait sentir toute l'amertume ? t'a-t-il appris à pousser ce cri d'humiliation : *O Dieu sois apaisé envers moi qui suis pécheur?* Si, en sincérité de cœur, tu peux répondre affirmativement à ces questions, aie bon courage, mon bien-aimé ; Christ a été maudit à ta place ; et si Christ a été maudit à ta place, tu n'es plus sujet à la malédiction. — « Mais je voudrais en être *certain*, insistes-tu peut-être ; je voudrais ne pas pouvoir douter que Jésus a réellement été fait malédiction pour moi. » Et pourquoi en douterais-tu, mon frère ? Ne vois-tu pas Jésus expirant sur la croix ? Ne vois-tu pas ses mains et ses pieds ensanglantés ? Regarde à lui, pauvre pécheur. Ne regarde plus à toi-même ni à tes iniquités ; regarde à lui et sois sauvé. Tout ce qu'il demande de toi, c'est que tu regardes à lui, et pour cela même il te prêtera son secours. Viens à lui, confie-toi en lui, crois en lui. Oh! je t'en supplie, accepte avec simplicité et avec foi cette déclaration de l'Ecriture : *C'est une chose certaine et digne d'être reçue avec une entière confiance que Jésus-Christ est venu dans le monde pour sauver les pécheurs.*

« Quoi? m'objecte encore quelqu'un, dois-je donc croire que Jésus est mort pour moi, simplement parce que je me sens pécheur? » — Justement, mon frère. — « Mais pourtant il me semble que si je possédais quelques justices, si je pouvais faire de belles prières ou accomplir de bonnes œuvres, je serais plus en droit de conclure que Christ est mort pour moi. » Tu t'abuses, mon frère, tu t'abuses; la foi que tu aurais alors ne serait plus de la foi; ce serait de la justice propre et rien de plus. Une âme croit en Jésus, lorsque le péché lui apparaissant dans toute sa noirceur, elle se jette simplement dans ses bras, et s'en remet à lui pour la purifier de toutes ses souillures. Va donc, pauvre pécheur, tel que tu es, avec ton indignité et ta misère; prends en main les promesses de Dieu, et, en rentrant chez toi, cherche la solitude de ta chambre. Là, agenouillé près de ton lit, répands ton âme devant Dieu. Dis-lui à ce Dieu qui est riche en compassion et abondant en miséricorde : « O Seigneur ! je le sens, tout ce que

» je viens d'entendre est vrai. Oui, je suis mau-
» dit, et maudit justement ! Je suis un pécheur
» qui ne mérite que la condamnation éternelle. Et
» tu le sais, ô Seigneur, ces aveux ont mainte-
» nant dans ma bouche un tout autre sens qu'au-
» trefois. En reconnaissant que je suis pécheur,
» je veux dire que je suis un *véritable* pécheur.
» Je veux dire que si tu me condamnais, j'au-
» rais la bouche fermée; que si tu me chassais
» pour toujours de ta présence, je n'aurais que
» ce qui m'est dû. O mon Dieu ! ton support à
» mon égard m'étonne et me confond. Comment
» as-tu pu souffrir qu'un être aussi vil que moi
» souillât si longtemps la terre ? Seigneur, j'ai
» méconnu ta grâce et dédaigné ton Evangile.
» J'ai méprisé les instructions de ma mère et
» mis en oubli les prières de mon père. Seigneur,
» j'ai vécu loin de toi, j'ai violé tes sabbats, j'ai
» profané ton saint nom. J'ai fait tout ce qui est
» mal, tout ce qui est désagréable à tes yeux ;
» et si tu me précipitais en enfer, je serais
» réduit au silence. Oui, mon Dieu, je suis un
» pécheur : un pécheur perdu sans ressource,
» à moins que tu ne me sauves, — un pécheur
» sans aucun espoir de salut, à moins que tu
» ne me délivres ! Mais, grâces t'en soient ren-
» dues, ô Seigneur, tu sais que je suis aussi un
» pécheur repentant, troublé dans sa conscience,

» affligé à cause de ses transgressions. Et voici,
» je viens te rappeler ce soir que tu as dit dans
» ta Parole : *Je ne mettrai point dehors celui qui*
» *viendra à moi;* et ailleurs : *C'est une chose*
» *certaine et digne d'être reçue avec une entière*
» *confiance que Jésus-Christ est venu dans le*
» *monde pour sauver les pécheurs.* Seigneur, je
» viens à toi ! Seigneur, je suis un pécheur !
» Jésus est donc venu pour *me* sauver. Seigneur,
» je crois ! je me confie en mon Sauveur à la
» vie et à la mort ! Je n'ai d'espérance qu'en lui
» et je hais jusqu'à la pensée que j'ai pu cher-
» cher le salut ailleurs que dans sa grâce. Sauve-
» moi donc, Seigneur ; et quoique je sache bien
» que par ma conduite future je ne saurais ja-
» mais parvenir à effacer un seul de mes péchés
» passés, je veux néanmoins te supplier, ô mon
» Dieu, de me donner un cœur nouveau et un
» esprit droit, afin que désormais et à toujours, je
» puisse courir dans la voie de tes commande-
» ments ; car je n'ai point de plus grand désir
» que d'être saint comme tu es saint, et de mar-
» cher devant toi comme ton enfant. Tu le sais,
» ô Seigneur, pour être aimé de toi, je renon-
» cerais volontiers à tout ce que je possède, et
» j'ose espérer que tu m'aimes, car mon cœur
» commence à sentir les étreintes de ton amour.
» Je suis coupable : mais jamais je n'aurais

» connu ma culpabilité, si tu ne m'avais toi-
» même appris à la connaître. Je suis vil : mais
» jamais je n'aurais su que j'étais vil, si tu ne
» me l'avais révélé. Oh ! sûrement, mon Dieu,
» tu ne me détruiras point, après avoir ainsi
» commencé en moi ta bonne œuvre.

» Devant toi, je rougis et demeure confus !
» Mais, Seigneur, ta bonté relève ma misère ;
» N'as-tu pas mis, entre elle et ta colère,
» L'amour, la croix et le sang de Jésus (1) ? »

Oui, prie ainsi, mon bien-aimé ; ou, si tu ne peux pas prier aussi longuement, dis ces simples mots du fond du cœur : « Seigneur Jésus, je ne suis rien ! Sois toi-même mon tout ! »

Oh ! Dieu veuille qu'il y ait dans cette assemblée quelques âmes qui, en cet instant même, fassent monter ce cri vers son trône ! Et s'il en est ainsi, tressaillez d'allégresse, ô cieux ! chantez, ô séraphins ! réjouissez-vous, ô rachetés ! car c'est ici l'œuvre de l'Eternel ; que toute gloire soit rendue à son nom !

(1) *Chants chrétiens.*

LA VIGNE STÉRILE.

La parole de l'Eternel me fut adressée et il me dit : Fils de l'homme, que vaut le bois de la vigne plus que les autres bois, et les sarments plus que les branches des arbres des forêts? (Ezéch., XV, 1, 2.)

Rien n'égalait la présomption et l'arrogance de la nation juive. Lorsqu'elle péchait contre son Dieu, elle se flattait qu'en considération soit de la haute sainteté de ses ancêtres, soit d'une certaine sainteté qu'elle s'attribuait à elle-même, le pardon lui était acquis à l'avance, quelque grave, d'ailleurs, que fût son péché. Tant de fois la miséricorde infinie de Jéhovah s'était déployée en sa faveur; tant de fois sa main puissante l'avait retirée des dangers les plus imminents, que cette nation orgueilleuse en était venue à s'imaginer, qu'enfant chéri de la Providence, elle ne serait jamais rejetée. C'est pourquoi le Seigneur, afin d'humilier sa fierté, lui fait entendre par l'organe du prophète Ezéchiel qu'elle ne peut se vanter d'aucune supériorité sur toute autre nation de la terre, et il lui demande ironiquement ce qu'il y a en elle qui puisse la recommander à la bienveillance divine. « Il est vrai, ô maison d'Israël, semble dire le Très-Haut, il est vrai que je t'ai souvent appelée ma vigne ; je t'ai plantée *sur un coteau, dans un lieu gras* ; je t'ai cultivée, je t'ai entourée de mes soins ; mais tu ne me rapportes aucun fruit : pourquoi donc continuerais-je à t'avoir pour agréable ? Si tu crois que par toi-même tu vaux mieux que tout autre peuple, tu t'abuses étrangement. *Que vaut le bois de la vigne plus que les autres bois, et les sarments plus que les branches des arbres des forêts ?* »

Et ici, remarquons, mes frères, que ces paroles ne portent nullement atteinte à la grande vérité de la souveraine et immuable élection de Dieu ; car le peuple d'Israël, vous le savez, n'était pas choisi en vue du salut éternel, mais il était choisi dans ce sens qu'il jouissait de priviléges particuliers : son élection, en tant que peuple, n'était qu'une ombre et une image de cette élection personnelle et inviolable que Christ a exercée envers les siens. De sa véritable Eglise élue, Dieu ne retirera jamais son amour ; mais quant à l'Eglise visible et extérieure, il lui cache souvent sa face. A son *peuple particu-*

lier et qui lui appartient en propre, il donnera toujours des gages de son affection ; mais quant aux chrétiens de nom, à ceux qui font simplement profession d'être ses disciples, il peut leur retirer..... que dis-je ? il leur retirera infailliblement toute marque de sa faveur. — Mais pour en revenir à Israël, le Seigneur, je le répète, l'humilie par la parabole contenue dans mon texte, en lui rappelant qu'il n'est en rien supérieur à aucun autre peuple ; bien plus, il lui déclare qu'en soi il est une nation chétive, méprisable, indigne d'être mise de pair avec le cèdre de Babylone ou avec le chêne de Samarie, et que s'il ne porte point de fruit, il n'est bon à rien, il est absolument sans valeur.

Mes bien-aimés, cette parabole adressée primitivement à Israël, nous allons essayer, avec le secours de Dieu, de nous l'appliquer à nous-mêmes. Deux grands enseignements me semblent en ressortir d'une manière évidente. Le premier s'adresse aux vrais enfants de Dieu, et peut se résumer en deux mots : SOYEZ HUMBLES. Le second s'adresse à tous ceux qui font profession de piété, et peut se formuler ainsi : EXAMINEZ-VOUS VOUS-MÊMES.

I.

SOYEZ HUMBLES : tel est, avons-nous dit, le

grand enseignement que donne notre texte à ceux qui ont déjà goûté combien le Seigneur est bon. *Que vaut le bois de la vigne plus que les autres bois, et les sarments plus que les branches des arbres des forêts ?*

En observant les diverses allusions faites à la vigne dans l'Ecriture, il semble qu'une sorte de prééminence lui soit attribuée sur tout le monde végétal ; — témoin, par exemple, l'antique parabole de Jotham, où les arbres sont représentés comme s'inclinant devant la vigne, en lui disant : *Viens et règne sur nous* (1). Toutefois, si nous considérons la vigne, indépendamment de sa fertilité, il est certain que nous ne verrons rien en elle qui lui donne droit à aucune distinction, encore moins à une royauté quelconque sur les autres arbres. Sous les divers rapports de la grosseur, de la forme, de la beauté, de l'utilité, le cep de vigne, en effet, leur est infiniment inférieur. Il n'est propre à aucun usage. *En prendra-t-on du bois pour en faire quelque ouvrage, ou en prendra-t-on une cheville pour y pendre quelque chose* (2) ? A part sa fertilité, la vigne est donc à peu près inutile. Nous l'admirons, il est vrai, lorsque nous la

---

(1) Juges, IX, 8-15.
(2) Ezéch., XV, 3.

voyons tapisser de son riche feuillage les murs de nos demeures; et, en Orient surtout, où les plus grands soins étaient apportés à sa culture, elle atteignait le plus haut degré de luxuriance. Mais qu'on prenne la vigne à son état de nature, qu'on la laisse à elle-même, elle est, sans contredit, un des arbrisseaux les moins intéressants et les plus inutiles qui croisse sous le soleil.

Or, mes bien-aimés, il en est de même de l'Eglise de Dieu, et voilà pourquoi l'humilité est pour elle un impérieux devoir. Les croyants sont appelés la vigne du Seigneur; mais par nature, que valent-ils plus que leurs frères en Adam? Ils ne sont pas meilleurs que leurs semblables; il est même des hommes du monde qui leur sont infiniment supérieurs, soit par l'élévation de leurs sentiments, soit par l'excellence de leurs qualités. Sans doute, par la grâce de Dieu, les chrétiens sont devenus des sarments fertiles; ils ont été plantés dans un bon terroir; le Seigneur a étendu leurs rameaux sur les murailles du sanctuaire, et maintenant ils portent du fruit à sa gloire. Mais, — j'en appelle à leur propre témoignage, — que seraient-ils sans la miséricorde de leur Dieu? Que deviendraient-ils sans l'influence continue du Saint-Esprit qui seule féconde leurs âmes? Ne sont-ils pas les derniers parmi les fils des hommes, les plus méprisables entre ceux qui sont nés de femme? Considère ceci, ô croyant! Avant ta conversion, qu'y avait-il en toi qui pût te rendre agréable aux yeux de Dieu? Que dis-je? Maintenant même, qu'y a-t-il en toi dont tu aies sujet de te glorifier? Ta conscience ne t'accuse-t-elle point sans cesse? Est-il un seul jour de ta vie dans lequel tu n'offenses point le Seigneur, et tes infidélités, tes égarements sans nombre ne te disent-ils pas que tu es indigne d'être appelé son fils? La faiblesse de ton intelligence, la fragilité de ton sens moral, ton incrédulité toujours renaissante, tes chutes réitérées, en un mot, tes misères de tous genres ne t'obligent-elles pas à reconnaître que tu es moins que le moindre de tous les saints? Et s'il a plu à Dieu de faire de toi quelque chose, ne dois-tu pas avouer que c'est uniquement par un effet de sa grâce, de sa grâce libre et souveraine, que tu es ce que tu es? — Ah! s'il y avait dans ce moment devant moi une âme qui, tout en se considérant comme élue de Dieu, ne fût pas prête à s'associer à ces aveux, mais se persuadât qu'elle a été choisie en considération de quelque mérite ou de quelque bon sentiment qui lui était propre; — que cette âme sache bien qu'elle n'a encore rien compris aux premiers éléments de la grâce, et qu'elle est dans les ténèbres par rapport à l'Evangile. Tout homme qui a reçu la vérité d'une manière efficace doit être prêt à confesser en toutes rencontres qu'il est le plus vil des pécheurs, le rebut de toute la terre ; — que par nature il était perdu, — souillé, — indigne, — ou plutôt digne de la condamnation, digne de l'enfer; et que s'il a été choisi dans le monde et rendu différent de ses semblables, c'est uniquement à la grâce toute gratuite, à l'amour spontané et immérité de son Dieu qu'il en est redevable. O chrétien, toi qui es aujourd'hui grand par ta foi et grand par tes œuvres, tu ne serais grand que par tes péchés, si ce n'était la grâce de Dieu ! O toi, vaillant soldat de la vérité, tu serais non moins vaillant à combattre pour Satan, si une influence divine n'avait agi sur ton cœur ! Un trône de gloire t'est réservé dans le ciel ; mais tu n'aurais eu à attendre qu'une chaîne d'obscurité en enfer, si l'Esprit saint ne t'eût transformé. Maintenant tu exaltes l'amour de ton Sauveur ; mais une chanson licencieuse serait peut-être sur tes lèvres, si la grâce ne t'avait lavé dans le sang de Jésus. Maintenant, tu es sanctifié, vivifié, justifié; mais, je te le demande, que serais-tu en cet instant même, si la main du Très-Haut n'était intervenue en ta faveur? Il n'est point de crime dont tu n'eusses pu te rendre coupable; il n'est point d'excès, point de vice dans lequel tu n'eusses pu tomber : peut-être, à cette heure, serais-tu un meurtrier, si la grâce préventive de Dieu n'eût retenu ta main. Un jour, tu seras rendu semblable aux anges; mais tu aurais été semblable aux démons, si la grâce n'eût fait de toi une nouvelle créature. C'est pourquoi, ô chrétien, ne t'élève jamais par orgueil. Souviens-toi que tous tes vêtements te viennent d'en haut : des haillons étaient ton seul héritage. Souviens-toi que la somptueuse demeure, l'inépuisable trésor qui t'attendent pour l'éternité sont un don de ton Père céleste : il fut un temps où tu ne pouvais dire que rien fût à toi, si ce n'est tes péchés et ta misère. Maintenant la précieuse justice de ton Sauveur te couvre, et revêtue de la robe sans tache du Bien-Aimé, ton âme est acceptée de Dieu; — mais n'oublie pas que tu serais encore comme enseveli sous des montagnes de péchés, et enveloppé dans les haillons souillés de l'iniquité, si Dieu n'avait eu pitié de ton lamentable état. Et toi, ô mon frère, tu pourrais t'enorgueillir? Tu pourrais ne pas marcher avec les humbles? Oh! étrange mystère, inexplicable contradiction! Quoi? tout ce que tu as est emprunté, et tu oserais te glorifier! Tu ne possèdes rien qui t'appartienne en propre, tu ne vis que d'aumônes, — et tu serais orgueilleux ! Misérable indigent, dénué de toute ressource, tu dépends entièrement de la munificence de ton Sauveur, — et tu serais vain ! Pauvre âme fragile et languissante, tu as une vie qui ne peut être alimentée que par les ruisseaux vivifiants dont Jésus est la source, — et tu serais fière ! Va, mon bien-aimé, défais-toi à tout jamais de ton orgueil; dépouille-t'en au plus tôt; pends-le à un gibet aussi haut que celui d'Haman; laisse-l'y tomber en poussière, et exècre sa mémoire jusque dans l'éternité; — car, en vérité je te le dis, parmi toutes les choses dignes d'être maudites, haïes et méprisées, l'orgueil d'un chrétien occupe le premier rang ! L'enfant de Dieu a dix mille fois plus de motifs que tout autre de marcher en humilité devant son Dieu, et de se montrer doux, indulgent et débonnaire envers ses semblables. Croyant, reçois donc instruction de mon texte, et n'oublie jamais que la vigne ne vaut pas plus que tous les autres arbres, si ce n'est à cause de la fertilité que Dieu lui a départie.

II.

Mais si mon texte donne aux fidèles en particulier une leçon d'humilité, il donne aussi à tous ceux qui se réclament du nom de Christ un bien sérieux avertissement. Examinez-vous vous-mêmes, semble-t-il nous dire ; car ainsi qu'une vigne stérile est dénuée de toute valeur, ainsi l'homme qui fait profession de piété sans porter les fruits convenables à la piété, est l'être le plus inutile et le plus méprisable qui soit au monde.

Etudions ce grave sujet, mes chers amis. Et tandis que je parlerai, puissent mes paroles pénétrer dans chacune des âmes ici présentes, en sorte que tous ensemble, ministres et laïques, anciens de l'Eglise et simples auditeurs, nous soyons portés à sonder nos cœurs et nos reins, afin de reconnaître si réellement nous sommes dans la foi ou bien si notre prétendue piété ne serait pas un vain et stérile formalisme.

En abordant notre sujet, quatre questions se présentent naturellement à l'esprit. En premier lieu : *Où trouve-t-on la vigne stérile, c'est-à-dire le chrétien formaliste ?* ou, ce qui revient à peu près au même : *Comment peut-on le reconnaître ?* En second lieu : *D'où vient qu'il soit stérile ?* En troisième lieu : *Quel est le cas que Dieu fait de lui ?* Et en quatrième lieu : *Quelle sera sa fin ?* Reprenons successivement chacune de ces questions.

Et d'abord : *Où trouve-t-on le chrétien formaliste ?* Je réponds : Partout. Oui, mes chers amis, partout : en bas et en haut, dans les chaires et sur les bancs, dans l'Eglise et dans le monde. Il n'est pas d'assemblée de croyants où ne se glisse quelque faux frère. Ne nous préoccupons donc pas des autres communions religieuses, mais disons-nous qu'il y a des formalistes dans *notre* Eglise, qu'il y en a dans cette assemblée. A quelque portion de la vigne du Seigneur que vous apparteniez, soyez sûr qu'elle renferme dans son sein plus d'un sarment stérile ; — et qui vous dit que vous n'en êtes pas un vous-même ? Le formaliste se rencontre dans toutes les positions, dans tous les rangs de la société. Tantôt, il est riche ; il nage dans l'opulence ; Dieu lui a donné une grande part des biens de la terre, et peut-être l'Eglise à laquelle il se rattache, oubliant que *Dieu a choisi les pauvres de ce monde*, est fière de le compter parmi ses membres. Elle l'honore d'une façon particulière ; et pourtant, que reçoit-elle de lui, en retour des hommages qu'elle lui prodigue ? Rien, ou presque rien. Ses pauvres sont encore dans le dénûment ; ses ressources ne sont pas augmentées par les trésors de l'homme riche ; ou si elle reçoit un peu de son or, du moins n'est-elle ni soutenue par ses prières ni honorée par la sainteté de sa vie, car il marche dans la voie des pécheurs et se plonge dans les voluptés, ne se servant de la religion que comme d'une sorte d'uniforme sous lequel il espère cacher sa conduite indigne. — Mais s'il faut souvent aller chercher le formaliste parmi les riches, il se trouve souvent aussi parmi les pauvres. Combien de personnes appartenant à la classe indigente qui se sont jointes à telle ou telle Eglise et qui ont reçu de la part des fidèles l'accueil le plus cordial! On se félicitait de voir la pauvreté et la grâce se donner la main ; on se réjouissait à la pensée que la piété allait embellir la cabane du pauvre, et faire de son humble demeure une demeure de paix. Mais, hélas! bientôt on a découvert que ce pauvre se dégradait lui-même en s'adonnant à des habitudes vicieuses, et déshonorait son Dieu en se conduisant d'une manière indigne de sa profession : il était buveur, jureur ou paresseux, en sorte que bien loin d'être un membre utile de l'Eglise, il était pour elle un fardeau et un opprobre.

Tantôt, l'on trouve des formalistes dans ces hommes de grand savoir et de haute intelligence, dans ces théologiens érudits qui mènent, pour ainsi dire, l'avant-garde de l'armée de Dieu; dont la parole est éloquente et persuasive, dont l'opinion fait loi, qui parlent comme des prophètes et qu'on regarde presque comme inspirés. Ils ont sans nul doute porté des fruits de science, de popularité ou de philanthropie ; mais leurs cœurs n'étant pas droits devant Dieu, leurs œuvres, excellentes en elles-mêmes, n'ont rien de commun avec *la sanctification;* c'est pourquoi *la fin* de ces hommes ne saurait être *la vie éternelle* (1). C'est en vain qu'on chercherait en eux *les fruits de l'Esprit;* car ils ne sont point des sarments vivants de ce cep divin duquel seul procède toute vie. — Mais si d'une part il y a des formalistes parmi les sages et les intelligents, de l'autre il y en a parmi les petits et les illettrés : gens modestes et sans prétention qui parlent peu et dont personne ne parle, ils se glissent régulièrement chaque dimanche dans la maison de Dieu, s'asseoient à leur place accoutumée, écoutent le sermon, puis s'en vont, persuadés que par le seul fait de leur présence au culte divin, ils ont rempli leurs devoirs religieux. En général, ils sont silencieux, réservés, et se plaisent dans l'isolement. Paresseux et égoïstes, ils se replient sur eux-mêmes et ne font rien pour autrui ; — vigne stérile, ils occupent inutilement la terre.

Et de même qu'il y a des formalistes dans

---

(1) Rom., VI, 22.

toutes les conditions sociales, de même il y en a dans toutes les conditions spirituelles. C'est ainsi, par exemple, qu'on peut en trouver parmi ces âmes qui sont toujours à craindre et à douter. Comme le croyant faible et mal affermi, ils répètent souvent :

> Hélas ! mon cœur tremblant se demande sans cesse :
> « Suis-je au monde ou suis-je au Seigneur ? »

Ils expriment constamment la crainte de ne pas aimer Jésus. Et en vérité, ce n'est pas sans raison qu'ils ont des craintes à cet égard ; car s'ils ne portent point de fruit, s'ils ne s'étudient point à affermir leur vocation et leur élection, ils témoignent hautement par là que, malgré leur simulacre de religion, ils n'ont aucune part en Christ. — Mais, d'un autre côté, il faut souvent aller chercher le formaliste parmi ceux qui ne doutent jamais. Aussi haut que qui que ce soit, il dira, sans rougir et sans hésiter : « Je sais en qui j'ai cru ; je sais que je suis chrétien ; que d'autres aient des doutes, c'est possible ; quant à moi, je suis certain que mes péchés ne peuvent pas plus me condamner que ma justice ne saurait me sauver. Quoi qu'il en soit et quoi que je fasse, je suis au Seigneur... » Ah ! pauvre âme aveuglée, Dieu veuille dissiper ta funeste illusion et te faire reconnaître que malgré ta confiance, tu ne vaux pas plus que celui qui doute toujours et ne croit jamais !

Il y a tel formaliste qui, invité à prier dans une réunion fraternelle, s'excuse toujours sous un prétexte ou sous un autre, qui néglige le culte de famille, et probablement aussi ses dévotions particulières. — Mais par contre, il y a tel autre formaliste qui se lève avec empressement et qui prie pendant un quart d'heure avec une abondance remarquable. Il a beaucoup de paroles, mais point de fond ; beaucoup de feuilles, mais point de fruits ; il possède le don de bien parler, mais non celui de bien vivre ; il s'exprime bien, mais agit mal ; il est pieux dans son langage, mais non dans sa conduite ; il sait discourir des choses saintes, mais il ne sait pas marcher saintement avec son Dieu et le servir avec joie. — Mes chers auditeurs, je ne connais pas chacun de vous individuellement ; j'ignore quels sont votre caractère, votre réputation, vos habitudes, votre moralité ; mais je sais une chose : c'est que quelque considérés que vous soyez dans le monde, quelque confiance que vous inspiriez à l'Eglise elle-même, vous n'êtes nullement en droit de conclure, sans vous être préalablement examinés avec soin, que votre piété est autre chose qu'un froid et vain formalisme. Sachez-le bien, il est très-facile de se séduire soi-même. Tous les arbres stériles ne croissent pas dans le désert du monde; il en est, hélas! un trop grand nombre qui étendent leurs rameaux sans sève et sans vie au centre même du jardin de Dieu. Je le répète, les formalistes se trouvent partout : il y en a de tout genre et de tout caractère; il y en a de tout rang et de toute condition; il y en a parmi les grands comme parmi les petits; parmi les savants comme parmi les ignorants; parmi les riches comme parmi les pauvres; parmi les membres les plus timides, les moins connus d'un troupeau, comme parmi ceux qui se mettent le plus en évidence. A chacun donc de s'examiner soi-même!

Mais dois-je essayer de vous décrire le formaliste avec plus de détails encore? — Voyez cet homme qui néglige la prière du cabinet et qui ne marche point devant Dieu en public; cet homme qui rend à son Créateur un culte hypocrite, et qui, tout en affectant le plus grand respect pour ses devoirs religieux, use de déloyauté dans les affaires, et de fraude dans son commerce; cet homme enfin, qui, semblable aux Pharisiens orgueilleux dont le Seigneur disait qu'*ils dévoraient les maisons des veuves*, cache habilement ses iniquités, puis va, le front haut, se présenter devant Dieu, en s'écriant : *O Dieu! je te rends grâces de ce que je ne suis pas comme le reste des hommes!* Voilà un formaliste, mes frères! voilà un sarment stérile! il fait profession de christianisme, c'est vrai, mais il ne porte aucun fruit *qui vienne à maturité.*

Voyez encore cet homme qui se fait gloire de sa moralité et de son excellence ; il se confie dans ses œuvres et se flatte d'être sauvé par ses mérites ; il s'approche de Dieu, et lui demande son pardon ; mais un mensonge est dans sa main droite, et ses lèvres sont des lèvres trompeuses, car il apporte avec lui sa propre justice et il ne croit point avoir besoin de la grâce qu'il sollicite. Lui aussi est un formaliste, lui aussi est un sarment stérile, car il n'a de la religion que les dehors et l'apparence.

Et qu'est-il de plus qu'un formaliste, cet homme si rigide, si inflexible sous le rapport de la doctrine, mais si relâché, si accommodant sous le rapport de la vie? Il est très-orthodoxe en théorie, mais il l'est fort peu en pratique. Il fait grand bruit de ses croyances, mais il les désavoue par sa conduite. Il est le premier à chanter :

C'est pour l'éternité que le Seigneur nous aime ;

mais évidemment il n'a jamais eu de part à l'amour de Christ, puisque au lieu d'aimer et de servir son Maître, il continue à pécher afin que la grâce abonde.

Mais que fais-je ici en m'efforçant de vous démasquer, ô hypocrites ? Puisse le Seigneur lui-même vous démasquer en cet instant devant vos propres consciences. Ah ! que d'arbres stériles, que de chrétiens purement extérieurs, que de membres indignes de l'Eglise n'y a-t-il pas dans cet auditoire ! Oh ! qu'elles sont nombreuses les âmes auxquelles pourrait justement s'adresser la malédiction prononcée contre Méroz : *Maudissez Méroz, a dit l'ange de l'Eternel ; maudissez, maudissez ses habitants ! car ils ne sont point venus au secours de l'Eternel, au secours de l'Eternel, avec les hommes puissants !* (1) Combien parmi vous, en effet, qui se contentent *de manger le plus gras du pays, et de boire le vin doux* (2), sans porter aucun fruit à la gloire du Seigneur ? Paresseux Issacars, *vous vous tenez couchés, comme un âne gros et fort, entre deux jougs* (3), sans rien faire pour votre Maître ; vous traversez la vie, sans parler de Christ, sans prier pour Christ, sans donner à Christ, sans vivre pour Christ ! Vous avez la réputation d'être

---

(1) Juges, V, 23.
(2) Néh., VIII, 10.
(3) Gen., XLIX, 14.

vivants, mais vous êtes morts; vous vous drapez dans une profession extérieure de piété, mais vous ignorez absolument ce que c'est que de se consacrer à Dieu et de s'offrir tout entier à lui en sacrifice vivant et saint. — Jugez vous-mêmes de ce que je dis, mes frères; si, en cet instant, vous étiez passés au crible, combien d'entre vous sortiraient purs de cette épreuve? N'est-il pas vrai qu'il y a dans nos Eglises un grand nombre de soi-disant chrétiens aux prétentions élevées, qui volent haut, mais ne font rien; qui sont empressés à parler de l'Evangile, mais lents à vivre selon l'Evangile; qui se plaisent peut-être à entendre annoncer la vérité, mais qui ne pratiquent pas cette vérité, en servant leur Dieu et en honorant sa sainte cause? A de tels chrétiens, je dis hautement : Vous êtes les êtres les plus inutiles, les plus destitués de valeur, qui existent dans le monde ! Comme la vigne, vous seriez honorables si vous portiez du fruit; mais de même qu'un cep improductif est méprisable, de même vous n'êtes bons à rien qu'à être jetés dehors et brûlés au feu.

Et maintenant je passe à la seconde question : *D'où vient que les âmes dont nous parlons soient stériles?* La réponse est bien simple : parce que leur piété n'a point de racines. — Oui, il n'est que trop vrai, beaucoup de membres de nos

Eglises n'ont pas la moindre racine en eux-mêmes. Il se peut qu'ils aient de beaux dehors, et que de loin leur aspect séduise; mais encore une fois les racines leur manquent. Ne vous souvient-il pas de ce jeu de votre enfance, alors que vous cueilliez quelques fleurs et que vous enfonciez leurs tiges dans la terre? Vous appeliez ce parterre improvisé « votre jardin; » puis le lendemain, vous couriez le visiter, mais toutes les fleurs étaient fanées et mortes. Ainsi en est-il de beaucoup de prétendus chrétiens : jolie fleur mise en terre sans racine, n'ayant aucune adhérence au sol, et par conséquent ne puisant en lui aucun suc nourricier, leur piété se flétrit et meurt sans avoir porté aucun fruit agréable à Dieu. — Tu t'es trop hâté, ô mon frère! Tu as dit à ton pasteur : « Je désire être reçu dans l'Eglise. » Celui-ci t'interroge, s'assure que tu connais la vérité; tu lui affirmes solennellement que ton cœur est en paix avec Dieu. Alors, il te baptise (1), te reçoit au nombre des enfants de Dieu; mais hélas, ta vie religieuse n'avait point de racines; aussi qu'est-il arrivé? Après un temps, elle a séché. Les ardeurs du

---

(1) On sait que le Rév. Spurgeon appartient à l'Eglise baptiste, et que dans cette Eglise nul ne peut recevoir les eaux du baptême ou participer à la cène sans avoir fait une profession de foi individuelle.

soleil l'ont brûlée, ou bien elle va s'étiolant de jour en jour, sans porter aucun fruit. Et comment aurait-il pu en être autrement puisqu'elle n'avait aucune racine? C'est à la racine, mon frère, que tu aurais dû songer tout d'abord; puis les branches auraient crû d'elles-mêmes; mais c'est le contraire que tu as fait : de là provient ta stérilité.

Et ici j'éprouve le besoin de m'adresser tout particulièrement aux jeunes gens de mon troupeau. Le dirai-je? Je tremble souvent en pensant à eux, car je crains que dans bien des cas ils ne prennent pour une véritable conversion ce qui n'est que le résultat de l'entraînement ou d'une excitation passagère. Ils ont peut-être éprouvé pendant un temps un certain travail dans leur conscience; toutefois ce travail n'était pas assez profond, assez réel pour être divin; aussi ne saurait-il durer. Mais alors même que toute trace de piété intérieure s'est évanouie, malheureusement la profession extérieure reste, et ils se font de cette profession même un oreiller de sécurité. « Nous sommes membres de l'Eglise, se disent-ils; nous n'avons donc rien à craindre. » Avertissez-les solennellement; insistez sur le devoir de s'examiner soi-même : vos paroles ne les touchent point. Ils sont baptisés, admis à la cène; ils ont en quelque sorte franchi le Rubicon qui sépare le monde de l'Eglise : que leur faut-il de plus? Oh! je ne saurais dire combien je tremble pour ces jeunes âmes! Sans doute, je gémis à cause de l'endurcissement des incrédules; mais je gémis bien plus amèrement encore à cause du fatal aveuglement de ces pauvres cœurs abusés ; car comment espérer de parvenir à faire impression sur eux, puisqu'ils se croient dans le meilleur état possible, tandis qu'en réalité ils sont *dans un fiel très-amer et dans les liens de l'iniquité?* Mes jeunes amis, je ne voudrais décourager aucun de vous d'entrer dans les voies de la piété; mais voici ce que je vous dis : examinez-vous vous-mêmes avant de faire profession d'appartenir à Dieu. Je ne voudrais en aucune manière empêcher ceux d'entre vous qui aiment le Seigneur Jésus de confesser franchement leur Maître et de se joindre à l'Eglise ; mais encore une fois, je vous en supplie, sondez vos cœurs et éprouvez vos reins. Que de personnes qui se sont crues converties sans l'être réellement! Que de milliers d'âmes qui ont ressenti une fois ou l'autre des impressions sérieuses, éprouvé pendant plus ou moins de temps une sorte de changement, un certain malaise intérieur, mais chez qui toutes ces impressions se sont ensuite évanouies comme un songe! Permettez-moi de vous citer un fait qui vient

à l'appui de ce que j'avance. Il y a peu de jours que je reçus la visite d'un excellent homme, qui est aujourd'hui, je le crois, un véritable enfant de Dieu, et qui venait me dire qu'il avait été récemment convaincu de péché par le moyen de ma prédication. Il me raconta en peu de mots quel avait été son passé religieux. « Je suis né dans
» la Nouvelle-Angleterre, me dit-il, et fus baptisé
» dans mon enfance. J'étais encore bien jeune
» lorsqu'un réveil se manifesta dans mon village
» natal. C'est à peine s'il y eut un jeune garçon
» ou une jeune fille qui ne donnât pas des si-
» gnes de conversion ; moi-même je fus vive-
» ment impressionné. Il n'y avait point assuré-
» ment dans tout le village un cœur aussi endurci
» que le mien ; toutefois, *mon péché me trouva*
» à la fin. Je me souviens que je pleurais abon-
» damment devant Dieu et le priais avec fer-
» veur. J'allai trouver le pasteur, je lui dis que
» j'étais converti ; je le trompai et fus admis
» dans l'Eglise... Peu de temps après, j'étais
» plongé dans les vices les plus noirs et j'avais
» renoncé à toute profession de piété. Après
» avoir fini mes études, mon inconduite devint
» si criante que je fus excommunié, et jusqu'à
» ces derniers temps j'ai vécu dans une com-
» plète incrédulité, sans donner une seule pen-
» sée à mes intérêts éternels. »

Vous le voyez, mes chers amis, il est facile de se faire illusion. Prenez donc garde, je vous en conjure. Bien des personnes s'élancent dans la piété sans plus de réflexion que si elles s'élançaient dans un bain; mais le plus souvent elles en ressortent aussi vite qu'elles y sont entrées, car leur cœur appartient encore au monde. Peut-être ces personnes croyaient-elles sincèrement s'être données au Seigneur, mais l'édifice de leur foi péchait par sa base; aussi, tôt ou tard, il s'écroule. Oh! je ne saurais trop le redire : ce qui fait que nos Eglises comptent tant de membres stériles et morts, c'est parce qu'on ne se préoccupe pas assez des premiers commencements; on ne prend pas assez garde au point de départ; on ne tient pas assez compte des premières lueurs de l'aube du jour; on confond trop aisément le pâle et vacillant lumignon de de ses propres espérances avec les premières clartés du soleil de justice; et, parce que la loi a blessé la surface de la conscience, on se figure que la main du Seigneur a porté le coup de mort à l'homme naturel, tandis qu'on est encore complètement étranger à l'œuvre bien autrement puissante, profonde et efficace de l'Esprit de Dieu. Ne nous reposons pas trop, mes frères, sur nos expériences, sur nos sensations, sur nos bons désirs eux-mêmes; ne nous hâtons pas de poser en fait que nous sommes enfants de Dieu, sans nous être assurés avec soin que nous avons droit à ce titre. Revenons souvent en arrière, et recommençons comme tout de nouveau notre course; allons continuellement à Christ, en lui disant comme au premier jour :

> Je viens à tes pieds, les mains vides ;
> Tout mon espoir est en ta croix !

Car, ne l'oublions pas, mes bien-aimés : toute piété qui n'a pas eu de bons commencements, — c'est-à-dire qui a commencé ailleurs qu'au pied de la croix de Christ, — ne saurait être que stérile et vaine.

Quel est le cas que Dieu fait du formaliste? telle est la troisième question que nous nous sommes posée. Je ne demande pas, remarquez-le, quel cas il fait de lui-même ; car, en général, le formaliste a une si haute opinion de son mérite, qu'en vérité, celui-là ferait bien vite fortune qui l'achèterait à sa véritable valeur, pour le revendre ensuite au prix auquel il s'estime. Je ne demande pas non plus ce que pensent du formaliste ceux qui le connaissent superficiellement. Il est possible que l'Eglise à laquelle il vient de se rattacher le tienne en haute estime ; pasteur et fidèles le louent à l'envi. Peut-être est-ce un homme haut placé; on est flatté de sa seule présence dans le lieu de culte, on s'empresse de le revêtir de la dignité d'ancien. De ces sortes d'appréciations, je n'ai point à m'occuper; c'est l'appréciation de Celui qui sonde les cœurs et les reins que je tiens à constater. Or, voici ce que Dieu pense de tout homme qui fait profession d'être pieux sans être sincère : il n'est rien au monde de plus inutile qu'un tel homme !

Et chose remarquable! ce jugement que le Seigneur porte sur le formaliste devient, à mesure qu'il est mieux connu, celui de tout le monde. En voulez-vous des preuves? Interrogeons le troupeau dont il fait partie depuis des années. « A quoi vous a servi ce formaliste? Quel bien vous a-t-il jamais fait? membres de l'Eglise, répondez ! Vous soulage-t-il dans vos détresses? vous console-t-il dans vos afflictions? Lorsque votre pasteur est lassé, soutient-il par la prière ses mains défaillantes? Lorsque l'heure du combat a sonné, marche-t-il à la tête des soldats de Christ? Quel service vous a-t-il rendu? quel service vous rend-il encore ? » Membres de l'Eglise ! je vous entends vous écrier tout d'une voix : « Arrière de nous le formaliste ! il n'est bon à rien, il n'est propre à aucun usage. Loin de servir l'Eglise, il lui fait tort, car sa vie est en contradiction avec ses principes. Sarment stérile, qu'on le retranche du milieu de nous ! »

Ainsi chassé de l'Eglise, où se réfugie le formaliste? Dans le monde. Et quel accueil y reçoit-il? Ecoutons. « Enfants du monde, que pensez-vous de cet homme? Il fait profession de piété : quel cas en faites-vous? — Arrière de nous les gens de son espèce! nous répondent-ils avec dédain ; cet homme n'a aucune consistance, il tourne à tous les vents : aujourd'hui il prend les airs d'un saint; demain il se conduira comme un des nôtres. Qu'il aille où bon lui semble ! nous ne voulons point de sa compagnie. »

Quoi? le monde comme l'Eglise repousse le malheureux ! Mais sûrement sa famille du moins lui rendra un meilleur témoignage. Demandons à son fils. « Jeune homme, à quoi t'a servi la piété de ton père? Que lui dois-tu? — Ce que je lui dois? répond le fils, absolument rien. Il est vrai que mon père demande à Dieu avec une apparente ferveur de me convertir ; mais il se lève de ses genoux pour donner carrière à son humeur irascible. Il est violent et emporté. Que de fois ne m'a-t-il pas frappé avec colère, sans aucune provocation de ma part? Le dimanche, il va régulièrement au culte, et il exige que ses enfants l'y accompagnent; mais nous savons ce qu'il fait le lundi : il s'enivre, ou jure, ou se met en colère..... Il m'a fait prendre le christianisme en aversion, il m'a rendu incrédule : voilà tout ce que je lui dois. »

Du fils, passons à l'épouse. « Que pensez-vous de votre mari ? lui dirons-nous ; il y a longtemps qu'il fait profession de piété : qu'y avez-vous gagné ? — Hélas ! répond la pauvre femme, il ne me sied pas, je le sais, de mal parler de mon mari, mais la vérité m'oblige à dire qu'il m'a rendue la plus malheureuse des femmes. Je crois que je serais aujourd'hui une véritable chrétienne, si je n'avais eu sous les yeux le triste spectacle de ses inconséquences. Il m'a scandalisée, il m'a brisé le cœur. Il a toujours été une pierre d'achoppement pour moi... »

Mais poursuivons notre interrogatoire. Que la servante comparaisse à son tour devant nous. « Jeune fille, que pensez-vous de votre maître ? il se donne pour un homme religieux : qu'avez-vous à dire sur son compte ? — Avant de me placer chez lui, réplique la servante, je me figurais que les chrétiens étaient de dignes gens, avec lesquels on devait s'estimer heureux d'avoir affaire ; mais si tous les chrétiens ressemblent à mon maître, j'avoue que je préférerais gagner moitié moins et servir un homme du monde : voilà tout ce que je puis dire. »

Mais notre formaliste est peut-être à la tête

d'un grand commerce, d'une industrie considérable. Il jouit de la considération publique; il passe pour un homme excellent. N'a-t-il pas fait un don généreux en vue de la construction de telle église? Ne contribue-t-il pas annuellement à l'entretien de telle école? Toutefois, ne nous en tenons pas à ces vagues renseignements; questionnons ses commis, ses ouvriers. Demandons-leur, à eux aussi, ce qu'ils pensent de leur patron. « Ce que nous en pensons? répètent-ils ironiquement, c'est qu'il est le plus mauvais payeur de la paroisse, et qu'il est bien dur d'être à sa merci. — Mais sa piété?..... — Sa piété! C'est une indigne comédie, et rien de plus! Autrefois, nous fréquentions le culte divin; mais nous sommes droits, nous sommes sincères, et nous avons préféré ne plus y assister que de nous y trouver en face d'un misérable hypocrite tel que lui. »

Mes frères, les portraits que je trace ne sont pas fictifs, ils sont réels; et, sans aller bien loin, je pourrais, je n'en doute pas, trouver des hommes qui ressemblent fort à ces portraits. Et maintenant je réitère ma question : que valent de tels hommes? à quoi sont-ils bons? S'ils disaient franchement : « Je ne suis pas chrétien, » ils agiraient du moins en êtres sensés et rationnels. Car, en définitive, si Baal est Dieu, il est juste que Baal soit servi, et si le monde vaut la peine qu'on l'adore, il est juste qu'on l'adore loyalement, de tout cœur, sans faire tort à Satan d'une seule parcelle de ce qui lui est dû. Mais si Dieu est Dieu, si l'Eternel est l'Eternel, que dire de l'homme qui vit dans le péché, tout en affectant de le servir et en parlant de sa grâce ? Le Seigneur le repousse loin de lui avec horreur ; il le désavoue, il le regarde comme un objet vil et indigne entre tous ! Semblable à la vigne qui ne porte point de fruit, ce soi-disant chrétien vaut moins que rien ; il occupe la terre en pure perte, car il ne se conduit pas d'une manière digne de l'Evangile. Mes chers amis, je ne voudrais rien avancer qui pût vous paraître exagéré ou imprudent, mais croyez bien que je dis ceci de sang-froid et après mûres réflexions. S'il se trouvait quelqu'un parmi vous qui fît profession de piété, mais dont la conduite prouvât que cette profession n'est que feinte et mensonge, je l'engage fortement — (et je le répète, je dis ceci en pesant la portée de mes paroles),—je l'engage à renoncer complètement aux formes de la religion et à se montrer tel qu'il est. Oui, mes chers auditeurs, je vous en supplie, ayez au moins le mérite de la franchise. Ne boitez pas des deux côtés. Ne jouez pas double jeu. Si Dieu est Dieu, servez-le, et servez-le sans réserve, sans partage. Si Baal est Dieu, si Satan est un bon maître, si vous désirez vivre à son service et gagner son salaire, — libre à vous ; — servez-le : mais, au nom de votre âme, ne mêlez pas le service de Dieu et le service de Satan ! Soyez ou tout l'un ou tout l'autre : chrétien ou mondain, enfant de lumière ou enfant de ténèbres. Renoncez à votre hypocrite formalisme et ayez le courage de vous déclarer hautement serviteur du diable ; ou bien gardez votre profession de piété et vivez comme un serviteur de Dieu : encore une fois, soyez ou tout l'un ou tout l'autre. Mes frères, je vous exhorte solennellement à choisir dès aujourd'hui qui vous voulez servir. C'est en vain, sachez-le, que vous essaieriez de faire de la conciliation en pareille matière : *nul ne peut servir deux maîtres ; vous ne pouvez servir Dieu et Mammon* (1).

Et maintenant, il ne me reste plus qu'à répondre à cette question : *Quelle sera la fin de la vigne stérile ?* Le prophète nous dit qu'elle sera consumée par le feu. Et en effet, quand un vieux cep ne porte plus de fruits, que devient-il ? Le vigneron l'arrache, le jette de côté avec le bois mort et les mauvaises herbes, puis il est brûlé. Tout autre arbre serait du moins ré-

---

(1) Matth, VI, 24.

servé pour le feu du maître ; mais le cep est tellement méprisable qu'il est mis au rebut pour être employé à des usages vils. L'antique et robuste chêne des forêts est brûlé, lui aussi, il est vrai ; mais ses funérailles sont dignes de sa grandeur passée ; il tombe en cendre avec honneur et il y a de l'éclat dans sa flamme. Mais quant à la vigne stérile, on la traite avec mépris ; on la laisse se consumer lentement et ignominieusement, au milieu de débris de toutes sortes ; en un mot, sa fin est misérable au plus haut degré. Il en sera de même du formaliste. Sans doute, tout homme qui n'aime pas Dieu périra ; mais celui qui prétend l'aimer sans l'aimer réellement, périra avec une double mesure d'ignominie. Non-seulement *il ne sera pas enseveli dans le sépulcre des rois*, mais encore ce qui est dit d'un ancien roi d'Israël peut lui être appliqué dans un certain sens : *Il sera enseveli de la sépulture d'un âne, il sera traîné et jeté hors des portes de Jérusalem* (1). Oui, j'en suis convaincu : la damnation d'un formaliste sera le spectacle à la fois le plus terrible, le plus ignoble, le plus effroyable que l'enfer puisse jamais voir ! Lorsque Satan, plein d'une haine diabolique contre son Créateur, fut précipité du ciel,

---

(1) 2 Chron., XXI, 20. Jér., XXII, 19.

il y eut du moins une sorte de grandeur dans sa chute, comme il y avait eu quelque chose de hideusement sublime dans son péché. De même, quand un hardi blasphémateur, quand un impie audacieux est lancé en enfer, il y a dans leur perdition un certain caractère de grandeur et de majesté, — et cela, parce qu'ils ont eu le courage de se montrer tels qu'ils étaient. Mais lorsqu'un homme qui s'est fait un masque de la piété sera envoyé en son lieu, qui pourrait dire le surcroît de honte, d'opprobre, de confusion, d'amertume incomparable qui accompagnera son supplice ?.... Il me semble que je vois l'incrédule avoué soulevant ses chaînes de feu, saluer par un sifflement ironique le ministre hypocrite qui arrive en enfer. « *Aha ! Aha !* dira-t-il, te voici donc au milieu de nous ! Tu me reprenais autrefois à cause de mes blasphèmes, à cause de mes débauches, et maintenant te voici dans l'enfer des débauchés et des blasphémateurs ! » — « *Aha !* reprendra un autre damné, je te reconnais, austère et rigide pharisien ! Te souvient-il du jour où tu me déclaras que je périrais si je demeurais incrédule; et toi, qu'as-tu gagné, je te prie, à jouer le croyant ? Va ! tu es le plus vil d'entre nous ! Je suis perdu comme toi, mais du moins je n'ai pas rougi de servir mon maître, tandis que, lâche hypocrite, tu n'as eu le courage de bien servir ni Dieu ni Satan ! » — Et une autre voix hurlera du fond de l'abîme : « Ministre de l'Evangile ! chante-nous maintenant un de ces cantiques que jadis tu avais toujours sur les lèvres ; cite-nous quelque passage de la Bible; parle-nous d'élection, de grâce, de sainteté... » Et d'un bout à l'autre de l'enfer retentiront des sifflements, des injures, des cris d'indignation et de rage à l'adresse de celui qui se disait chrétien, qui même enseignait les autres, mais dont le cœur n'était pas droit devant Dieu !... Pour ma part, mes frères, je vous le déclare, il n'est aucune réprobation qui me semble plus à redouter que la réprobation réservée aux hypocrites apostats, — à ces hommes sans pudeur ni conscience qui prétendent aimer le Seigneur, glosent sur des sujets religieux, défendent avec chaleur le christianisme, participent à la sainte cène, parlent des heureux effets d'une bonne communion, se lèvent pour prier dans les assemblées fraternelles, et expriment l'assurance qu'ils seront exaucés à cause de leur foi, mais qui tout en se couvrant ainsi du manteau de la religion, commettent des choses abominables; opprimant le chétif, faisant tort à l'orphelin et pratiquant toutes sortes d'iniquités! Oh ! en vérité, j'estime que la condamnation particulière qui fondra sur de tels hommes sera deux fois plus redoutable, deux fois plus écrasante, que celle de toute autre classe de pécheurs. Il me semble qu'en enfer il y aura comme un autre enfer, où les damnés les plus coupables seront comme damnés une seconde fois ; et là seront jetés les hypocrites, — tous ceux qui ont été avec nous, mais qui n'étaient pas des nôtres, qui prétendaient appartenir à Christ, mais qui n'étaient que de vils imposteurs !... Oh ! formalistes qui m'écoutez, je vous en supplie : si vous ne voulez pas aggraver votre condamnation, si vous ne voulez pas attiser vous-mêmes le feu qui ne s'éteint point, si vous ne voulez pas que vos chaînes soient rendues plus pesantes, votre rage plus hideuse, vos imprécations plus désespérées, je vous en supplie, quittez, quittez sans délai cette profession de piété dont vous êtes indignes ! Ou bien décidez-vous pour le Seigneur ; sortez de cette enceinte contrits et humiliés, et rentrés chez vous, ployez le genou devant Dieu, en lui demandant de vous sonder, de vous éprouver, de vous rendre intègres et droits devant sa face. Prenez la ferme résolution de renoncer à ce honteux système de duplicité et de fourberie que vous avez suivi trop longtemps. Ne vous drapez plus dans les robes de la sainteté extérieure pour cacher les souillures qui couvent en dessous. Soyez vrais, soyez sincères. Si, à vos risques et périls, vous voulez continuer à vivre loin de Dieu, soyez des pécheurs qui se donnent pour ce qu'ils sont, et non de vils et rampants hypocrites. — *Que vaut le bois de la vigne plus que tous les autres bois ?* Sans contredit, il vaut beaucoup moins ; c'est pourquoi si la vigne ne porte pas de bons fruits, sa fin sera la plus terrible, la plus infamante, la plus lamentable qui se puisse imaginer.

Mes chers auditeurs, cela ne vous émeut-il point ? Cela n'ébranle-t-il point vos consciences ?... Ah ! vous tremblez probablement vous qui n'avez point sujet de trembler ; mais quant à ceux que ces dures vérités devraient transpercer jusqu'au fond de l'âme, hélas ! je le crains, ils demeurent impassibles. L'avertissement que le Seigneur vient de vous faire entendre retentira dans le cœur des vrais enfants de Dieu, comme le cri du prophète (1) : *Hurlez, hurlez, à cause de Moab !* mais, hélas ! Moab lui-même ne hurlera point ! *vous gémirez sur Kir-Hérès*, mais Kir-Hérès ne gémira point sur elle-même ! Vous pleurerez sur les hypocrites de votre connaissance, mais quant à eux, ils se

---

(1) Jér., XLVIII, 31.

retireront dans leurs demeures, tranquilles et satisfaits, en se disant les uns aux autres : « Discours énergique aujourd'hui, mais qui ne nous concernait en rien. » Puis, ils iront, avec une froide présomption, avec une inconcevable assurance, prendre d'une main la coupe du péché, et de l'autre la coupe du Seigneur; chanter un soir des chansons profanes, et le lendemain :

Jésus, refuge de mon âme;

se rencontrer ici avec Christ, et là avec le diable; et, le nom de Dieu encore sur les lèvres, applaudir à toutes les œuvres ténébreuses de Satan ! Ah ! pécheurs, pécheurs, pécheurs ! prenez garde, prenez garde, je vous en conjure ! Que chacun de nous interroge son cœur, pour s'assurer si, jusqu'à présent, il ne s'est point séduit lui-même. Et veuille le Seigneur illuminer notre entendement, afin que nous soyons parfaitement au clair sur cet important sujet ! Disons-lui tous ensemble : *O Dieu fort, sonde-moi et considère mon cœur; éprouve-moi, et considère mes discours; et regarde s'il y a en moi aucun mauvais dessein, et conduis-moi par la voie du monde* (1).

---

(1) Ps. CXXXIX, 23, 24.

Je termine ; mais auparavant il faut que je te dise aussi un mot, à toi, mon cher auditeur, qui en cet instant même te dis avec une joie maligne : « A la bonne heure ! les faux dévots ont eu leur compte aujourd'hui ! Quant à moi, je suis hors de cause ; je ne fais point profession de piété ; nul ne pourrait me traiter d'hypocrite. » J'en suis fort aise, mon ami, et je t'en félicite. Toutefois, ne va pas t'imaginer que tu sois beaucoup plus avancé pour cela. Supposons que deux hommes soient conduits devant la justice, et que l'un d'eux, feignant la juste indignation de la vertu calomniée, s'écrie : « Je suis un honnête homme, je proteste de mon innocence ! » Néanmoins, malgré ses dénégations, on acquiert la certitude qu'il est coupable du crime dont on l'accusait, et on le condamne. Vient le tour du second inculpé. « M. le juge, commence-t-il, je reconnais que je suis coupable ; j'ai toujours été un scélérat et le serai toujours ; je n'ai aucune prétention à la vertu. » Penses-tu, mon cher auditeur, que le juge fasse grâce à ce dernier, en raison de son effronterie ? Assurément non. De même, si tu dis en ton cœur : « Je n'ai aucune prétention à la piété, donc je n'ai rien à craindre, » sache que tu t'abuses étrangement ; et permets-moi de te dire que si c'est une chose terrible que de vouloir se faire passer pour chrétien alors qu'on ne l'est pas, c'est une chose non moins terrible que de vivre, le sachant et le voulant, en dehors de toute piété. A ton tour, prends donc garde de ne pas te faire illusion. Ce qu'il nous faut à tous, sans exception, c'est un nouveau cœur et un esprit droit ; sinon, que nous soyons formalistes ou que nous ne le soyons pas, nous périrons infailliblement.

Oh ! puisse Dieu nous accorder la grâce aux uns et aux autres, de crier à lui et d'implorer son pardon ! Puisse-t-il nous aider à nous repentir de nos péchés et à placer notre confiance simplement et entièrement en notre Seigneur Jésus-Christ ! Alors nous serons sauvés dès ici-bas, et sauvés pour l'éternité.

L'EFFUSION DE SANG.

Sans effusion de sang, il ne se fait point de rémission des péchés
(Héb., IX, 22).

Mes chers auditeurs, voulez-vous voir trois fous ? Je vais vous les montrer.

L'un est ce soldat qui vient de tomber sur le champ de bataille. Il est blessé, grièvement blessé. Le chirurgien accourt, et le soldat l'interroge. Ecoutez-le et jugez de sa folie. Lève-t-il les yeux avec une ardente anxiété et demande-t-il si sa blessure est mortelle, si l'habileté du praticien parviendra à la guérir, ou si l'on a sous la main tous les secours, tous les remèdes nécessaires ?... Non; aucune question semblable ne sort de ses lèvres. Chose étrange, il dit : « Pourriez-vous m'apprendre quel est le sabre qui m'a blessé, quel est le Russe qui m'a si cruellement mutilé ? Je tiens beaucoup, ajoute-t-il, à connaître jusque dans les plus minutieux détails l'origine de ma blessure. » — « Mais sûrement le malheureux est en délire ! vous écriez-vous; son cerveau est malade. De telles questions, dans un tel moment, prouvent jusqu'à l'évidence qu'il est privé de l'usage de sa raison. »

Voici maintenant un second fou. — La tempête gronde; le navire, poussé par un vent arrière, vole sur les flots avec une effrayante rapidité; les lames inondent le pont; les mâts craquent, les voiles sont en lambeaux et l'ouragan semble redoubler de fureur. Pendant ce temps où est le capitaine ? Est-il à donner ses ordres à l'équipage ? affronte-t-il noblement le danger, ou cherche-t-il, par des manœuvres habiles, à déjouer la rage des éléments ? Non. Il s'est retiré dans sa cabine, et là, absorbé dans une profonde rêverie, il se livre à mille conjectures sur l'endroit probable où la tempête a pris naissance. « Curieux phénomène que ce vent ! se dit-il à lui-même; personne encore n'a pu découvrir d'où il vient. » Et sans se préoccuper du sort de son vaisseau, du salut des passagers ou de sa propre vie, cet homme étrange continue, heure après heure, à chercher à résoudre des problèmes insolubles....

« Mais il est hors de sens ! vous écriez-vous encore; qu'on retire au plus tôt le gouvernail de sa main; il n'a plus une lueur de raison !

Et si jamais il touche terre, qu'il soit enfermé comme un aliéné incurable ! »

Quant au troisième fou, mes chers amis, il est probable que je n'aurai pas de peine à le trouver parmi vous. — Voici un homme qui est malade, blessé par le péché, exposé au terrible ouragan de la vengeance divine ; et cependant la question qu'il voudrait me proposer est celle-ci : « Quelle est l'origine du mal ? » Mais tu es fou, mon frère, spirituellement fou ! m'écrierai-je à mon tour ; sûrement si tu étais de sens rassis tu t'enquerrais de toute autre chose. Tu demanderais, non pas : « Comment le péché est-il entré dans le monde ? » mais bien plutôt : « Comment en serai-je délivré ? » — non pas : « Comment se fait-il que le feu du ciel descende sur Sodome ? » mais bien plutôt : « Comment puis-je m'échapper comme Lot ? » — non pas : « D'où vient que je sois malade ? » mais bien plutôt : « Y a-t-il un remède capable de me guérir ? Existe-t-il un médecin qui puisse rendre la santé à mon âme malade ? » Ah ! que de temps ne perdons-nous pas après de vaines subtilités, tandis que nous négligeons des certitudes ! Il n'est pas de sujet au monde, j'en suis convaincu, qui ait soulevé autant de questions que l'origine du mal. Les hommes ont creusé leur cerveau et mis leur esprit à la torture afin de comprendre — (ce que l'intelligence humaine ne comprendra jamais) — comment le mal est entré dans le monde, et comment son entrée peut se concilier avec la bonté divine. Mais, je le demande, à quoi bon ces discussions ? L'existence du mal est un fait, un fait patent, avéré, incontestable. Au lieu donc de nous perdre en vaines spéculations, ne serait-il pas plus rationnel que chacun de nous se dît sérieusement à lui-même : « Que dois-je faire pour échapper à la colère à venir, suite naturelle de cette grande maladie morale qui a envahi toute âme d'homme ? » Or, c'est ici qu'intervient la parole de l'Ecriture que j'ai prise pour mon texte. Semblable à l'ange armé d'une épée, qui jadis arrêta Balaam sur sa route vers Balak, cette déclaration solennelle : *Sans effusion de sang, il ne se fait point de rémission des péchés,* vient se dresser devant la conscience du pécheur réveillé. Sentant que son iniquité doit être ou punie ou pardonnée, il se demande avec inquiétude comment il pourra obtenir le pardon ; et voilà que sa demande se rencontre face à face avec cette réponse catégorique : *Sans effusion de sang, il ne se fait point de rémission des péchés !*

Et n'allez pas dire, mes chers amis, que c'est là une maxime purement juive : c'est, au contraire, une vérité vaste comme le monde et immuable comme l'éternité. Elle concerne les Gentils, non moins que les Hébreux. Jamais en aucun temps, jamais en aucun lieu, jamais pour aucune âme la rémission des péchés n'a été obtenue autrement que par l'effusion du sang. Il y a plus : j'affirme que cette grande vérité est empreinte jusque dans les entrailles de la nature humaine; c'est une loi essentielle du gouvernement moral de Dieu, un de ces principes fondamentaux qui, en dépit de toutes les attaques, resteront toujours debout, une règle qui n'a jamais souffert et qui ne souffrira jamais d'exception. Toujours et partout la même, cette doctrine subsistera d'âge en âge : *Sans effusion de sang, il ne se fait point de rémission des péchés.* Sous l'économie mosaïque, il en était ainsi; pour les Juifs, point de rémission sans effusion de sang. Il existait certains cas, il est vrai, où l'eau et le feu suffisaient pour rendre net; mais toutes les fois qu'il s'agissait d'une violation positive de la loi, la purification ne pouvait avoir lieu que moyennant un sacrifice sanglant : Dieu ayant voulu enseigner par là à son peuple que le sang et le sang seul efface les péchés. Et, chose remarquable ! les païens eux-mêmes semblent avoir entrevu confusément cette vérité capitale. Que me disent leurs couteaux ruisselants du sang des victimes ? que me disent les lugubres histoires d'holocaustes, de sacrifices, d'immolations humaines qui, des points les plus reculés du globe, parviennent de temps à autre à mes oreilles ? que me disent toutes ces choses, je le demande, sinon qu'au fond de toute poitrine humaine, ancien comme l'existence même de l'homme, retentit comme un écho affaibli de cette loi divine : *Sans effusion de sang, il ne se fait point de rémission des péchés?* Et pour ne parler que de vous-mêmes, mes chers auditeurs, je suis assuré que dans les replis de vos cœurs et de vos consciences il y a comme un secret instinct qui vous dit à tous que pour réconcilier l'âme coupable avec un Dieu saint et juste, il faut que le sang coule, qu'une victime soit immolée. C'est là, je le répète, la grande vérité du christianisme, et c'est cette vérité que je voudrais essayer de fixer dans votre mémoire, en demandant à Dieu de la faire pénétrer lui-même dans vos âmes.

Sans effusion de sang, il ne se fait point de rémission des péchés. Avant de développer mon texte, je dois tout d'abord répondre à une question qui se présente naturellement à l'esprit. De quelle effusion de sang est-il ici parlé? L'apôtre n'avait-il point en vue un sacrifice particulier lorsqu'il écrivait ces paroles? Oui, mes frères. Un sang d'un prix infini a été répandu, et c'est à l'effusion de ce sang que je voudrais vous faire assister. Il ne s'agit plus ici de meurtres ou de massacres ; il ne s'agit plus de brebis ou de boucs égorgés sur les autels. Il y eut une fois un sacrifice auprès duquel tous les autres ne sont rien : c'était un homme, c'était un Dieu qui versa alors son sang. Venez et voyez. Nous sommes dans un jardin à l'aspect triste et morne. Il est minuit. Le sol, durci par la gelée, craque sous les pas. Parmi ces oliviers, au sombre feuillage, je vois un homme ; je l'entends exhaler son âme dans la prière. Anges, écoutez ! Ecoutez, ô fils des hommes ! écoutez et soyez étonnés ! C'est le Sauveur qui offre sa vie avec de grands cris et avec larmes. Approchez. Considérez son front..... O prodige ! Des grumeaux de sang découlent de son visage et de son corps tout entier ! chacun de ses pores est ouvert, et une sueur s'en échappe ; — mais ce n'est pas la sueur d'un homme qui travaille pour son pain, c'est la sueur d'un Dieu qui travaille pour le ciel : il sue une sueur sanglante ! — La voilà cette effusion de sang, sans laquelle il ne se fait point de rémission de péchés !

Mais suivons l'Homme-Dieu. Des mains sacriléges l'ont traîné de ce jardin témoin de sa prière et de son agonie jusqu'au prétoire de Pilate. On le fait asseoir et on l'insulte ; on le revêt dérisoirement d'un manteau de pourpre, on ceint son front d'une couronne d'épines, et soudain (ô anges du ciel ! que dûtes-vous éprouver à cette vue ?...) — soudain, deux lignes ensanglantées sillonnent sa face divine ! Ensuite on le dépouille du manteau royal, on découvre ses épaules : — elles sont teintes de sang ! Esprits infernaux, dites-moi, oh ! dites-moi qui a ainsi blessé mon Sauveur ? Les soldats se chargent de me répondre : ils reprennent leurs verges encore sanglantes ; ils le flagellent de nouveau, ils déchirent ses chairs, ils font ruisseler son sang jusqu'en terre ! La voilà encore cette effusion de sang, en dehors de laquelle il ne se fait point de rémission des péchés !

Mais ce n'est pas tout. On entraîne Jésus au lieu du supplice ; on l'étend sur le sol, on cloue ses mains et ses pieds au bois transversal ; puis on dresse la croix, on l'assujettit dans le soubassement préparé pour la recevoir : maintenant elle est debout, et sur elle est suspendu le Christ de Dieu. O déchirant spectacle ! Du sang de sa tête, du sang de ses mains, du sang de ses pieds ! Et avec son sang, sa vie s'écoule dans une inexprimable agonie ! Et son âme s'épuise en angoisses sans pareilles ! *Eloï, Eloï, lamma sabachthani!* Enfin, il expire.....

Mais voyez encore : on lui perce le côté avec une lance, et aussitôt il en jaillit du sang et de l'eau. — Voilà l'effusion du sang, pécheurs et saints! Voilà cette grande, cette solennelle aspersion, ce sacrifice sanglant et expiatoire, sans lequel, ni pour vous individuellement, ni pour la race humaine en général, il ne saurait y avoir de rémission des péchés.

Oui, c'est là l'effusion de sang dont parle l'apôtre. Oh! mon Dieu, comment se fait-il que des hommes puissent écouter une telle histoire, les yeux secs? Je l'ai mal racontée, direz-vous. Il est vrai, mes amis, et je me blâme tout le premier. Mais sachez-le : alors même que la scène sanglante du Calvaire vous serait décrite par la langue la plus malhabile, si vos cœurs étaient ce qu'ils devraient être, ils se fondraient en larmes de sang! Oh! quel crime, quel meurtre que celui-là! C'était plus qu'un régicide, plus qu'un fratricide, plus qu'un parricide : c'était.... la langue humaine n'avait point de mot pour désigner un tel crime, il a fallu en inventer un, — c'était un déicide! le meurtre d'un Dieu! le meurtre de celui qui s'est incarné pour nous sauver! Ah! si nos cœurs étaient seulement aussi malléables que le fer, nous pleurerions! s'ils étaient aussi tendres que le marbre des montagnes, nos yeux se changeraient en ruisseaux d'eau ! Mais ces cœurs sont plus durs que la pierre, même qu'*une pièce de la meule de dessous* (1); c'est pourquoi nous oublions les douleurs de Celui qui à cause de nous est mort d'une mort pleine d'ignominie et d'amertume ; nous ne plaignons pas ses souffrances ; nous ne considérons pas que c'est pour nous, pour nous proprement qu'il a tout enduré, tout accompli....

Mais pour en revenir à notre texte, redisons que le grand principe qu'il établit est celui-ci : *Sans effusion de sang, il ne se fait point de rémission des péchés.* Cette proposition me semble être à la fois négative et affirmative. J'y trouve d'abord UNE NÉGATION FORMELLE : « Point d'effusion de sang, point de rémission ; » et ensuite UNE AFFIRMATION IMPLICITE qui ressort de la négation même, et qu'on peut formuler ainsi : « Par l'effusion du sang, *il y a* rémission des péchés. »

I.

En premier lieu, ai-je dit, mon texte exprime UNE NÉGATION FORMELLE. Point de rémission en dehors du sang de Jésus : voilà ce qu'il nous

---

(1) Allusion à Job, XLI, 15.

enseigne de la manière la plus nette. Et veuillez considérer, mes frères, que cette assertion est d'autorité divine. En la prononçant aujourd'hui devant vous, je ne fais que répéter les paroles mêmes de Dieu. Ce n'est pas une chose que vous puissiez croire ou rejeter à votre choix ; vous devez la croire, vous devez l'admettre, sinon vous vous inscrivez en faux contre l'Ecriture et vous donnez le démenti au Tout-Puissant. Peut-être m'arrive-t-il quelquefois d'émettre certaines idées qui n'ont guère d'autre base que mes propres raisonnements ou mon interprétation particulière, ce qui, j'en conviens, est bien peu de chose ; mais ici, je ne viens pas simplement étayer une opinion personnelle par des passages empruntés à l'Ecriture : je cite textuellement les paroles sorties des lèvres de Dieu lui-même. Prenez et lisez : « Point de rémission ! » c'est écrit en toutes lettres dans la Parole inspirée ; donc, cette doctrine est divine. Il est possible que vous soyez disposés à regimber contre elle ; mais rappelez-vous qu'en le faisant, vous vous révoltez, non pas contre moi, mais contre Dieu. Je ne veux point perdre mon temps en vaines disputes de mots ; Dieu me garde de négliger la belle mission de proclamer l'Evangile pour contester avec les hommes ! Je me présente à vous en ce moment, le décret irrévocable de Dieu à la main, et je vous dis à tous : *Sans effusion de sang, il ne se fait point de rémission des péchés.* Sans doute, vous n'êtes pas tenus de recevoir comme article de foi tout ce que vous enseigne le prédicateur; mais souvenez-vous que si vous ne croyez point ceci, c'est au péril de vos âmes! car, encore une fois, la vérité que je vous annonce émane directement de Dieu ; or, quand Dieu parle, oseriez-vous le contredire? Non, vous ne l'oseriez! car ce serait le comble de l'impiété. Inclinez-vous donc devant la solennelle négation de mon texte et profitez du sérieux enseignement qu'elle vous donne.

Mais on objecte que la manière dont Dieu a sauvé les hommes, c'est-à-dire par l'effusion de sang, est cruelle, injuste, inhumaine.... que sais-je encore ! A ceux qui raisonnent ainsi, je n'ai qu'un mot à répondre. Votre opinion à cet égard me touche peu, leur dirai-je ; les faits sont là; Dieu a jugé bon de faire reposer tout le plan du salut sur le sacrifice de son Fils. Si votre Créateur vous semble avoir eu tort, attendez de vous trouver en sa présence pour lui demander raison de sa conduite. Mais réfléchissez, je vous le conseille, avant de lui jeter le gant. Malheur au vermisseau qui voudrait lutter contre celui qui le forma, et malheur à l'homme assez audacieux pour oser se mesurer avec le Très-Haut ! Bien comprise et reçue avec foi, la doctrine de l'expiation est pleine de douceur, car elle est la manifestation d'un amour sans bornes, d'une bonté incommensurable et d'une justice infinie. Mais, je le sais, cette doctrine, si précieuse pour le croyant, a toujours été en scandale aux gens du dehors. Que vous dirai-je, ô incrédules ? Vous haïssez ce qui seul pourrait vous sauver ; vous méprisez la grâce qui vous est offerte ; encore une fois, je ne veux point perdre mon temps à discuter avec vous ; je me borne à répéter au nom de mon Maître : *Sans effusion de sang, il ne se fait point de rémission des péchés.*

Et observez, mes chers auditeurs, combien cette déclaration est *absolue*. « Mais ne puis-je obtenir le pardon de mes péchés par mon repentir ? dira l'un ; si je pleure, si je gémis, si je prie, le Seigneur ne me pardonnera-t-il pas à cause de mes larmes, à cause de mes prières? » — Point de rémission sans effusion de sang ! répond mon texte. — « Mais si je ne pèche plus désormais, dira un autre ; si je sers Dieu avec plus de fidélité, avec plus de zèle qu'aucun de mes semblables, le Seigneur ne me pardonnera-t-il pas à cause de mon obéissance? » — Point de rémission sans effusion de sang ! répond mon texte. — « Mais si je me confie simplement en la miséricorde de Dieu, reprend un troisième, ne serai-je point pardonné sans que j'aie besoin de recourir à un sacrifice quelconque ? » — *Sans effusion de sang, il ne se fait point de rémission des péchés!* telle est la réponse invariable de mon texte. Oh! que de fatales illusions crouleraient, si on voulait se placer en présence de ces paroles si claires, si nettes, si positives! Fils des hommes, apportez ici vos espérances de salut, et si elles ne sont pas fondées dans le sang et scellées de sang, dites-vous bien qu'elles sont aussi chimériques que des châteaux en l'air ou que les songes de la nuit. Et pourtant, malgré cette déclaration si formelle, l'on s'obstine à essayer de cinquante moyens différents pour obtenir la rémission des péchés ; tellement qu'en vérité le ministre de l'Evangile est parfois fatigué d'avoir toujours à revenir sur les mêmes doctrines, toujours à combattre les mêmes erreurs. Mes frères, je tiens à vous le redire en termes aussi clairs que possible : Faites ce que vous voudrez et dites ce qu'il vous plaira, vous ne parviendrez jamais à obtenir le pardon de vos péchés, à moins que vous ne placiez votre confiance dans le sang répandu de votre Sauveur, et uniquement dans ce sang, car hors de là, il n'y a point de rémission.

Et si mon texte est absolu dans sa nature, il est de plus *universel* dans son application. « Quoi ? ne puis-je point obtenir la rémission de mes péchés autrement que par l'effusion du sang ? » demande le monarque, et il s'avance le front ceint de sa couronne royale ; « ne puis-je point avec toute ma splendeur, avec toute ma puissance, avec tous mes trésors, payer par moi-même la rançon de mon âme ? » Impossible ! répond mon texte. — Vient ensuite l'homme de science, tout chargé de titres et de distinctions universitaires ; il les étale avec complaisance et demande à son tour : « Ne puis-je point obtenir la rémission de mes péchés en vertu de ces témoignages de mon grand savoir ? » Impossible ! impossible ! répète mon texte. — Puis survient le philanthrope, l'homme bienfaisant et libéral. « J'ai répandu mon argent en aumônes, dit-il ; j'ai distribué mon bien pour la nourriture des pauvres : cela ne m'assure-t-il point le pardon de Dieu ? » Non ! dit mon texte ; *sans effusion de sang, il ne se fait point de rémission des péchés*. Ah ! comme ceci passe un même niveau sur toutes les têtes ! Monseigneur, vous n'êtes pas plus que votre cocher ; maître, gentilhomme, vous marchez de pair avec le paysan qui laboure vos domaines. Ministre de l'Evangile, ton office ne te place aucunement en dehors de la loi commune ; ton plus humble auditeur est tout aussi bien partagé que toi : *Sans effusion de sang, il ne se fait point de rémission des péchés.* Pour le meilleur, comme pour le plus mauvais des hommes, il n'y a aucun espoir de salut hors de l'effusion du sang. Oh! que j'aime l'Evangile ! Et savez-vous, mes amis, une des raisons qui me le font aimer? Je l'aime parce qu'il est un Evangile essentiellement égalitaire. Bien des gens ne veulent pas d'un tel Evangile, et moi non plus je n'en voudrais certes pas si j'attachais au mot d'égalitaire le sens qu'on lui a trop souvent donné. Que chacun conserve son rang, ses titres, sa fortune : rien de plus juste; mais j'aime, je l'avoue (et je suis sûr qu'en ceci tout vrai chrétien sera d'accord avec moi), oui, j'aime à voir le riche et le pauvre s'entre-rencontrer, j'aime à les voir placés côte à côte sous le grand niveau de l'Evangile. « Arrière vos sacs d'argent ! dit l'Evangile aux riches ; ils ne peuvent rien pour votre salut. » — « Reployez vos diplôme, dit-il aux lettrés ; ils ne peuvent rien pour votre salut. » — « Oubliez votre ferme ou votre parc, dit-il à ceux qui possèdent ; ces choses ne peuvent rien pour votre salut. » — « Couvrez votre écusson, dit-il aux nobles ; toutes les armoiries du monde ne peuvent rien pour votre salut. Venez, vous pauvres, mendiants, déshérités du monde ; venez, vous rebut et balayures de la terre : avancez. Quoique votre esprit soit sans culture et vos manières peu policées, le salut est pour vous tout autant que pour le riche, le titré, le puissant, l'homme entouré d'hommages et d'honneur. » Mon texte s'adresse indistinctement à toutes les classes de la société ; tous nous sommes égaux sur ce terrain : *Sans effusion de sang, il ne se fait point de rémission des péchés.*

Remarquez en outre, mes chers auditeurs, que ces paroles sont d'une application *perpétuelle*. Paul les a dites ; je dois répéter son témoignage, et si dans mille ans d'ici l'Evangile est encore prêché, les ministres de Dieu le répéteront à leur tour. Cette vérité ne changera jamais. Dans l'autre monde comme dans celui-ci, il sera toujours vrai que *sans effusion de sang, il ne se fait point de rémission des péchés.* On peut chercher à vous faire accroire le contraire, mes bien-aimés ; on peut vous dire, par exemple, que vos œuvres, ou vos pénitences, ou votre argent vous assureront le pardon de Dieu ; mais repoussez de toute votre force ces fables et ces mensonges, et tenez pour certain qu'il n'y a de rémission possible que par le sang propitiatoire du Fils de Dieu. Non, quand vous passeriez sur vos deux genoux votre vie tout entière ; quand vos yeux se fondraient en torrents de larmes ; quand vous gémiriez et supplieriez jusqu'à ce que les fibres de votre cœur se rompissent au-dedans de vous; non, jamais — jamais en ce monde, jamais dans l'éternité — vous ne pourrez obtenir le pardon de vos péchés autrement que par le sang de Christ; jamais votre conscience ne sera purifiée que par la foi en son sacrifice ! Et aussi bien, mes chers amis, à quoi vous servirait-il de vous contenter de rien moins que ce qui a contenté Dieu le Père ? Vous vous séduiriez vous-mêmes, voilà tout. Rien n'a pu satisfaire sa justice que l'effusion du sang de son Fils, et rien ne pourra blanchir vos consciences que les mérites de ce sang, appliqués à vos âmes par la foi.

II.

Mais j'ai dit que de la négation même contenue dans mon texte ressort UNE AFFIRMATION ; or, cette affirmation implicite est celle-ci : *Il y a une rémission des péchés par l'effusion du sang.* — Et observez, mes frères, que cette rémission est un fait accompli. Le sang ayant été versé, la rémission est déjà obtenue. Je vous ai conduits au jardin de Gethsémané et au mont Calvaire, pour vous faire assister à l'effusion du sang. Allons maintenant dans un autre jardin et sur un autre mont, pour contempler les grandes preuves de la rémission acquise au prix de ce sang. Allons dans un autre jardin, ai-je dit. Et en effet, c'est un jardin qui s'étend devant nous, jardin tout embaumé de doux, de triomphants souvenirs. Là, dans un rocher, loin de l'agitation et du bruit du monde, Joseph d'Arimathée s'était fait tailler un sépulcre neuf, où il pensait que son pauvre corps d'argile serait bientôt déposé; mais le corps de Jésus y fut mis le premier.

Les scènes lugubres de la crucifixion venaient d'avoir lieu. Jésus s'était constitué répondant de son peuple, et la loi avait demandé son sang. La mort l'avait étreint de sa main de fer, et ce tombeau était comme la sombre prison où semblait devoir être détenu à jamais Celui qui avait donné sa vie pour ses brebis. Comment donc se fait-il que je voie dans ce jardin un sépulcre ouvert et inoccupé ? Mes frères, je vais vous le dire. La dette est payée, les péchés sont effacés, la rémission est acquise. *Le grand Pasteur des brebis a été ramené d'entre les morts par le sang de l'alliance éternelle.* Donc, le sacrifice a été accepté, et maintenant *nous avons la rédemption par son sang, savoir, la rémission des péchés* (1). Voilà, mes bien-aimés, une première preuve.

En voulez-vous une autre plus concluante encore? Venez avec moi sur le mont des Oliviers. Là, contemplez Jésus levant ses mains sur ses disciples, comme autrefois le souverain sacrificateur sur la multitude, et tandis qu'il les bénit, voyez-le montant majestueusement vers le ciel et disparaissant sur une nuée de devant leurs yeux. « Mais que signifie cette glorieuse ascension? demandez-vous; où donc va Jésus? pourquoi, oh! pourquoi quitte-t-il ainsi la terre ? » L'Apôtre va vous répondre : *Christ est entré, non point dans le sanctuaire fait de la main des hommes, mais dans le ciel même, pour comparaître maintenant pour nous devant la face de Dieu ; et il est entré avec son propre sang, nous ayant obtenu une rédemption éternelle ;* c'est pourquoi *nous avons, par le sang de Jésus, la liberté* de nous approcher de Dieu (2). La rémission est donc un fait accompli : en voilà une seconde preuve.

O croyant, quelles sources abondantes de consolations n'y a-t-il pas ici pour toi! Que pour-

---

(1) Héb., XIII, 20. Ephés., I, 7.
(2) Héb., IX, 24, 12 ; X, 19.

rais-je te dire que tu ne saches pas déjà? Aussi je te laisse à tes douces expériences, mon bien-aimé, pour essayer de convaincre ceux qui n'ont pas cru au prix infini de cette rémission des péchés, acquise par l'effusion de sang. — On raconte qu'un pasteur éminent étant allé visiter un inconverti sur son lit de mort, celui-ci lui dit : « M. le pasteur, je me confie en la miséricorde divine; certainement, puisque Dieu est infiniment bon, il ne voudra pas vouer une âme à la condamnation éternelle. » Plus tard, le serviteur de Dieu revint auprès du malade, dont l'état s'était aggravé. « Oh ! M. le pasteur, s'écria-t-il, je n'ai plus de confiance ! Je viens de réfléchir que si Dieu est miséricordieux il est juste aussi; et que ferais-je, oh ! que ferais-je, si au lieu de déployer sa bonté envers moi, il ne déployait que sa justice ? Non, je ne puis plus compter sur la seule miséricorde de Dieu ! Oh! dites-moi ce qu'il faut que je fasse pour être sauvé ! » Le pasteur exposa alors au moribond le plan du salut; il lui dit que Christ était mort à la place du pécheur qui se confie en lui, en sorte que Dieu est juste tout en justifiant celui qui a la foi en Jésus (1). Le malade écoutait avec avidité. « Ah ! monsieur, s'écria-t-il enfin,

---

(1) Rom., III, 25.

voilà justement ce qu'il me fallait ; j'avais besoin d'un fondement solide sur lequel je pusse bâtir mes espérances, et vous venez de me l'indiquer; ailleurs je ne vois qu'incertitude et que doute. » Cet homme disait vrai. Non, mes amis, il n'y a aucune paix, aucune confiance possible hors de Christ. A part les âmes qui se confient uniquement dans le sang de Jésus, pas un de nous, j'ose l'affirmer, n'a jamais rencontré une seule personne qui fût pleinement assurée de son pardon. Voyez le musulman : il ne sait rien du pardon des péchés. Voyez l'incrédule : il n'est jamais sûr s'il est pardonné ou non. Voyez le formaliste : il dira bien : « J'espère que mes péchés me seront remis, » mais il n'ose affirmer qu'ils le sont. Je le répète, celui-là seul possède l'assurance de son salut qui croit fermement que Christ, et Christ seul, a expié les péchés par l'effusion de son sang.

Mais quelles sont les âmes que Christ est venu sauver ? Pour répondre à cette question, permettez-moi de vous raconter un simple fait. Le grand prédicateur Whitefield avait un frère, qui avait été, comme lui, un fervent chrétien; mais il s'était détourné des sentiers de la piété, il avait fait des chutes graves. Or, un jour, après qu'il eut reconnu ses égarements, il était fort troublé dans son âme, car il avait entendu la veille un sermon de son frère qui avait blessé sa conscience jusqu'au vif. Le soir, au souper, il s'écria, comme se parlant à lui-même : « Je suis un homme perdu ! » et il commença à gémir et à pleurer, en sorte qu'il ne pouvait prendre aucune nourriture. — « Pardon, M. Whitefield, que disiez-vous, je vous prie ? » demanda lady Huntingdon qui était assise en face de lui (1). « Madame, répondit-il, je disais que je suis un homme perdu. » — « J'en suis fort aise, monsieur, répliqua-t-elle, j'en suis fort aise. » — « Comment, madame !.. Que voulez-vous dire ? balbutia le pauvre homme au comble de l'étonnement ; c'est bien cruel à vous de vous réjouir de ce que je suis perdu... » — « Je le répète, monsieur, j'en suis fort aise, en vérité, » reprit-elle. Il la regarda, de plus en plus

---

(1) A ceux de nos lecteurs qui ne connaîtraient point le nom de lady Huntingdon, nous dirons que cette dame, illustre par sa naissance, par ses talents, et surtout par son éminente piété, consacra au service de son divin Maître tous les dons qu'elle avait reçus de lui. Elle vécut à l'époque du grand réveil religieux qui eut lieu en Angleterre le siècle dernier, et dépensa une fortune considérable, soit à construire des lieux de culte, soit à pourvoir aux besoins temporels des fidèles serviteurs de Dieu qui passaient leur vie à annoncer l'Evangile. Le célèbre Whitefield était l'un de ses amis les plus intimes. Voir pour plus de détails l'intéressant ouvrage intitulé : *Lady Huntingdon et ses amis*, etc., publié par la Société de Toulouse). *(Note du Traducteur.)*

surpris de son inhumanité. « Oui, M. Whitefield, j'en suis fort aise, continua lady Huntingdon, car il est écrit : *Le Fils de l'Homme est venu chercher et sauver ce qui était* PERDU. » A l'ouïe de ces paroles, Whitefield fondit en larmes. « Quel précieux passage, madame ! s'écria-t-il, et d'où vient qu'il s'applique en cet instant avec tant de force à mon âme ? Oh ! je bénis Dieu de me l'avoir fait entendre ! Jésus veut donc me sauver ; je remets mon esprit entre ses mains ; je suis pardonné ! » Ayant dit cela, il sortit de la maison, se sentit pris d'un malaise soudain, tomba en arrière et expira.

Oui, *le Fils de l'Homme est venu chercher et sauver ce qui était perdu !* Y a-t-il ici une âme perdue ? Dieu le veuille ! Homme perdu ! femme perdue ! où êtes-vous ? Vous sentez-vous perdus sans ressource ? Oh ! combien j'en suis heureux, car c'est pour des créatures telles que vous qu'a été faite la rémission des péchés par l'effusion du sang. Pauvre pécheur ! tes yeux sont peut-être obscurcis par les larmes de la repentance ; mais regarde au travers de tes larmes, mon frère. Vois-tu cet homme dans le jardin de Gethsémané ? Il sue pour toi des grumeaux de sang. Vois-tu cet homme attaché sur un bois infâme ? Il a été cloué là pour toi. Oh ! mes amis, si pour vous sauver d'une mort certaine, je consentais à être cloué aujourd'hui sur une croix, je sais ce que vous feriez : vous vous jetteriez à mes pieds, vous les couvririez de baisers, vous les arroseriez de larmes d'amour et de reconnaissance. Eh bien, pécheur, pécheur perdu, pécheur qui te sens tel, Jésus est mort pour toi, pour toi proprement ; et s'il est mort pour toi, tu ne peux qu'être sauvé, car Christ n'est mort en vain pour personne. La question est donc celle-ci : Te reconnais-tu misérable et indigne ? Es-tu convaincu de péché parce que tu ne crois pas en Christ ? S'il en est ainsi, mon cher auditeur, je suis chargé par mon Maître d'un message pour toi : crois en son nom, et tu seras sauvé. Mais penses-tu qu'en définitive tu n'es pas un si grand pécheur ? Oh ! alors, je ne sache pas que Christ soit mort pour toi. Dis-tu que tu n'as pas besoin de repentance ? Alors je n'ai point de Christ, point de salut à t'annoncer. Dis-tu que tu n'as pas besoin d'un Sauveur ? Alors je n'ai absolument rien à te dire que ces trois mots : La colère à venir ! la colère à venir ! Christ n'est pas venu pour sauver les justes, les âmes satisfaites d'elles-mêmes ; il est venu pour sauver les méchants. Es-tu méchant ? le sens-tu ? Es-tu perdu ? le sais-tu ? Es-tu coupable ? serais-tu prêt à le confesser en toutes occasions ? Dans ce cas, je le répète, mon bien-aimé, ne crains rien. Si Jésus était ici en cet instant, il étendrait vers toi ses mains sanglantes et te dirait : « Pauvre pécheur, je suis mort pour toi ; veux-tu croire en moi ? » Jésus n'est pas ici en personne, mais il a envoyé son serviteur pour te dire de sa part : « Ne veux-tu pas croire en Celui qui est mort pour toi ? » — « Oh ! dis-tu peut-être, je suis un si grand pécheur ! » « C'est justement à cause de cela que je suis mort, » répond Jésus. — « Mais je suis indigne d'un tel sacrifice, » objectes-tu encore. « C'est justement à cause de ton indignité que j'ai dû me sacrifier pour toi, » dit Jésus. « Mais j'ai haï Christ, » ajoutes-tu. « Mais moi, je t'ai toujours aimé, » reprend Jésus. — « Mais, Seigneur, j'ai insulté tes ministres, j'ai méprisé ta Parole... » « Tout est pardonné, dit Jésus ; le sang qui a coulé de mon côté percé a effacé toutes tes transgressions. Crois seulement ; je ne te demande rien de plus ; et pour cela même je t'aiderai : je te donnerai un cœur croyant à la place de ton cœur incrédule. »

Mais quelqu'un me dira : « Prédicateur de l'Evangile, vos paroles vont sûrement au-delà de votre pensée. Quoi ? voudriez-vous dire aux hommes et aux femmes les plus dépravés qui sont dans cette enceinte, que la rémission des péchés a été faite pour eux ? » Mon cher auditeur, je veux dire précisément ce que je dis. La voilà, la pécheresse, la femme de mauvaise vie, qui a entraîné bien des âmes dans le vice et envoyé bien des âmes en enfer ! La voilà ! Tous ses amis l'ont chassée de leur maison; son père lui-même rougit de l'appeler sa fille et lui a défendu de jamais reparaître en sa présence. Femme ! te repens-tu ? Pleures-tu sur tes péchés ? Te reconnais-tu coupable et perdue ? Détestes-tu tes égarements passés ? S'il en est ainsi, Jésus est mort pour te sauver, et quoi que puisse dire le monde, tu seras sauvée ! — Le voilà, l'intempérant, le violateur du sabbat, l'homme flétri par le vice ! Je le reconnais ! La nuit dernière, j'entendis sa voix dans les rues, comme il regagnait sa demeure, ivre, vociférant des blasphèmes, jetant le trouble sur son passage. Arrivé chez lui, il maltraita sa malheureuse femme, et quant aux imprécations qu'il a prononcées, Dieu seul en sait le nombre.... Eh bien ! à toi-même, ô homme, je dis en cet instant : Sens-tu combien tu es coupable ? Haïs-tu tes transgressions et désires-tu sincèrement y renoncer ? S'il en est ainsi, que Dieu soit béni ! Christ est mort pour te sauver. Crois !

« Qu'est-ce à dire ? s'écriera peut-être une autre personne; faut-il donc être un pécheur

scandaleux pour avoir part à la rémission des péchés acquise par l'effusion du sang de Christ ? » Assurément non, mon cher auditeur. J'ai reçu il y a quelques jours une lettre d'un jeune homme, qui, comptant m'entendre cette semaine, m'écrivait à peu près en ces termes :
« Monsieur, veuillez, je vous en prie, prêcher
» un sermon approprié à l'état de mon âme,
» car je suis dans une grande perplexité. J'ai
» ouï dire que chacun de nous doit s'estimer
» le plus coupable des hommes, sans quoi il
» ne peut être sauvé : or, je fais tous mes ef-
» forts pour me croire tel, mais, vous l'avoue-
» rai-je, monsieur, je ne puis y parvenir. Je
» désire de tout mon cœur avoir part au salut,
» mais je ne sais pas me repentir assez profon-
» dément. » Si le jeune homme qui m'a écrit ces lignes, ou si d'autres personnes qui pensent comme lui, sont devant moi en cet instant, voici ce que je leur dirai. Dieu ne demande pas à tout homme de se croire le plus grand misérable qu'il y ait sur la terre, par la raison toute simple que dans bien des cas, ce serait croire une fausseté, car il est évident qu'il y a des hommes plus méchants les uns que les autres. Ce que Dieu demande de nous, c'est que nous disions, chacun pour son propre compte : « Je me connais mieux que je ne connais mon pro-

chain; je ne sais que bien imparfaitement ce qui se passe en lui, et d'après ce que je vois, non-seulement dans ma vie, mais dans mon cœur, je ne pense pas qu'il puisse y avoir beaucoup de mes semblables plus mauvais que moi. Aux yeux du monde leur conduite est peut-être plus condamnable que la mienne, mais j'ai eu plus de lumières, plus de priviléges, plus d'avertissements, plus d'occasions de connaître Dieu qu'ils n'en ont eu, en sorte qu'en réalité, je suis plus inexcusable. » Voilà ce que nous devrions penser, mes chers amis. Je ne vous dis pas de faire comparaître votre frère avec vous devant le Seigneur, en disant, comme pour vous recommander à la faveur divine : « Je suis plus coupable que lui. » Non; je voudrais bien plutôt que vous vous présentassiez seul devant Dieu, en murmurant, comme l'enfant prodigue : « Père, j'ai péché ! » Peu importe, jeune homme, que ton frère ait plus ou moins péché que toi; peu importe, jeune fille, que ta sœur se soit plus ou moins égarée que toi; ce qui importe, c'est que vous vous écriiez l'un et l'autre en vous frappant la poitrine : « O Dieu ! sois apaisé envers moi qui suis pécheur ! » C'est là tout ce que vous avez à faire.

Je termine. O vous tous qui vous sentez perdus, encore une fois je vous le dis : Venez à

Christ! Venez à lui, et vous serez les bienvenus. Il n'est pas un seul pécheur contrit et humilié dans le monde qui ne puisse avoir part à la rémission des péchés que Christ a acquise au prix de son sang, et *se glorifier dans l'espérance de la gloire de Dieu.* Fût-elle noire comme l'enfer, votre âme peut devenir, dans l'espace d'un instant, aussi pure que le ciel. Je sais, hélas ! je sais que ce n'est pas sans une lutte désespérée que le pécheur parvient à saisir la promesse du salut ; mais du moment qu'il croit, toute lutte cesse ; c'est là sa première victoire : glorieuse et sainte victoire! Oh! mes bien-aimés, puissent les paroles de ce cantique être en cet instant même le langage de votre cœur ; retenez-les, adoptez-les, et qu'elles deviennent le cri habituel de vos âmes :

« Misérable et perdu, sans force et sans défense,
» Je me jette, ô Christ, dans tes bras !
» Donne-moi sainteté, pardon et délivrance :
» Tu l'as promis, tu le feras ! »

FIN.

TABLE

DES SERMONS CONTENUS DANS CE VOLUME.

Solennel avertissement à ceux qui font profession de piété. .	1
La première prière de saint Paul.	33
Le ciel et l'enfer.	71
La résurrection spirituelle.	105
Le péché de l'incrédulité.	145
Conseils aux âmes abattues.	185
La responsabilité de l'homme.	221
Appel aux inconvertis.	261
La vigne stérile.	297
L'effusion de sang.	337

CPSIA information can be obtained at www.ICGtesting.com
Printed in the USA
LVOW11s0142180913

352865LV00015B/445/P